STUDY PLAN SHEET

効率的で，かつ効果的な学習の方法として，l
方法があります。このSTUDY PLAN SHEETを
目標を細かく設定しながら進めていきましょう。

Week1

学習日
／
(　)
〜
／
(　)

今週の学習予定

今週の学習時間目標

月	火	水	木	金	土	日
分	分	分	分	分	分	分

★30分ごとに1マス塗りつぶそう！

5h
10h
15h

ニガテ項目を書き出して復習しよう！

Week2

学習日
／
(　)
〜
／
(　)

今週の学習予定

今週の学習時間目標

月	火	水	木	金	土	日
分	分	分	分	分	分	分

★30分ごとに1マス塗りつぶそう！

5h
10h
15h

ニガテ項目を書き出して復習しよう！

Week3

学習日
／
(　)
〜
／
(　)

今週の学習予定

今週の学習時間目標

月	火	水	木	金	土	日
分	分	分	分	分	分	分

★30分ごとに1マス塗りつぶそう！

5h
10h
15h

ニガテ項目を書き出して復習しよう！

Week4

学習日
／
(　)
〜
／
(　)

今週の学習予定

今週の学習時間目標

月	火	水	木	金	土	日
分	分	分	分	分	分	分

★30分ごとに1マス塗りつぶそう！

5h
10h
15h

ニガテ項目を書き出して復習しよう！

▶キリトリ線

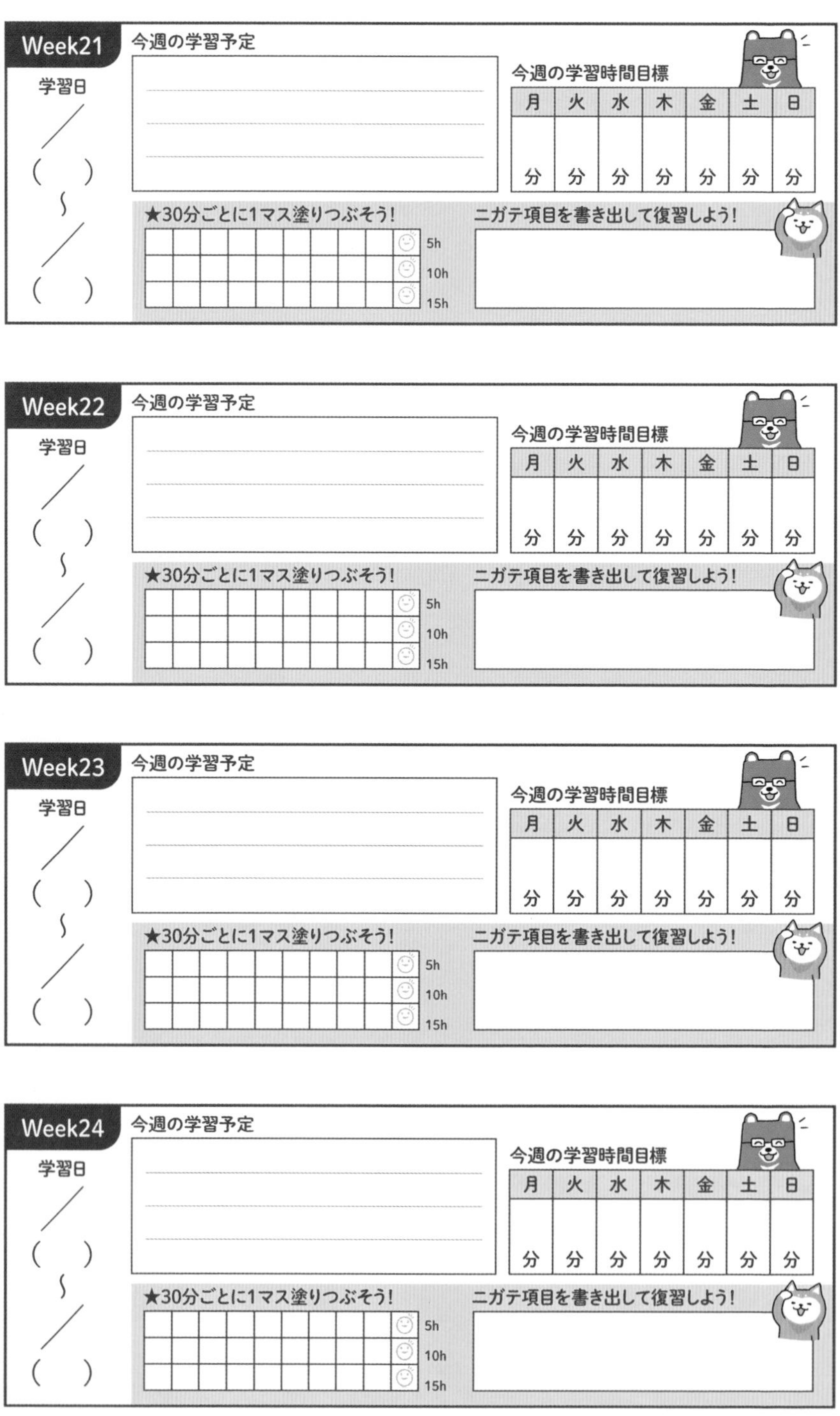

Week21

学習日

／
(　　)
∫
／
(　　)

今週の学習予定

今週の学習時間目標

月	火	水	木	金	土	日
分	分	分	分	分	分	分

★30分ごとに1マス塗りつぶそう!

5h
10h
15h

ニガテ項目を書き出して復習しよう!

Week22

学習日

／
(　　)
∫
／
(　　)

今週の学習予定

今週の学習時間目標

月	火	水	木	金	土	日
分	分	分	分	分	分	分

★30分ごとに1マス塗りつぶそう!

5h
10h
15h

ニガテ項目を書き出して復習しよう!

Week23

学習日

／
(　　)
∫
／
(　　)

今週の学習予定

今週の学習時間目標

月	火	水	木	金	土	日
分	分	分	分	分	分	分

★30分ごとに1マス塗りつぶそう!

5h
10h
15h

ニガテ項目を書き出して復習しよう!

Week24

学習日

／
(　　)
∫
／
(　　)

今週の学習予定

今週の学習時間目標

月	火	水	木	金	土	日
分	分	分	分	分	分	分

★30分ごとに1マス塗りつぶそう!

5h
10h
15h

ニガテ項目を書き出して復習しよう!

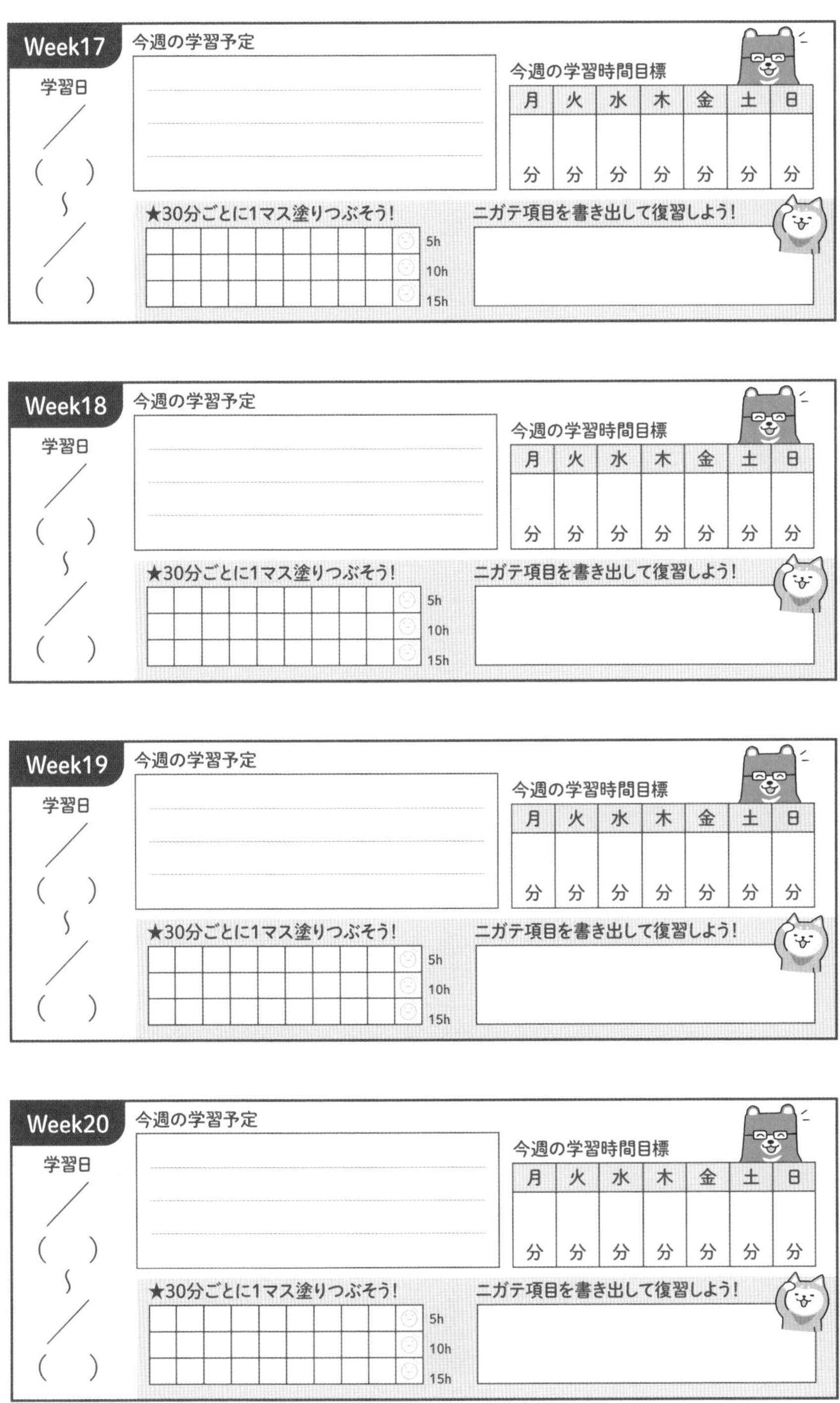

Week17

学習日
／
（　　）
～
／
（　　）

今週の学習予定

今週の学習時間目標

月	火	水	木	金	土	日
分	分	分	分	分	分	分

★30分ごとに1マス塗りつぶそう!

5h
10h
15h

ニガテ項目を書き出して復習しよう!

Week18

学習日
／
（　　）
～
／
（　　）

今週の学習予定

今週の学習時間目標

月	火	水	木	金	土	日
分	分	分	分	分	分	分

★30分ごとに1マス塗りつぶそう!

5h
10h
15h

ニガテ項目を書き出して復習しよう!

Week19

学習日
／
（　　）
～
／
（　　）

今週の学習予定

今週の学習時間目標

月	火	水	木	金	土	日
分	分	分	分	分	分	分

★30分ごとに1マス塗りつぶそう!

5h
10h
15h

ニガテ項目を書き出して復習しよう!

Week20

学習日
／
（　　）
～
／
（　　）

今週の学習予定

今週の学習時間目標

月	火	水	木	金	土	日
分	分	分	分	分	分	分

★30分ごとに1マス塗りつぶそう!

5h
10h
15h

ニガテ項目を書き出して復習しよう!

使い方

本書の目次を見ながら，その週に学ぶ項目を書きましょう

日付と曜日を書き込みましょう

30分学習するごとに1マス塗りつぶしましょう。1週間で自分がどれぐらい学習したかが一目でわかります

1週間の学習時間の目標を記入しましょう。毎日じゃなくてもよいので，「この日は勉強時間を確保する！」という予定を決めておくと学習意欲も高まります。

ニガテな項目はそのままにせず，書き出しておいて，あとで復習しましょう

Week5

学習日

／
（　）
～
／
（　）

今週の学習予定

今週の学習時間目標

月	火	水	木	金	土	日
分	分	分	分	分	分	分

★30分ごとに1マス塗りつぶそう！

5h
10h
15h

ニガテ項目を書き出して復習しよう！

Week6

学習日

／
（　）
～
／
（　）

今週の学習予定

今週の学習時間目標

月	火	水	木	金	土	日
分	分	分	分	分	分	分

★30分ごとに1マス塗りつぶそう！

5h
10h
15h

ニガテ項目を書き出して復習しよう！

Week7

学習日

／
（　）
～
／
（　）

今週の学習予定

今週の学習時間目標

月	火	水	木	金	土	日
分	分	分	分	分	分	分

★30分ごとに1マス塗りつぶそう！

5h
10h
15h

ニガテ項目を書き出して復習しよう！

Week8

学習日

／
（　）
～
／
（　）

今週の学習予定

今週の学習時間目標

月	火	水	木	金	土	日
分	分	分	分	分	分	分

★30分ごとに1マス塗りつぶそう！

5h
10h
15h

ニガテ項目を書き出して復習しよう！

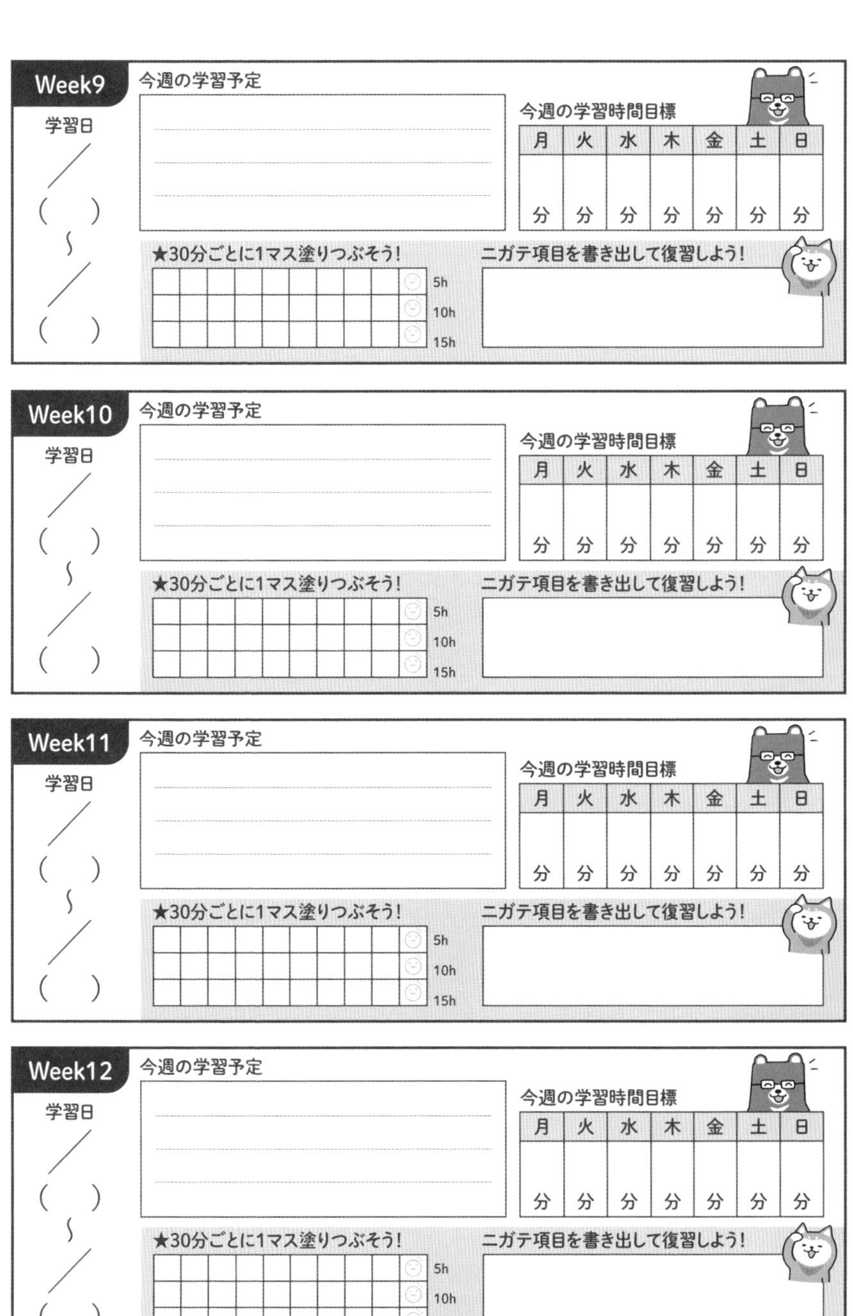

Week9

学習日

／

(　　)

～

／

(　　)

今週の学習予定

今週の学習時間目標

月	火	水	木	金	土	日
分	分	分	分	分	分	分

★30分ごとに1マス塗りつぶそう！

5h

10h

15h

ニガテ項目を書き出して復習しよう！

Week10

学習日

／

(　　)

～

／

(　　)

今週の学習予定

今週の学習時間目標

月	火	水	木	金	土	日
分	分	分	分	分	分	分

★30分ごとに1マス塗りつぶそう！

5h

10h

15h

ニガテ項目を書き出して復習しよう！

Week11

学習日

／

(　　)

～

／

(　　)

今週の学習予定

今週の学習時間目標

月	火	水	木	金	土	日
分	分	分	分	分	分	分

★30分ごとに1マス塗りつぶそう！

5h

10h

15h

ニガテ項目を書き出して復習しよう！

Week12

学習日

／

(　　)

～

／

(　　)

今週の学習予定

今週の学習時間目標

月	火	水	木	金	土	日
分	分	分	分	分	分	分

★30分ごとに1マス塗りつぶそう！

5h

10h

15h

ニガテ項目を書き出して復習しよう！

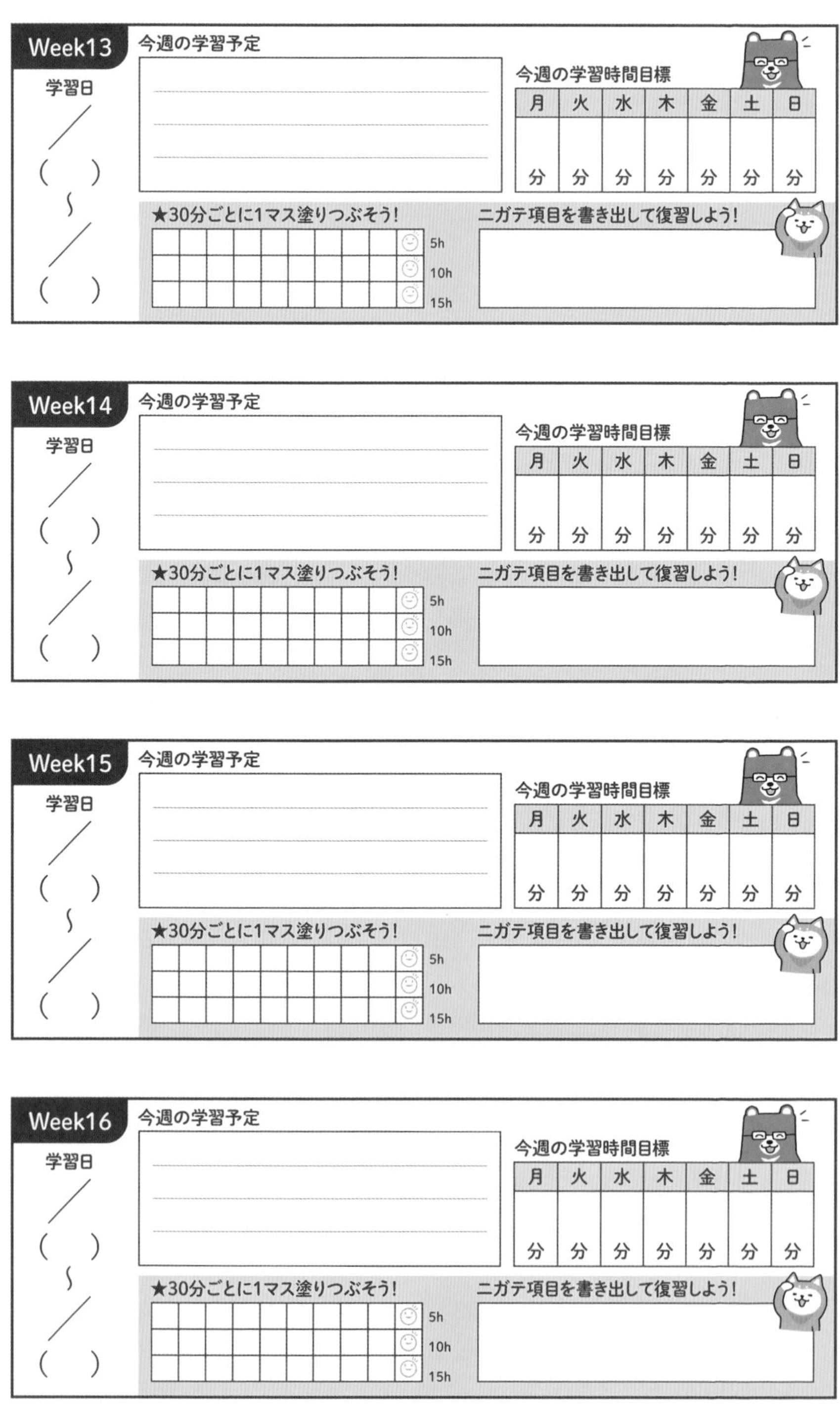

Week13

学習日

／
（　　）
〜
／
（　　）

今週の学習予定

今週の学習時間目標

月	火	水	木	金	土	日
分	分	分	分	分	分	分

★30分ごとに1マス塗りつぶそう!

5h
10h
15h

ニガテ項目を書き出して復習しよう!

Week14

学習日

／
（　　）
〜
／
（　　）

今週の学習予定

今週の学習時間目標

月	火	水	木	金	土	日
分	分	分	分	分	分	分

★30分ごとに1マス塗りつぶそう!

5h
10h
15h

ニガテ項目を書き出して復習しよう!

Week15

学習日

／
（　　）
〜
／
（　　）

今週の学習予定

今週の学習時間目標

月	火	水	木	金	土	日
分	分	分	分	分	分	分

★30分ごとに1マス塗りつぶそう!

5h
10h
15h

ニガテ項目を書き出して復習しよう!

Week16

学習日

／
（　　）
〜
／
（　　）

今週の学習予定

今週の学習時間目標

月	火	水	木	金	土	日
分	分	分	分	分	分	分

★30分ごとに1マス塗りつぶそう!

5h
10h
15h

ニガテ項目を書き出して復習しよう!

FP2級をひとつひとつわかりやすく。

[著] 益山真一

Gakken

[デジタル特典] 書きこめるPDFのダウンロード方法

① 右のQRコードかURLから
「Gakken Book Contents Library」にアクセスしてください。
https://gbc-library.gakken.jp/

② Gakken IDでログインしてください。
Gakken IDをお持ちでない方は新規登録をお願いします。

③ ログイン後、「コンテンツ追加＋」ボタンから
下記IDとPASSを入力してください。

ID	**hrha8**
PASS	**x96nm49w**

Gakken IDのID･PASSと、
コンテンツ追加用のID･PASSは
異なるから注意してね！

④書籍の登録が完了すると，マイページにダウンロードコンテンツが
表示されますので，そこからご使用いただくことができます。

無料のWEBアプリで過去問対策

FP 2級の学科試験の過去問を、WEBアプリで学習できます。なお、本アプリ上には電卓は表示されないため、電卓はご自身でご用意ください。

※WEBアプリでは、日本FP協会の過去問のみ掲載しています。
※掲載する過去問の年度は、追加更新する場合があります。

【アプリのご利用方法】

スマートフォン・タブレットで以下のQRコードを読み込み、LINEアカウントで認証・ログインいただくことで、過去問がクイズ形式で解けるWEBアプリをご利用いただけます。

※ご利用にはLINEアカウントが必要となります。
※アプリのご利用は無料ですが通信料はお客様のご負担になります。
※掲載する過去問は、随時更新されることがあります。
※ご提供は予告なく終了することがあります。

◆「資格をひとつひとつ」シリーズの公式サイトで最新情報をチェックしましょう
https://gakken-ep.jp/extra/shikaku-hitotsu/

※QRコードは株式会社デンソーウェーブの登録商標です。

はじめに

「FP2級はちょっとムズカシそう……」なんて思っている方、多いですよね？　実際、3級と比べると、同じテーマでも、一段深掘りした出題がされます。単に知識を問うだけの問題ではなく、手の込んだ計算問題や資料の読み解き問題が出題されるため、3級よりも一段階上の対策が求められます。

このため、「FP2級にチャレンジしよう！」と過去問を見たとき、まずそのボリューム感に圧倒され、「難解そう」「ややこしそう」とたじろいでしまう人も多いのです。

しかし、実はそこまで大変ではありません。
FP2級は、解くためのコツさえわかれば決して難解なものではないのです。

本書では、そのタイトルどおりFP2級の一見とっつきにくい問題や計算問題を中心に、ひとつひとつわかりやすく解説しています。手の込んだ設例や資料から、解くために必要な情報をすぐに見つけられるよう、問題の「目の付けどころ」を赤文字にしてあります。この着眼点を「自分のモノ」にできれば、解答までは一直線です。

FP2級の対策に頭を抱えていたり、途中でつまずいてしまっている人にも大きな手助けになるはず。多くの受検者がつまずきがちな問題をピンポイントで取り上げ、解説しているので、「暗記」ではなく「理解」することで苦手を克服できるのですから。

一見複雑そうに見える問題も、「目付け」のポイントがわかれば、何をどう処理すれば解答にたどりつけるかがわかります。「何を問われているか」を把握し、そのために「必要な数値や情報を見つけ出すコツ」……この攻略法を本書では惜しみなく紹介しています。

本書では、FP2級でよく出題される資料の読み解き問題や計算問題を中心にセレクトしており、これらを攻略できると合格の手応えが一気に高まります。

さあ、FP2級のカギとなる問題を「ひとつひとつわかりやすく」解いていきましょう。
ゴールはすぐそこです！

1級FP技能士、CFP® 認定者
益山 真一

この本の使い方

●単元のセレクト方針

出題頻度が高い資料読み解き問題や計算問題を中心に合格に大事な学習項目に絞り込んでいます。

LESSON 7

健康保険の保険料

会社員が加入する厚生年金保険、健康保険の保険料は標準報酬月額、標準賞与額をもとに計算して会社と被保険者で折半（労使折半）しますが、被保険者の年齢で介護保険に加入するか否かが異なります。

●やさしい要点解説

解説は、イラスト・図解で表現することで、見ただけでパッとわかるものに。文を読み込まなくてもスピーディーに要点が把握できます。

標準報酬月額
標準報酬月額は、通常の給与のほか、通勤手当、住宅手当、食事手当等も含みます。
給与
住宅手当
食事手当
通勤手当
課税
課税
課税
一定額まで非課税
報酬に含む！
通勤手当は一定金額まで所得税や住民税は非課税だけど報酬に含むから気をつけよう！

●キャラクターナビゲーション

本書オリジナルキャラクターが学習をナビゲート。必要な情報や注意点をわかりやすく補足してくれます。

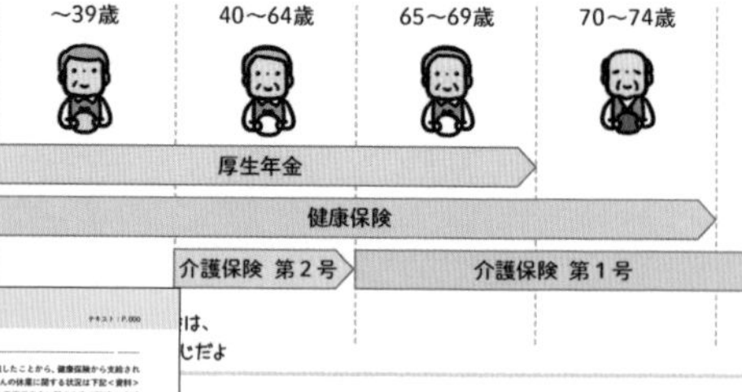
介護保険は何歳から加入するの？
介護保険は40歳からです。40歳から65歳に達するまでの医療保険加入者は第２号被保険者として公的医療保険の保険料と合わせて徴収されます。
なお、65歳以上は第１号被保険者で、原則、公的年金から特別徴収されます。
～39歳
40～64歳
65～69歳
70～74歳
厚生年金
健康保険
介護保険 第２号
介護保険 第１号

●別冊

別冊では、本冊の問題に比べて少しひねった類題を掲載。あわせて対策すれば、応用力もしっかり身につきます。

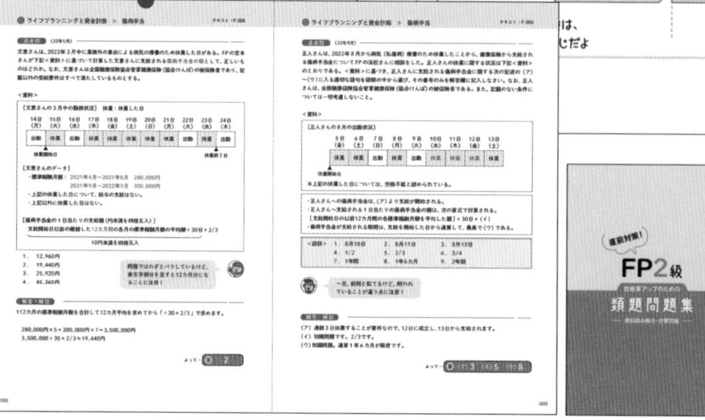
直前対策！
FP2級
類題問題集

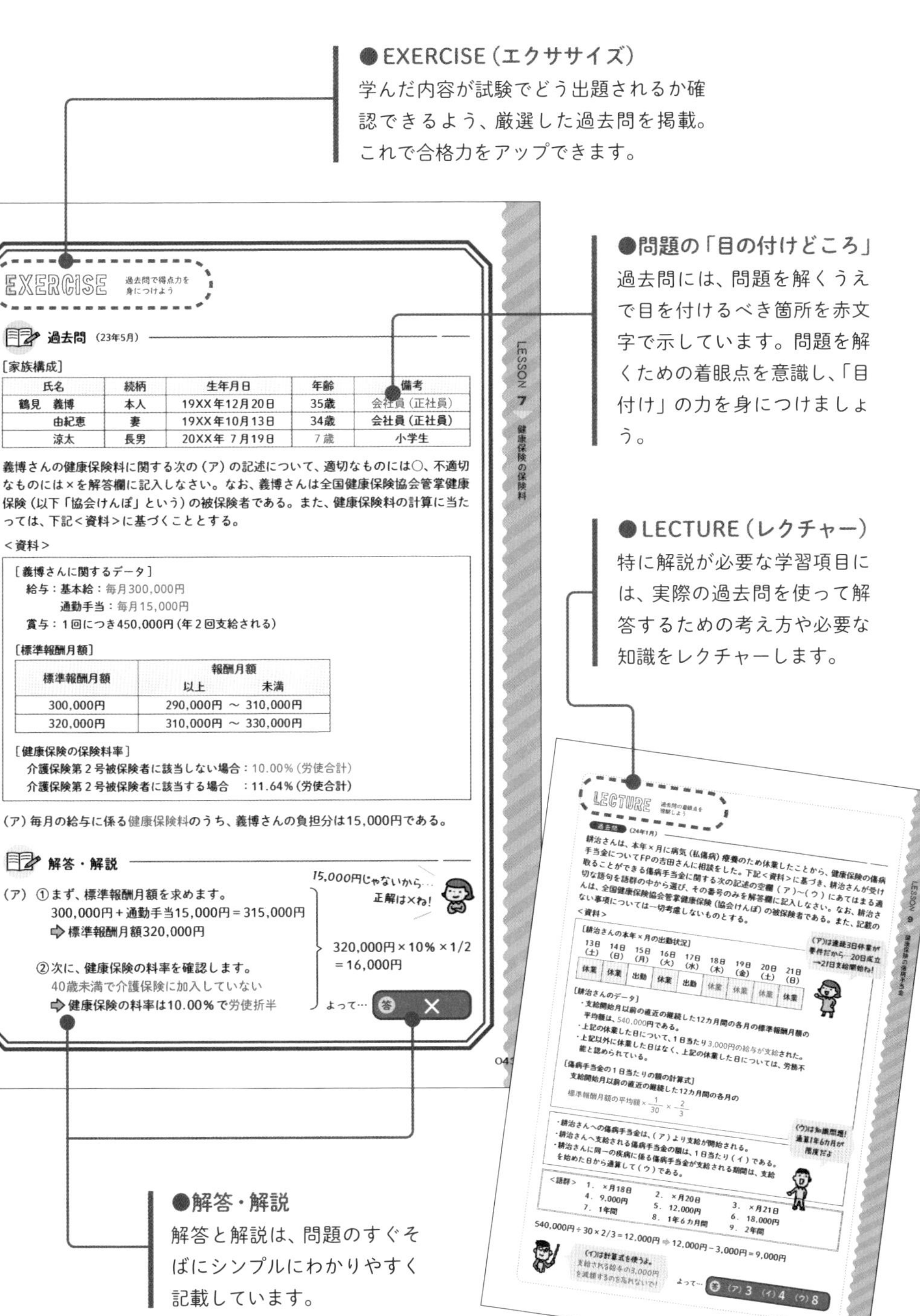

●EXERCISE（エクササイズ）
学んだ内容が試験でどう出題されるか確認できるよう、厳選した過去問を掲載。これで合格力をアップできます。

●問題の「目の付けどころ」
過去問には、問題を解くうえで目を付けるべき箇所を赤文字で示しています。問題を解くための着眼点を意識し、「目付け」の力を身につけましょう。

●LECTURE（レクチャー）
特に解説が必要な学習項目には、実際の過去問を使って解答するための考え方や必要な知識をレクチャーします。

●解答・解説
解答と解説は、問題のすぐそばにシンプルにわかりやすく記載しています。

EXERCISE 過去問で得点力を身につけよう

過去問（23年5月）

［家族構成］

氏名	続柄	生年月日	年齢	備考
鶴見　義博	本人	19XX年12月20日	35歳	会社員（正社員）
由紀恵	妻	19XX年10月13日	34歳	会社員（正社員）
涼太	長男	20XX年 7月19日	7歳	小学生

義博さんの健康保険料に関する次の（ア）の記述について、適切なものには○、不適切なものには×を解答欄に記入しなさい。なお、義博さんは全国健康保険協会管掌健康保険（以下「協会けんぽ」という）の被保険者である。また、健康保険料の計算に当たっては、下記<資料>に基づくこととする。

<資料>

［義博さんに関するデータ］
給与：基本給：毎月300,000円
　　　通勤手当：毎月15,000円
賞与：1回につき450,000円（年2回支給される）

［標準報酬月額］

標準報酬月額	報酬月額 以上	報酬月額 未満
300,000円	290,000円 ～	310,000円
320,000円	310,000円 ～	330,000円

［健康保険の保険料率］
介護保険第2号被保険者に該当しない場合：10.00%（労使合計）
介護保険第2号被保険者に該当する場合　：11.64%（労使合計）

（ア）毎月の給与に係る健康保険料のうち、義博さんの負担分は15,000円である。

解答・解説

（ア）①まず、標準報酬月額を求めます。
300,000円＋通勤手当15,000円＝315,000円
➡標準報酬月額320,000円

②次に、健康保険の料率を確認します。
40歳未満で介護保険に加入していない
➡健康保険の料率は10.00%で労使折半

320,000円×10%×1/2＝16,000円

15,000円じゃないから…正解は×ね！

よって…答 ×

LESSON 7 健康保険の保険料

043

LECTURE 過去問の着眼点を理解しよう

過去問（24年1月）

耕治さんは、本年×月に病気（私傷病）療養のため休業したことから、健康保険の傷病手当金についてFPの吉田さんに相談をした。下記<資料>に基づき、耕治さんが受け取ることができる傷病手当金に関する次の記述の空欄（ア）～（ウ）にあてはまる適切な語句を語群の中から選び、その番号のみを解答欄に記入しなさい。なお、耕治さんは、全国健康保険協会管掌健康保険（協会けんぽ）の被保険者である。また、記載のない事項については一切考慮しないものとする。

<資料>

［耕治さんの本年×月の出勤状況］

13日(土)	14日(日)	15日(月)	16日(火)	17日(水)	18日(木)	19日(金)	20日(土)	21日(日)
休業	休業	出勤	休業	出勤	休業	休業	休業	休業

（ア）は連続3日休業が要件だから…20日成立→21日支給開始ね！

［耕治さんのデータ］
・支給開始月以前の直近の継続した12カ月間の各月の標準報酬月額の平均額は、540,000円である。
・上記の休業した日について、1日当たり3,000円の給与が支給された。
・上記以外に休業した日はなく、上記の休業した日については、労務不能と認められている。

［傷病手当金の1日当たりの額の計算式］
支給開始月以前の直近の継続した12カ月間の各月の標準報酬月額の平均額×$\frac{1}{30}$×$\frac{2}{3}$

・耕治さんへの傷病手当金は、（ア）より支給が開始される。
・耕治さんへ支給される傷病手当金の額は、1日当たり（イ）である。
・耕治さんに同一の疾病に係る傷病手当金が支給される期間は、支給を始めた日から通算して（ウ）である。

（ウ）は知識問題！通算1年6カ月が限度だよ

<語群>
1．×月18日　2．×月20日　3．×月21日
4．9,000円　5．12,000円　6．18,000円
7．1年間　8．1年6カ月間　9．2年間

540,000円÷30×2/3＝12,000円 ➡ 12,000円－3,000円＝9,000円

（イ）は計算式を使うよ。支給される給与の3,000円を減額するのを忘れないで！

よって… 答（ア）3（イ）4（ウ）8

LESSON 9 健康保険の傷病手当金

047

FP2級ってどんな資格？

超初心者の方向けに、ここではFP2級について紹介します。

FPってどんな資格?

A. FPとは、ファイナンシャル・プランナー（Financial Planner）の略で、顧客のライフプランに合わせた資金計画を元に、保険や金融、不動産、相続などのアドバイスを行う専門家です。「マイホームを買う！」「子どもの教育資金を準備！」「家族が増えたし保険に入る！」といったライフイベントに即した計画表を立て、そのための資金がいくら必要で、どう資産形成をしていくか……を考えていく資格です。

FP2級は何ができるの?

A. FPとしての基礎知識を学ぶ３級と比べて、２級になると実務レベルの対策が求められるようになります。試験の内容も知識問題から、計算問題、資料の読み解き問題が増え、同じ論点でもより高度な力が試されます。このため、３級が「個人レベルでのお金の知識」だとすれば、仕事で使える・役に立つレベルに引き上がると考えられます。実際に、勤め先からFP2級までを取得するようにいわれるビジネスパーソンも多いようです。

さらに1級を
目指す人も!

どんなことを学ぶの？

・ライフプランニングと資金計画
・リスク管理
・金融資産運用
・タックスプランニング
・不動産
・相続・事業承継

分野は3級と同じだけどより専門的になります！

それぞれの内容は、本編で詳しく触れますが、人生で出くわす、お金の主要な問題が網羅されています。特に受検の際の出題傾向が高い「ライフプランニングと資金計画」は、この資格の中心テーマ。まずはここから学ぶことで、他の分野と連携して知識を深めていきます。

合格率はどのくらいなの？

A. 試験実施団体である日本FP協会が試験ごとに発表している、近年の受検者と合格率は以下のようになっています。FP 2級の合格率は、4～5割程度。厳しい数字ですが、だからこそ勉強のしがいがあるというものです。ぜひ、合格を手に入れましょう！

4～5割だけにやりがいがある！

		受検申請者数	受検者数	合格者数	合格率
学科	2024年1月	33,648	26,563	10,360	39.00%
	2023年9月	29,220	23,917	12,804	53.54%
	2023年5月	30,511	24,727	12,072	48.82%
実技	2024年1月	31,907	24,632	15,055	61.12%
	2023年9月	26,198	20,892	10,867	52.02%
	2023年5月	27,999	22,167	12,991	58.61%

FP資格の全体像について

FP資格には、国家資格のFP技能士（1級～3級）と、民間資格のAFP・CFP資格があります。

試験実施団体は2つあり、学科試験は共通ですが実技試験が両団体で異なります。
※本書は日本FP協会の試験内容に対応しています。

金財

一般社団法人
金融財政事情研究会

日本FP協会

NPO法人
日本ファイナンシャル・プランナーズ協会

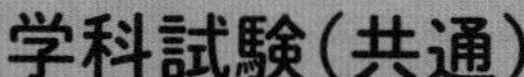

試験は、学科と実技に
分かれています

実技試験

金財

① 個人資産相談業務
・「リスク管理」以外から出題

② 生保顧客資産相談業務
・「金融資産運用」「不動産」以外から出題

※2つの試験から、どちらかを選択

金財は
金融や保険業に就く人が
受検する傾向があります。

日本FP協会

資産設計提案業務

本書では、6分野すべてから
出題される日本FP協会の
実技試験から問題を
セレクトしています！

●出題6分野
・ライフプランニングと資金計画
・リスク管理
・金融資産運用
・タックスプランニング
・不動産
・相続・事業承継

FP資格のステップアップチャート

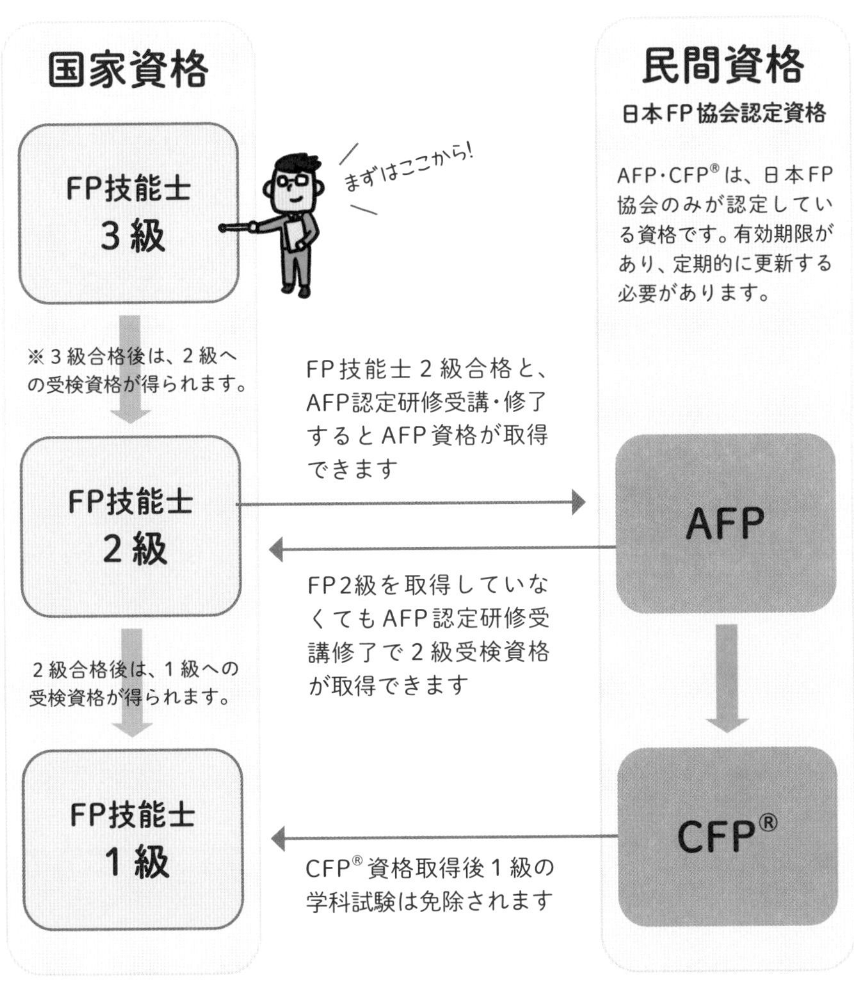

国家資格
民間資格
日本FP協会認定資格
FP技能士
3級
まずはここから!
AFP・CFP®は、日本FP協会のみが認定している資格です。有効期限があり、定期的に更新する必要があります。
※3級合格後は、2級への受検資格が得られます。
FP技能士2級合格と、AFP認定研修受講・修了するとAFP資格が取得できます
FP技能士
2級
AFP
FP2級を取得していなくてもAFP認定研修受講修了で2級受検資格が取得できます
2級合格後は、1級への受検資格が得られます。
FP技能士
1級
CFP®
CFP®資格取得後1級の学科試験は免除されます

※FP 3級を取得していなくても以下に該当する場合はFP 2級の受検が可能です。

- 日本FP協会認定のAFP認定研修を修了した者
- 金融渉外技能審査3級合格者
- FP業務に関し2年以上の実務経験を有する者

AFP（Affiliated Financial Planner）：FP 2級程度の難易度で、CFP®の受検資格が得られます。
CFP®（Certified Financial Planner）：FP 1級と同等の難易度の高い資格。世界25カ国で導入されています。

FP2級試験の内容と日程

FP試験は、学科と実技に分かれ、両方に合格する必要があります。

FP2級試験の出題内容（日本FP協会の場合）

学科試験	試験時間：120分 出題形式：マークシート方式　４択式60問 合格基準：60点満点で36点以上
実技試験	試験時間：90分 出題形式：記述式40問 合格基準：100点満点で60点以上

学科は36問正解、
実技は6割正解で
合格圏！

試験スケジュール（日本FP協会の場合）

	2024年９月試験	2025年１月試験
試験日	2024年　９月８日（日）	2025年　１月26日（日）
受検申請期間	2024年　７月２日（火） ～７月23日（火）	2024年 11月13日（水） ～12月３日（火）
合格発表日	2024年 10月21日（月）	2025年　３月７日（金）
法令基準日	2024年４月1日	2024年10月１日

［法令基準日］

試験問題は、法令基準日に施行（法令の効力発効）されている法令に基づいて出題されます。
2024年5月～9月実施試験　法令基準日：2024年4月1日
2025年　1月実施試験　法令基準日：2024年10月１日

※上記日程は2024年５月時点でのものです。変更の場合もあるため、最新の情報は日本FP協会のWebサイトでご確認ください。

2025年4月以降の受検申請の流れ

① Webサイトから受検申請

簡単だよ～

［日本FP協会］

https://www.jafp.or.jp/exam/

② 受検者ページのアカウント作成

- ☑ 氏名
- ☑ 生年月日
- ☑ メールアドレス

を入力

CBT方式への移行

FP 2級試験は2025年4月1日より、CBT（Computer Based Testing）方式の試験に移行します。全国300カ所以上のテストセンターから、場所と日時を指定・予約し、会場に設置されたパソコンを操作して試験を受けるという形式になります。これにより、従来年3回だった試験日が通年で行われるようになり、受検の機会が大幅に広がります。

CBT方式の詳細

試験日　：2025年4月1日（火）より通年で実施
※年末年始、3月1カ月、5月下旬の休止期間除く

申請期間：2025年2月3日（月）午前10時～
※受検日は2025年4月1日以降になります

申請方法：Web申請のみ

合格発表：試験日翌月中旬にWebサイトで発表
※点数は試験当日に判明します

▼最新の情報はWebサイトで確認してください
日本FP協会　https://www.jafp.or.jp/exam/

目標の細分化で合格に近づく スタディプランシート

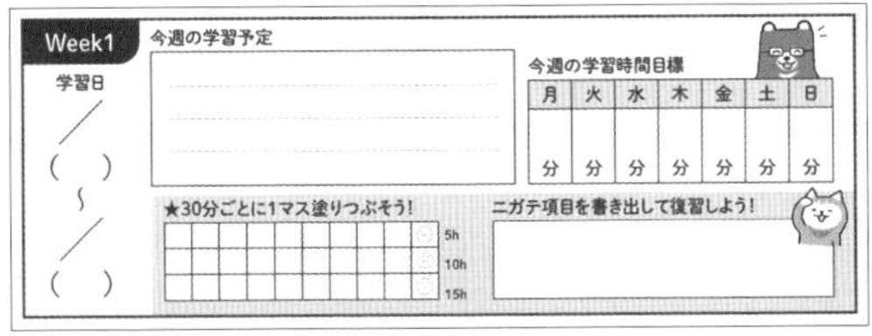

Week1
今週の学習予定
学習日
今週の学習時間目標
月
火
水
木
金
土
日
分
★30分ごとに1マス塗りつぶそう！
5h
10h
15h
ニガテ項目を書き出して復習しよう！

資格試験は積み重ねの学習が肝心です。そこで、本書に付属するスタディプランシートを活用し、目標を細分化、週ごとに学習する内容をあらかじめ決めて、結果を記録する計画的な学習をおすすめします。

③ 試験会場の場所、受検日を指定して予約

④ 受検手数料の支払い方法を選択

学科：5,700円
実技：6,000円

支払い方法はクレジットカード、コンビニ決済、Pay-easyが利用できます。

CONTENTS

1章 ライフプランニングと資金計画

2章 リスク管理

3章

金融資産運用

4章 タックスプランニング

5章 不動産

相続・事業承継

1章 ライフプランニングと資金計画

各科目の入口となる科目です。キャッシュフロー表やバランスシートの作成、ライフプランの試算で使う６つの係数など、プランニングで使うスキルを問う問題がたくさん出題されます。

傾向と対策

キャッシュフロー、バランスシート、係数計算は必ず出題されます。住宅ローンや社会保険、年金に関する出題が多く、資料から、給付内容や年金を解答します。必要な情報や数値を資料から見つける「目付け」を身につけるのが解答への早道です。

頻出論点

- キャッシュフロー表の計算（○年後の金額、金融資産残高）
- 個人バランスシート
- 係数計算
- 住宅ローン（ペアローン、収入合算、繰上げ返済）
- 雇用保険の基本手当等
- 健康保険の傷病手当金、高額療養費
- 介護サービス利用時の自己負担額
- 老後の年金（付加年金、繰上げ・繰下げ、在職老齢年金）
- 遺族年金
- 財務分析

この科目から
多く出題される傾向があるので
しっかりやらなくちゃね！

3級で学んだことも
出題されるけど
より深い内容になるんだね。

計算問題は、
ミスをしないようにしなくちゃ…

キャッシュフロー表を作成しよう

キャッシュフロー表は現在の収支、今後のライフイベントをもとに将来の収支や貯蓄残高を試算して、問題点を洗い出す資料です。
将来の収入・支出・貯蓄残高を試算して、収支の問題点を洗い出すことができます。

キャッシュフロー表　4つの計算式

可処分所得＝収入－（所得税、住民税、社会保険料）

○年後の予想額＝現在の金額×（1＋変動率）^経過年数^

年間収支＝収入－支出

貯蓄残高＝前年の貯蓄残高×（1＋変動率）±今年の年間収支

可処分所得とは？

可処分所得とは、自由に使える（＝可処分）収入（＝所得）、つまり手取額のことです。
額面収入から自由に使えないお金（**所得税、住民税、社会保険料**）を引きます。

積立投資や生命保険料は引かないよ。
自由に使えるお金を使って支払うからね。

貯蓄残高の計算式は複雑？

貯金残高の計算式は、まず前年のお金の元本と増えた割合（＝変動率）を算出して、これに今年の収支を足す、と考えればシンプルです。

LECTURE 過去問の着眼点を理解しよう

＜山根家のキャッシュフロー表（一部抜粋）＞ （単位：万円）

経過年数			基準年	1年	2年	3年	4年
家族構成／年齢	山根　耕太	本人	39歳	40歳	41歳	42歳	43歳
	香奈	妻	40歳	41歳	42歳	43歳	44歳
	貴典	長男	12歳	13歳	14歳	15歳	16歳
	桃乃	長女	8歳	9歳	10歳	11歳	12歳
ライフイベント		変動率		貴典 中学校入学		外壁の 補修	貴典 高校入学
収入	給与収入（本人）	1％	396		404		412
	給与収入（妻）	1％	284		290		296
	収入合計	－	680		694		708
	基本生活費	2％	186			（ア）	
	住居費	－	204	204	204	204	204
	教育費	1％	64		（イ）		

過去問 （23年1月）

山根家の両親が考えている進学プランは下記のとおりである。下記＜条件＞および＜資料＞のデータに基づいて、山根家のキャッシュフロー表の空欄（イ）に入る教育費の予測数値を計算しなさい。なお、計算過程においては端数処理をせずに計算し、計算結果については万円未満を四捨五入すること。

＜条件＞

［山根家の進学プラン］

貴典	公立小学校 → 私立中学校 → 私立高等学校 → 国立大学
桃乃	公立小学校 → 公立中学校 → 私立高等学校 → 私立大学

［計算に際しての留意点］

・教育費の数値は、下記＜資料：小学校・中学校の学習費総額＞を使用して計算すること。
・下記＜資料＞の結果を基準年とし、変動率を1％として計算すること。

＜資料：小学校・中学校の学習費総額（1人当たりの年間平均額）＞

	小学校		中学校	
	公立	私立	公立	私立
学習費総額	321,281円	1,598,691円	488,397円	1,406,433円

2年後の(イ)は長男:14歳で私立中学、長女:10歳で公立小学校に在学中ね

現在価値で、教育費は…

私立中学校 1,406,433円＋公立小学校 321,281円＝1,727,714円。

年1％の割合で2年間上昇した場合の金額は、

「現在の金額×（1＋上昇率）^{年数}」により求めるので、

1,727,714円×1.01^2≒1,762,441.051円 → 176万円。

よって…

年数の経過による影響を忘れずに！

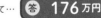

EXERCISE

過去問で得点力を
身につけよう

過去問 （23年9月）

下記の（問１）～（問３）について解答しなさい。

＜福岡家の家族データ＞

氏名	続柄	生年月日	備考
福岡　洋司	本人	19XX年11月2日	会社員
美緒	妻	19XX年4月10日	会社員
結奈	長女	20XX年8月24日	中学生
健太	長男	20XX年6月21日	小学生

＜福岡家のキャッシュフロー表＞ （単位：万円）

経過年数			基準年	1年	2年	3年	4年
家族構成／年齢	福岡　洋司	本人	43歳	44歳	45歳	46歳	47歳
	美緒	妻	43歳	44歳	45歳	46歳	47歳
	結奈	長女	13歳	14歳	15歳	16歳	17歳
	健太	長男	11歳	12歳	13歳	14歳	15歳
ライフイベント		変動率	結奈 中学校入学		健太 中学校入学	結奈 高校入学	結婚 20周年旅行
収入	給与収入（本人）	1％	（ ア ）				
	給与収入（妻）	1％					
	収入合計	－			1,001		
支出	基本生活費	2％	373			（ イ ）	
	住居費	－	205	205	205	205	205
	教育費	－	180				200
	保険料	－	54	54	54		60
	一時的支出	－					130
	その他支出	2％	50				
	支出合計	－	862	893	921		
年間収支							
金融資産残高		1％		1,046	（ ウ ）		1,196

※年齢および金融資産残高は各年12月31日現在のものとする。
※給与収入は可処分所得で記載している。
※記載されている数値は正しいものとする。また、問題作成の都合上、一部を空欄としている。
※各項目の計算に当たっては端数を残し、表中に記入の際は万円未満四捨五入したものを使用すること。
ただし、金融資産残高は各年ごとに端数を残さず、万円未満四捨五入のうえ計算すること。

問1　福岡家のキャッシュフロー表の空欄（ア）は洋司さんの可処分所得である。下表のデータに基づいて、空欄（ア）にあてはまる数値を計算しなさい。なお、本年における洋司さんの収入は給与収入のみである。

本年分の洋司さんの給与収入（額面）　684万円

本年に洋司さんの給与から天引きされた支出の年間合計金額					
厚生年金保険料	63万円	健康保険料・介護保険料	41万円	雇用保険料	3万円
所得税	25万円	住民税	34万円	財形貯蓄	60万円
社内預金	36万円	従業員持株会	12万円	社内あっせん販売	12万円

問2　福岡家のキャッシュフロー表の空欄（イ）にあてはまる数値を計算しなさい。なお、計算に当たっては、キャッシュフロー表中に記載の整数を使用し、計算結果については万円未満を四捨五入すること。

問3　福岡家のキャッシュフロー表の空欄（ウ）にあてはまる数値を計算しなさい。なお、計算に当たっては、キャッシュフロー表中に記載の整数を使用し、計算結果については万円未満を四捨五入すること。

解答・解説

（ア）　可処分所得なので、自由に使えないお金である所得税、住民税、社会保険料を引きます。問題の社会保険料は厚生年金、健康保険、介護保険、雇用保険です。
→ 684万円－（25万円＋34万円＋63万円＋41万円＋３万円）＝518万円

財形貯蓄、社内預金は自由に使えるお金から貯めているわけだし、持株会、社内あっせん販売も自由意思で使っているお金ですからね。

よって…

答　518万円

（イ）　３年後の生活費で、今373万円かかっている基本生活費が毎年２％上がっていく前提で計算します。373万円×（1＋0.02）^{3}≒396万円となります。

よって…  答　396万円

（ウ）　去年あったお金1,046万円が1％の割合で増えるので、1,046万円×1.01。
今年の年間収支が1,001万円－921万円＝80万円。
1,046万円×1.01＋80万円≒1,136万円となります。

よって…  答　1,136万円

個人バランスシートとは?

資産（プラスの財産）と負債（マイナスの財産）の一覧表をバランスシートといいます。

資産家　Aさん	一般市民　Bさん
☑ 資産 1億円 ☑ 借金 1億円 	☑ 資産 3,000万円 ☑ 借金 なし 

試験では、資産から負債を引いた
純資産を求める問題がでるよ

資産の時価・負債の時価の考え方

資産価値は取得した後に値上がり、値下がりするものもあるため、今の価値（今、売った場合にいくら）で考えます。負債も同様に、今残っている借入残高で考えます。

ちなみに、保険は払ってきた保険料とか、
死んだときなどにもらえる保険金を価値と考えるのも
1つの方法だけど、試験では解約すると戻ってくる
解約返戻金で考えるよ。

LECTURE 過去問の着眼点を理解しよう

＜設例＞
貿易業を営む自営業者（青色申告者）の関根克典さんは、今後の生活や事業などに関して、FPで税理士でもある氷室さんに相談をした。なお、下記のデータは本年９月１日現在のものである。

Ⅰ．家族構成（同居家族）

氏名	続柄	生年月日	年齢	備考
関根　克典	本人	19XX年7月25日	58歳	自営業
晶子	妻	19XX年1月18日	57歳	自営業（注1）
真帆	長女	20XX年6月22日	19歳	大学生
一郎	父	19XX年2月12日	84歳	無職
恵子	母	19XX年5月 6日	81歳	無職

注1：晶子さんは、青色事業専従者として克典さんの事業に従事している。

Ⅱ．関根家の親族関係図

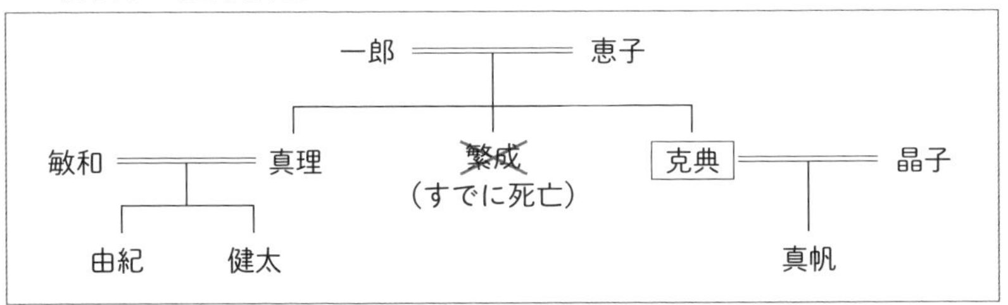

Ⅲ．関根家（克典さんと晶子さん）の財産の状況
［資料1：保有資産（時価）］ （単位：万円）

	克典	晶子
金融資産 現金・預貯金 株式・債券等	 2 950 1 100	 870 200
生命保険（解約返戻金相当額）	［資料3］を参照	［資料3］を参照
不動産 土地（自宅の敷地） 建物（自宅の家屋） 土地（事務所の敷地） 建物（事務所の建物）	 3,600 320 3,400 850	
その他 事業用資産（不動産以外） 動産等	 580 180	 210

次のページに続く

［資料２：負債残高

住宅ローン：300万円（債務者は克典さん。団体信用生命保険付き）

事業用借入：2,250万円（債務者は克典さん）

［資料３：生命保険］ （単位：万円）

保険種類	保険契約者	被保険者	死亡保険金受取人	保険金額	解約返戻金相当額
定期保険A	克典	克典	晶子	1,000	－
定期保険特約付終身保険B	克典	克典	晶子		
（終身保険部分）				200	120
（定期保険部分）				2,000	－
終身保険C	克典	克典	晶子	400	220
終身保険D	克典	晶子	克典	200	180
終身保険E	晶子	晶子	真帆	400	150

注２：解約返戻金相当額は、本年９月１日現在で解約した場合の金額である。

注３：終身保険Cには、主契約とは別に保険金額400万円の災害割増特約が付保されている。

注４：すべての契約において、保険契約者が保険料を全額負担している。

注５：契約者配当および契約者貸付については考慮しないこと。

Ⅳ．その他

上記以外の情報については、各設問において特に指示のない限り一切考慮しないこと。

過去問（23年9月）

FPの氷室さんは、まず本年９月１日現在における関根家（克典さんと晶子さん）のバランスシート分析を行うこととした。下表の空欄（ア）にあてはまる数値を計算しなさい。

<関根家（克典さんと晶子さん）のバランスシート> （単位：万円）

［資産］		［負債］	
金融資産		住宅ローン	×××
現金・預貯金	×××	事業用借入	×××
株式・債券等	×××		
生命保険（解約返戻金相当額）	×××		
不動産			
土地（自宅の敷地）	×××	負債合計	×××
建物（自宅の家屋）	×××		
土地（事務所の敷地）	×××		
建物（事務所の建物）	×××		
その他			
事業用資産（不動産以外）	×××	［純資産］	（ア）
動産等	×××		
資産合計	×××	負債・純資産合計	×××

まずは"×××"を
設例から数字を
持ってきて埋めよう!

資産は夫婦や家族、複数人の分の合計を忘れずに!

この問題のバランスシートを埋めてみよー！

毎回出る問題だから、しっかり理解して慌てないようにしよう!!

本番の試験では、時間がなくて慌てて1人分を転記して間違える人が多いらしいよ!

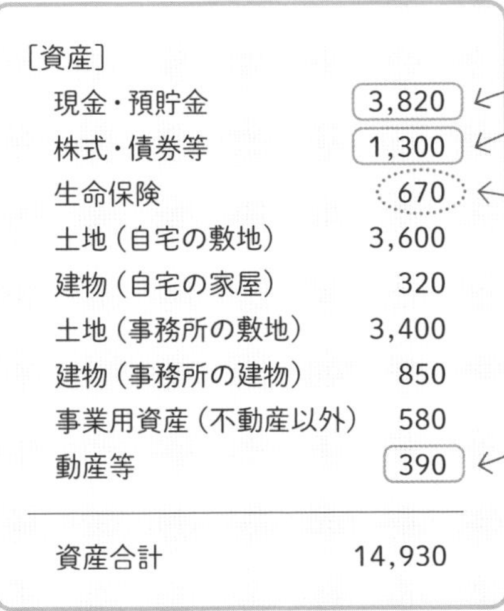

[資産]	
現金・預貯金	3,820
株式・債券等	1,300
生命保険	670
土地（自宅の敷地）	3,600
建物（自宅の家屋）	320
土地（事務所の敷地）	3,400
建物（事務所の建物）	850
事業用資産（不動産以外）	580
動産等	390
資産合計	14,930

全員分、ちゃんと足してね!

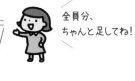

保険の資産価値は保険金額ではなく解約返戻金を見るよ
→ 120 + 220 + 180 + 150 = 670
だね

[負債]	
住宅ローン	300
事業用借入れ	2,250
合計	2,550

純資産 = 14,930 − 2,550 = 12,380！

よって…  12,380 万円

6つの係数を使いこなそう

「６つの係数」を活用することで、ライフプランの予算を立てたり試算することができます。目標額を貯めるために必要となる手元資金や毎年の積立額、貯蓄を一定期間にわたり取り崩すときの取崩額や、取り崩し額から必要となる貯蓄額等は６つの係数を使って、求めることができます。

６つの係数　３パターン

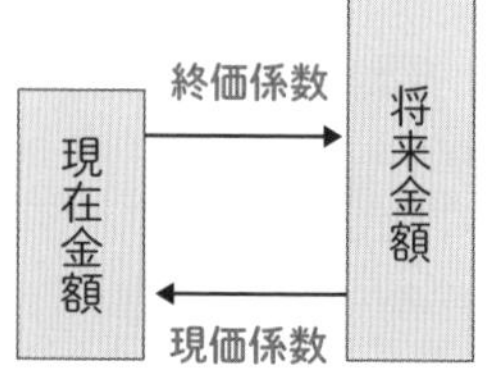

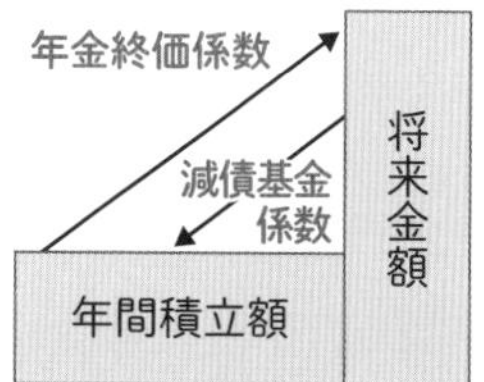

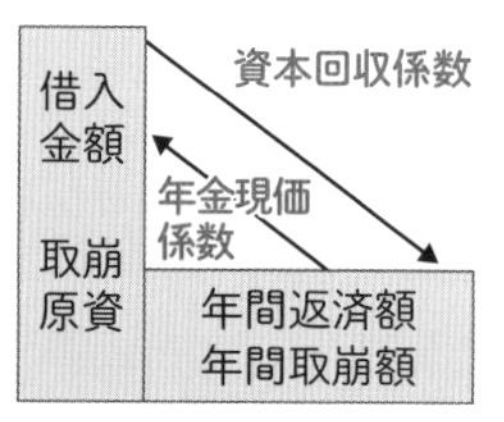

過去問題では係数表を使った計算の問題が出題されているよ。
係数は「分かっている金額×○○係数」というように算出。
係数の関係は上記の3パターンだけ！

どの係数を使えばいいの？　３つのコツで覚えよう！

求めたい数値との関係が…

▶現在 → 将来なら

「し」がつく係数を使う！

- 終価係数
- 年金終価係数
- 資本回収係数

▶将来 → 現在なら

「げ」がつく係数を使う！

- 現価係数
- 減債基金係数
- 年金現価係数

▶将来の一時金を求める場合

「終価」がつく係数を使う！

▶現在の一時金を求める場合

「現価」がつく係数を使う！

コツコツ貯める場合の将来の一時金、
コツコツ取り崩す場合の現在の一時金
を求める場合は…

「年金」がつく係数を使う！

LECTURE 過去問の着眼点を理解しよう

過去問（23年9月）

ライフプランの作成の際に活用される各種係数に関する次の記述のうち、最も不適切なものはどれか。

1. 一定の利率で複利運用しながら一定期間経過後の**元利合計額**を試算する際、現在**保有する資金**の額に乗じる係数は、終価係数である。
2. 一定の利率で複利運用しながら一定期間、**毎年一定金額を積み立て**た場合の一定期間経過後の**元利合計額**を試算する際、毎年の積立額に乗じる係数は、年金終価係数である。
3. 一定の利率で複利運用しながら一定期間、**毎年一定金額を受け取る**ために必要な**元本**を試算する際、**毎年受け取りたい金額**に乗じる係数は、資本回収係数である。
4. 一定の利率で複利運用しながら**一定期間経過後に目標とする額を得る**ために必要な**毎年の積立額**を試算する際、目標とする額に乗じる係数は、減債基金係数である。

"不適切" な記述を選ぶのね。一つ一つ、見ていきましょう！

1	**将来の一時金**を求めるので「終価」。**現在保有する資金**を運用するから「年金○○」ではないので、終価係数だね！	 	適切！
2	**将来の一時金**を求めるので「終価」、**積み立てて準備する**から「年金○○」なので、年金終価係数だ！	 	適切！
3	**必要な元本**を求めるので「現価」、**毎年の受取額**から求めるから「年金○○」なので、年金現価係数だ！	 	不適切
4	一時金ではなく**積立額**を求めるので**現価や終価ではない**よ。**将来から遡る**から「げ」がつく係数。現価係数、年金現価係数ではないやつだから、減債基金係数だね！		適切！

よって… **答 3**

6つの係数、なかなか覚えられないときは…？

分かっている金額を「1」と考えて、求めたい金額の割合はどのくらいかを、**「期間」を使って考える**と、覚えなくても算出できるよ。

過去問の解説は、覚えない場合の説明もするから安心してください!

EXERCISE 過去問で得点力を身につけよう

過去問（23年5月）

下記の（問１）～（問３）について解答しなさい。

下記の係数早見表を乗算で使用し、各問について計算しなさい。なお、税金は一切考慮しないこととし、解答に 当たっては、解答用紙に記載されている単位に従うこと。

［係数早見表（年利1.0％）］

	終価係数	現価係数	減債基金係数	資本回収係数	年金終価係数	年金現価係数
1年	1.010	0.990	1.000	1.010	1.000	0.990
2年	1.020	0.980	0.498	0.508	2.010	1.970
3年	1.030	0.971	0.330	0.340	3.030	2.941
4年	1.041	0.961	0.246	0.256	4.060	3.902
5年	1.051	0.951	0.196	0.206	5.101	4.853
6年	1.062	0.942	0.163	0.173	6.152	5.795
7年	1.072	0.933	0.139	0.149	7.214	6.728
8年	1.083	0.923	0.121	0.131	8.286	7.652
9年	1.094	0.914	0.107	0.117	9.369	8.566
10年	1.105	0.905	0.096	0.106	10.462	9.471
15年	1.161	0.861	0.062	0.072	16.097	13.865
20年	1.220	0.820	0.045	0.055	22.019	18.046
25年	1.282	0.780	0.035	0.045	28.243	22.023
30年	1.348	0.742	0.029	0.039	34.785	25.808

※記載されている数値は正しいものとする。

問１　皆川さんは、自宅のリフォーム費用として 、10年後に500万円を準備したいと考えている。年利1.0％で10年間複利運用する場合、現在いくらの資金があればよいか。

問２　山根さんは、退職金の2,500万円を今後30年間、年利1.0％で複利運用しながら毎年１回、年末に均等に生活資金として取り崩していきたいと考えている。毎年取り崩すことができる 最大金額はいくらになるか。

問３　安藤さんは、子どもの留学資金として、15年後に1,500万円を準備したいと考えている。年利1.0％で複利運用しながら毎年年末に一定額を積み立てる場合、毎年いくらずつ積み立てればよいか。

解答・解説

（問１）

覚えて解く場合

現在の一時金を求めるので現価。将来の取り崩す金額から求めるのではないから「年金○○」ではないので、現価係数を使って計算します。

覚えずに解く場合

10年後の500万円＝１とすると、10年間、毎年１％の利子がつくと10％程度だから、必要な資金の割合は１-0.1＝0.9くらいとなります。
10年で0.9くらいなのは、0.905だけ！

⇨500万円×0.905＝4,525,000円　　よって…　答 **4,525,000円**

（問２）

覚えて解く場合

取り崩す金額を求めるということは、現在から将来を求めるので「し」がつく係数で一時金を求めるのではないので、終価係数、年金終価係数ではないから資本回収係数です。

覚えずに解く場合

2,500万円＝１とすると、取り崩す30年間で割ると１÷30≒0.033。
利子がつくと少し多くなります。30年で0.033より少し多いのは0.039だけ！

⇨2,500万円×0.039＝975,000円　　よって…　 **975,000円**

（問３）

覚えて解く場合

積立額を求めるということは、将来から遡るので「げ」がつく係数。一時金を求めるのではないので現価係数、年金現価係数以外。つまり、減債基金係数です。

覚えずに解く場合

1,500万円＝１とすると、積み立てる15年で割ると１÷15≒0.066。利息が助けてくれる分少し少なくても目標達成です。15年で0.066よりも少し少ないのは0.062だけ！

⇨1,500万円×0.062＝930,000円　　よって…　 **930,000円**

過去問 (23年1月)

下記の(問1)～(問3)について解答しなさい。

下記の係数早見表を乗算で使用し、各問について計算しなさい。なお、税金は一切考慮しないこととし、解答に当たっては、解答用紙に記載されている単位に従うこと。

[係数早見表(年利1.0%)]

	終価係数	現価係数	減債基金係数	資本回収係数	年金終価係数	年金現価係数
1年	1.010	0.990	1.000	1.010	1.000	0.990
2年	1.020	0.980	0.498	0.508	2.010	1.970
3年	1.030	0.971	0.330	0.340	3.030	2.941
4年	1.041	0.961	0.246	0.256	4.060	3.902
5年	1.051	0.951	0.196	0.206	5.101	4.853
6年	1.062	0.942	0.163	0.173	6.152	5.795
7年	1.072	0.933	0.139	0.149	7.214	6.728
8年	1.083	0.923	0.121	0.131	8.286	7.652
9年	1.094	0.914	0.107	0.117	9.369	8.566
10年	1.105	0.905	0.096	0.106	10.462	9.471
15年	1.161	0.861	0.062	0.072	16.097	13.865
20年	1.220	0.820	0.045	0.055	22.019	18.046
25年	1.282	0.780	0.035	0.045	28.243	22.023
30年	1.348	0.742	0.029	0.039	34.785	25.808

※記載されている数値は正しいものとする。

問1　大下さんは、相続により受け取った270万円を運用しようと考えている。これを5年間、年利1.0%で複利運用した場合、5年後の合計額はいくらになるか。

問2　有馬さんは 老後の生活資金の一部として、毎年年末に120万円を受け取りたいと考えている。受取期間を20年間とし、年利1.0%で複利運用する場合、受取り開始年の初めにいくらの資金があればよいか。

問3　西里さんは、将来の子どもの大学進学費用の準備として新たに積立てを開始する予定である。毎年年末に24万円を積み立てるものとし、15年間、年利1.0%で複利運用しながら積み立てた場合、15年後の合計額はいくらになるか。

解答・解説

（問１）

覚えて解く場合

将来の一時金を求めるので終価。積立てではないので「年金○○」ではありません。よって、終価係数を使って計算します。

覚えずに解く場合

現在の金額270万円＝１とすると、５年間、毎年１％の利子がつくと５％程度増えて５年後は1.05くらいとなります。10年で1.05くらいなのは1.051だけ！

270万円×1.051＝2,837,700円　　よって…

2,837,700円

（問２）

覚えて解く場合

現在の一時金を求めるので現価。取り崩す金額から求めるので「年金○○」となり、年金現価係数を使って計算します。

覚えずに解く場合

120万円＝１とすると、必要な元本は利息を無視すると20必要です。しかし利息が付く分、少し少なくても目標達成できるので、20より少し少なくてOKです。20年で20より少し少ないのは18.046だけ！

120万円×18.046＝21,655,200円

よって…

21,655,200円

（問３）

覚えて解く場合

将来の一時金を求めるので終価。積立てで準備するから「年金○○」。
よって、年金終価係数を使って計算します。

覚えずに解く場合

24万円＝１とすると、15年積み立てると元本だけで15貯まります。利息がつくので15より少し多くなります。15年で15より少し多いのは16.097だけ！

24万円×16.097＝3,863,280円　　よって…

3,863,280円

住宅ローンのペアローンと収入合算

夫婦共働きなどが多くなったこともあり、住宅ローンも１人が単独で借りるケースだけでなく、ペアローンや収入合算も多くなっています。

ペアローンと収入合算

ペアローン

同じ金融機関で２人がそれぞれ住宅ローンを契約し、互いに連帯保証人となる方法。**契約が２つ**となり、**諸費用も２契約分**です。

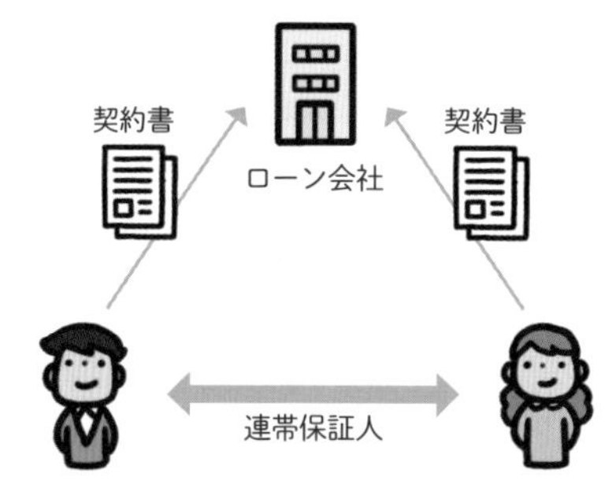

収入合算

１つの住宅ローンを契約する方法。収入合算（連帯保証）では、一方を主たる債務者、もう一方を連帯保証人として契約します。**契約が１つ**となり、**諸費用も１契約分**です。

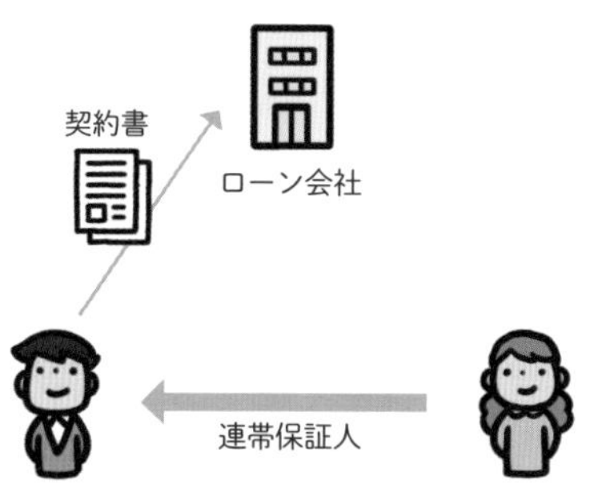

どんな違いがあるの？

団体信用生命保険 ⇨ 住宅ローンの債務者が死亡すると、住宅ローンは保険で返済されます。ペアローンはそれぞれが加入しますが、収入合算（連帯保証）は主たる債務者のみが加入します。

住宅ローン控除 ⇨ ペアローンは２人とも住宅ローン控除を受けられます。収入合算（連帯保証）は主たる債務者しか受けることができません。

ペアローンと収入合算（連帯保証）

	諸費用	住宅ローン控除	団体信用生命保険
ペアローン	２契約分	２人とも受けられる	２人とも加入できる
収入合算（連帯保証）	１契約分	主たる債務者のみ 連帯保証人はNG!	主たる債務者のみ 連帯保証人はNG!

EXERCISE

過去問で得点力を
身につけよう

過去問（21年5月）

健司さんと梨花さんはマンション購入に当たり、夫婦での借入れを検討している。夫婦で住宅ローンを借りる場合の主な組み方について、借入希望先の銀行からもらった下記＜資料＞の空欄（ア）～（ウ）にあてはまる語句の組み合わせとして、最も適切なものはどれか。なお、住宅借入金等特別控除（以下「住宅ローン控除」という）の適用を受けるための要件はすべて満たしているものとする。

＜資料＞

共働きのご夫婦の住宅ローンの借入方法（単独の場合・収入合算で主債務者を健司さんとする場合・ペアローンの場合の例）

	単独	収入合算（連帯保証）	ペアローン	
契約者（主たる債務者）	健司さん	健司さん	健司さん	梨花さん
連帯保証人	－	梨花さん	梨花さん	健司さん
返済（口座引落し）	健司さん	健司さん	健司さん	（　ア　）
団体信用生命保険加入者	健司さん	（　イ　）	健司さん	梨花さん
住宅ローン控除	健司さん	（　ウ　）	健司さん	梨花さん

※ペアローンに加えて、さらに収入合算をつけることはできません。
※連帯債務、夫婦連生団体信用生命保険のお取り扱いはありません。
※住宅ローン控除の適用条件や控除額など、制度についての詳細は国税庁ホームページなどでご確認ください。

1．（ア）健司さん　（イ）健司さん・梨花さん　（ウ）健司さん・梨花さん
2．（ア）健司さん　（イ）健司さん　（ウ）健司さん・梨花さん
3．（ア）梨花さん　（イ）健司さん・梨花さん　（ウ）健司さん
4．（ア）梨花さん　（イ）健司さん　（ウ）健司さん

解答・解説

（ア）　ローンの返済は自分の口座から返済します。梨花さんが主たる債務者なので梨花さんの口座となります。

（イ）　収入合算（連帯保証）は主たる債務者である健司さんしか団体信用生命保険に加入できません。

（ウ）　収入合算（連帯保証）は主たる債務者である健司さんしか住宅ローン控除を受けられません。

よって…  4

住宅ローンの繰上げ返済とは？

住宅ローンは「借入残高×金利」で求めた利息と元本を合わせて返済します。
つまり、返済開始当初の利息負担が多いので、早めに**繰上げ返済**をするほうが、利息負担の軽減効果が大きくなります。

繰上げ返済の仕組み

借金は「多く、長く、高金利」で借りると返済が大変ですが、「少なく、短く、低金利」で借りると返済が楽になるのが基本です。繰上げ返済は借入残高を減らすことで、負担を軽くする方法です。毎回の返済は、利息と元本の合計額を返済しますが、**繰上げ返済は支払った全額が元本の返済に充当されます**。

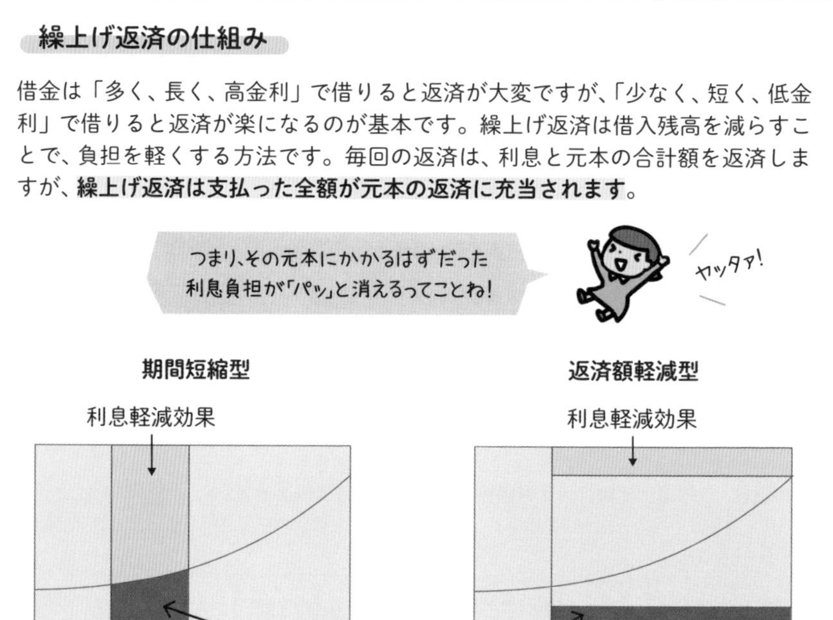

期間短縮型と返済額軽減型の違い

期間短縮型は毎回の返済額は変えずに期間を短くする方法。**返済額軽減型**は、返済期間は返済期間は変えずに毎回の返済額を軽減する方法です。

期間短縮型は、借入残高を少なくした上に、返済期間も短くなるので、利息負担の軽減効果は、返済期間が変わらない返済額軽減型よりも効果は大きくなります。

期間短縮型は「少なくなる」「短くなる」のW効果！

EXERCISE 過去問で得点力を身につけよう

過去問（23年9月）

京介さんは、現在居住している自宅の住宅ローンの繰上げ返済を検討しており、FPの五十嵐さんに質問をした。京介さんが住宅ローンを120回返済後に、100万円以内で期間短縮型の繰上げ返済をする場合、この繰上げ返済により短縮される返済期間として、正しいものはどれか。なお、計算に当たっては、下記＜資料＞を使用し、繰上げ返済額は100万円を超えない範囲での最大額とすること。また、繰上げ返済に伴う手数料等については考慮しないものとする。

＜資料：長岡家の住宅ローンの償還予定表の一部＞

返済回数（回）	毎月返済額（円）	うち元金（円）	うち利息（円）	残高（円）
120	104,326	66,393	37,933	15,107,049
121	104,326	66,559	37,767	15,040,490
122	104,326	66,725	37,601	14,973,765
123	104,326	66,892	37,434	14,906,873
124	104,326	67,059	37,267	14,839,814
125	104,326	67,227	37,099	14,772,587
126	104,326	67,395	36,931	14,705,192
127	104,326	67,564	36,762	14,637,628
128	104,326	67,732	36,594	14,569,896
129	104,326	67,902	36,424	14,501,994
130	104,326	68,072	36,254	14,433,922
131	104,326	68,242	36,084	14,365,680
132	104,326	68,412	35,914	14,297,268
133	104,326	68,583	35,743	14,228,685
134	104,326	68,755	35,571	14,159,930
135	104,326	68,927	35,399	14,091,003

1．9カ月　　2．1年1カ月　　3．1年2カ月　　4．1年3カ月

解答・解説

120回の借入残高から100万円以内で繰上げ返済すると、14,107,049円よりも少し多いところまでジャンプすることになります。

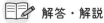

120回の借入残高
＝15,107,049円－1,000,000円＝14,107,049円です。

つまり、134回目までジャンプすることになるので、134－120＝14回短くなる、すなわち、1年2カ月短くなるということになります。

よって… 答 3

LESSON 6

雇用保険の基本手当が支給されるまで

自己都合退職は倒産等の会社都合退職よりも条件が厳しく、もらうまでの期間も長く、所定給付日数（もらえる日数）も少なくなっています。

基本手当（失業等給付）を受け取るまで

65歳未満で自己都合退職の場合

辞める前2年間に12カ月以上の被保険者期間があれば、基本手当を受け取ることができます。

65歳未満で会社都合退職の場合

辞める前1年間に6カ月以上の被保険者期間があれば、基本手当を受け取ることができます。

失業認定後 → 支給開始！

7日間：退職理由に関わらずダメ

原則2カ月：自己都合退職の場合

（最長150日分）

所定給付日数は
辞めるまでの働いた期間で違うよ。
たとえば、自己都合退職で最低90日分、
20年以上働いていた場合は150日分だね。

会社都合の場合、中高齢の人が最も多いんだ。
再就職も難しいからね…。

ココに注意！

もらえるのは原則、辞めてから離職日の翌日から1年以内です。
早く手続きをしないともらえなくなる可能性もあります。

LECTURE 過去問の着眼点を理解しよう

このポイントを覚えよう!

雇用保険の基本手当

離職事由	被保険者期間要件	7日間の待期期間後の給付制限	基本手当の所定給付日数
自己都合 定年	離職前2年間に 通算12カ月以上	原則2カ月	被保険者期間で決まる (最長150日)
		なし	
倒産 解雇等	離職前1年間に 通算6カ月以上		被保険者期間と離職時の 年齢で決まる(最長330日)

雇用保険の基本手当の受給期間の原則と延長

原則	離職日の翌日から1年間
定年退職	上限1年延長(原則、最長2年)
妊娠、出産、育児、傷病	上限3年延長(原則、最長4年)

失業給付等

65歳未満の一般被保険者が失業した場合と、65歳以上の高年齢被保険者が失業した場合で給付が異なります。

	65歳未満 **一般被保険者**	65歳以上 **高年齢被保険者**
求職者給付	基本手当 一定期間ごとに分割	高年齢求職者給付金 一時金
失業の認定	4週間に1回	1回限り

EXERCISE

過去問で得点力を
身につけよう

過去問 （22年1月）

剛さんの弟の祐一さんは会社員であるが、本年４月に32歳で自己都合退職し、退職後は雇用保険の基本手当を受給することを考えている。雇用保険の基本手当に関する次の記述の空欄（ア）～（ウ）にあてはまる語句の組み合わせとして、正しいものはどれか。なお、祐一さんは、現在の会社に24歳で就職した以後、継続して雇用保険に加入しており、雇用保険の基本手当の受給要件はすべて満たしているものとする。また、祐一さんには、この他に雇用保険の加入期間はなく、障害者等の就職困難者には該当しないものとし、延長給付については考慮しないものとする。

・基本手当を受給できる期間は、原則として離職の日の翌日から（ ア ）である。
・祐一さんの場合、基本手当の所定給付日数は（ イ ）である。
・祐一さんの場合、基本手当は、受給資格決定日以後、７日間の待期期間および（ ウ ）の給付制限期間を経て支給が開始される。

＜資料：基本手当の所定給付日数＞

［一般の受給資格者（特定受給資格者・一部の特定理由離職者以外の者）］

離職時の年齢	被保険者として雇用された期間			
全年齢	１年未満	1年以上 10年未満	10年以上 20年未満	20年以上
	–	90日	120日	150日

［特定受給資格者（倒産・解雇等による離職者）・一部の特定理由離職者］

<table>
<tr><th rowspan="2">離職時の年齢</th><th colspan="5">被保険者として雇用された期間</th></tr>
<tr><th>１年未満</th><th>１年以上
５年未満</th><th>５年以上
10年未満</th><th>10年以上
20年未満</th><th>20年以上</th></tr>
<tr><td>30歳未満</td><td rowspan="5">90日</td><td>90日</td><td>120日</td><td>180日</td><td>–</td></tr>
<tr><td>30歳以上35歳未満</td><td>120日</td><td rowspan="2">180日</td><td>210日</td><td>240日</td></tr>
<tr><td>35歳以上45歳未満</td><td>150日</td><td>240日</td><td>270日</td></tr>
<tr><td>45歳以上60歳未満</td><td>180日</td><td>240日</td><td>270日</td><td>330日</td></tr>
<tr><td>60歳以上65歳未満</td><td>150日</td><td>180日</td><td>210日</td><td>240日</td></tr>
</table>

1．（ア）1年間　　（イ）90日　　（ウ）2カ月
2．（ア）2年間　　（イ）180日　（ウ）2カ月
3．（ア）1年間　　（イ）180日　（ウ）1カ月
4．（ア）2年間　　（イ）90日　　（ウ）1カ月

解答・解説

（ア）　基本手当を受給できるのは、原則、離職日の翌日から1年です。

（イ）　自己都合退職で雇用保険加入期間が10年未満なので、所定給付日数は90日です。

（ウ）　自己都合退職の場合、7日＋2カ月（原則）の給付制限期間があります。

例外！
傷病、出産、育児等の場合は手続きをすれば最長4年になります。

よって… 答 1

この問題が定年退職であった場合

原則2カ月の給付制限期間はありません。

この問題が倒産による退職であった場合

特定受給資格者になり、原則2カ月の給付制限期間はなく、被保険者期間は5年以上10年未満、30歳以上35歳未満ですので所定給付日数は180日になります。

健康保険の保険料を計算しよう

会社員が加入する厚生年金保険、健康保険の保険料は標準報酬月額、標準賞与額をもとに計算して会社と被保険者で折半（労使折半）しますが、被保険者の年齢で介護保険に加入するか否かが異なります。

標準報酬月額

標準報酬月額は、通常の給与のほか、通勤手当、住宅手当、食事手当等も含みます。

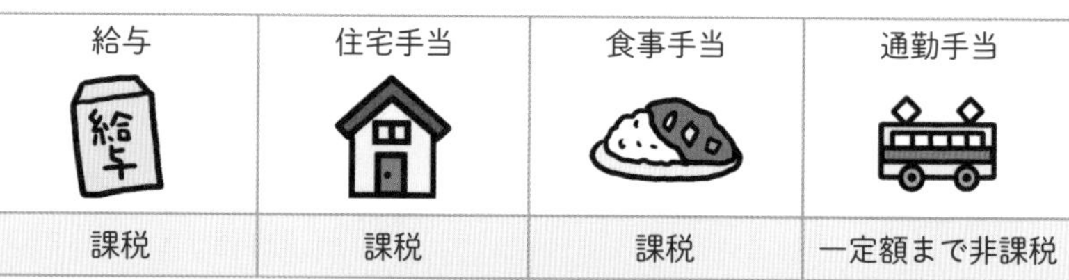

給与
住宅手当
食事手当
通勤手当
給与
課税
課税
課税
一定額まで非課税
報酬に含む！

通勤手当は一定金額まで所得税や住民税は
非課税だけど報酬に含むから気をつけよう！

介護保険は何歳から加入するの？

介護保険は40歳からです。40歳から65歳に達するまでの医療保険加入者は第2号被保険者として公的医療保険の保険料と合わせて徴収されます。
なお、65歳以上は第1号被保険者で、原則、公的年金から特別徴収されます。

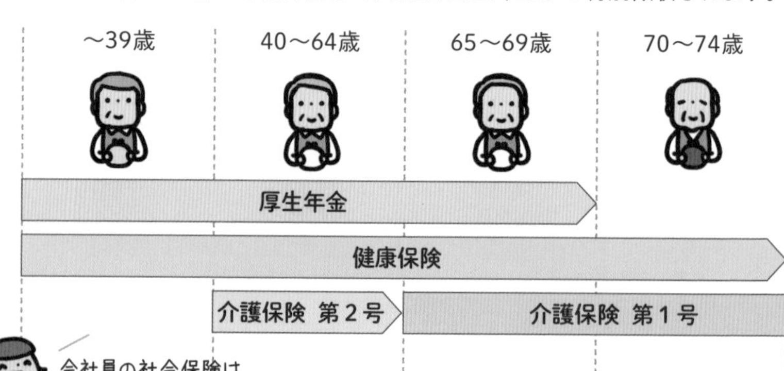

会社員の社会保険は、
まとめるとこんな感じだよ

EXERCISE

過去問で得点力を
身につけよう

過去問（23年5月）

［家族構成］

氏名	続柄	生年月日	年齢	備考
鶴見　義博	本人	19XX年12月20日	35歳	会社員（正社員）
由紀恵	妻	19XX年10月13日	34歳	会社員（正社員）
涼太	長男	20XX年 7月19日	7歳	小学生

義博さんの健康保険料に関する次の（ア）の記述について、適切なものには○、不適切なものには×を解答欄に記入しなさい。なお、義博さんは全国健康保険協会管掌健康保険（以下「協会けんぽ」という）の被保険者である。また、健康保険料の計算に当たっては、下記＜資料＞に基づくこととする。

＜資料＞

［義博さんに関するデータ］

給与：基本給：毎月300,000円
　　　通勤手当：毎月15,000円
賞与：１回につき450,000円（年２回支給される）

［標準報酬月額］

標準報酬月額	報酬月額 以上	報酬月額 未満
300,000円	290,000円 ～	310,000円
320,000円	310,000円 ～	330,000円

［健康保険の保険料率］

介護保険第２号被保険者に該当しない場合：10.00％（労使合計）
介護保険第２号被保険者に該当する場合　：11.64％（労使合計）

（ア）毎月の給与に係る健康保険料のうち、義博さんの負担分は15,000円である。

解答・解説

（ア）①まず、標準報酬月額を求めます。
300,000円＋通勤手当15,000円＝315,000円
➡ 標準報酬月額320,000円

②次に、健康保険の料率を確認します。
40歳未満で介護保険に加入していない
➡ 健康保険の料率は10.00％で労使折半

320,000円×10％×1/2
＝16,000円

よって…

LESSON
8

健康保険の高額療養費とは?

同一月に同一医療機関で診療を受け、医療機関等に支払う自己負担額(保険診療分)が一定の自己負担限度額を超えた場合、その超えた部分が支給されます。

高額療養費の対象は?

高額療養費は公的医療保険の保険診療分だけが対象のため、保険診療の対象とならない**差額ベッド代、食事代、先進医療費は対象外**となります。

保険診療	差額ベッド代	食事代
対象	対象外	対象外

ベッド代とか先進医療費は
医療保険やがん保険で
準備できるよ

計算してみよう!

次の3段階で計算してみましょう!

① 本来の保険診療の自己金額を求める

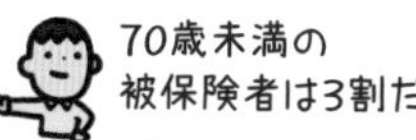
70歳未満の
被保険者は3割だよ

② 標準報酬月額等に応じて自己負担限度額を求める

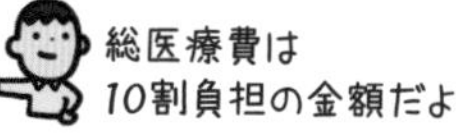
総医療費は
10割負担の金額だよ

③ ①－②で求めた金額が高額療養費として支給されます!

計算例

標準報酬月額	自己負担限度額
28万円以上53万円未満	80,100円+(総医療費－267,000円)×1%

例 標準報酬月額30万円、1カ月間の総医療費100万円の場合

本来の自己負担額は… 100万円×0.3=30万円

でも大変なので…自己負担限度額は…

80,100円+(1,000,000円－267,000円)×1%=87,430円!

ヤッタァ!

⇨ 結果、30万円－87,430円=212,570円 が支給されます!

過去問（23年5月）

裕子さんは、病気療養のため本年３月、RA病院に６日間入院し、退院後の同月内に同病院に６日間通院した。裕子さんの本年３月の１カ月間における保険診療分の医療費（窓口での自己負担分）が入院について18万円、退院後の通院について３万円、さらに入院時の食事代が9,000円、差額ベッド代が６万円であった場合、下記＜資料＞に基づく高額療養費として支給される額として、正しいものはどれか。なお、裕子さんは全国健康保険協会管掌健康保険（協会けんぽ）の被保険者であって標準報酬月額は44万円であるものとする。また、RA病院に「健康保険限度額適用認定証」の提示はしておらず、多数該当は考慮しないものとし、同月中に＜資料＞以外の医療費はないものとする。

＜資料＞

［本年３月分の高額療養費の算定］

保険者が負担（療養の給付）	高額療養費	自己負担限度額

←窓口での自己負担分→（高額療養費＋自己負担限度額）
←１カ月当たりの総医療費（保険診療分）→（全体）

［医療費の１カ月当たりの自己負担限度額（70歳未満の人）］

標準報酬月額	自己負担限度額（月額）
①83万円以上	252,600円＋（総医療費－842,000円）×１％
②53万～79万円	167,400円＋（総医療費－558,000円）×１％
③28万～50万円	80,100円＋（総医療費－267,000円）×１％
④26万円以下	57,600円
⑤市区町村民税非課税者等	35,400円

１．96,570円　　２．125,570円　　３．163,270円　　４．192,270円

解答・解説

入院18万円、通院３万円は高額療養費の対象ですが、入院時の食事代、差額ベッド代は対象外です。

裕子さんは58歳なので、総医療費（10割負担の場合）は21万円÷0.3＝70万円

①本来の自己負担額：21万円

②自己負担限度額：80,100円＋（700,000円－267,000円）×１％＝84,430円

③21万円－84,430円＝125,570円

よって…  2

LESSON 9 健康保険の傷病手当金

健康保険の被保険者が業務外の病気やケガのため、働くことができず、給与を受けられない場合、傷病手当金が支給されます。

もらうための条件は？

健康保険の被保険者が連続３日間働くことができず、給与を受けられない場合、４日目から通算１年６カ月を限度に支給されます。
働くことができない期間は入院しなくても、自宅療養でも大丈夫です。

どのくらい、もらえるの？

簡単に言えば、月給の日割りの３分の２。正確には以下の計算式で求めます。

（直近の継続した12カ月間の各月の標準報酬月額を平均した額÷30日）×2/3

給料を上げた直後に休んで
多くもらおうとする人がいたからなんだ…

ココに注意！

給与が支給されている場合でも、傷病手当金よりも少なければ、差額が傷病手当金としてもらえます。

傷病手当金

支給期間	連続した３日間の欠勤の後、４日目から通算１年６カ月を限度
支給額	・継続した12カ月の被保険者期間の標準報酬月額の平均額×1/30×２/３ ・３分の２よりも少ない報酬が支給されている場合、差額が支給される

LECTURE

過去問の着眼点を
理解しよう

過去問 （24年1月）

耕治さんは、本年×月に病気（私傷病）療養のため休業したことから、健康保険の傷病手当金についてFPの吉田さんに相談をした。下記＜資料＞に基づき、耕治さんが受け取ることができる傷病手当金に関する次の記述の空欄（ア）～（ウ）にあてはまる適切な語句を語群の中から選び、その番号のみを解答欄に記入しなさい。なお、耕治さんは、全国健康保険協会管掌健康保険（協会けんぽ）の被保険者である。また、記載のない事項については一切考慮しないものとする。

＜資料＞

［耕治さんの本年×月の出勤状況］

13日（土）	14日（日）	15日（月）	16日（火）	17日（水）	18日（木）	19日（金）	20日（土）	21日（日）
休業	休業	出勤	休業	出勤	休業	休業	休業	休業

［耕治さんのデータ］

・支給開始月以前の直近の継続した12カ月間の各月の標準報酬月額の平均額は、540,000円である。

・上記の休業した日について、1日当たり3,000円の給与が支給された。

・上記以外に休業した日はなく、上記の休業した日については、労務不能と認められている。

［傷病手当金の1日当たりの額の計算式］

支給開始月以前の直近の継続した12カ月間の各月の

標準報酬月額の平均額 $\times \frac{1}{30} \times \frac{2}{3}$

・耕治さんへの傷病手当金は、（ア）より支給が開始される。

・耕治さんへ支給される傷病手当金の額は、1日当たり（イ）である。

・耕治さんに同一の疾病に係る傷病手当金が支給される期間は、支給を始めた日から通算して（ウ）である。

＜語群＞

1．×月18日　2．×月20日　3．×月21日

4．9,000円　5．12,000円　6．18,000円

7．1年間　8．1年6カ月間　9．2年間

540,000円÷30×2/3＝12,000円 ➡ 12,000円－3,000円＝9,000円

よって… **答 （ア）3 （イ）4 （ウ）8**

LESSON
10

介護保険の自己負担額って？

病気等により、自分で身の回りのことができなくなり、介護が必要だと認定されると、**介護保険**からサービスを受けることができます。

介護保険は、**市町村**（東京23区は**特別区**）が実施する保険制度で、利用者が**市町村（特別区）に申請**して、要介護（重度）、要支援（軽度）の認定を受ければ利用できます。

介護保険の被保険者

第２号被保険者	第２号被保険者
40歳以上65歳未満	65歳以上
特定疾病を対象	原因不問

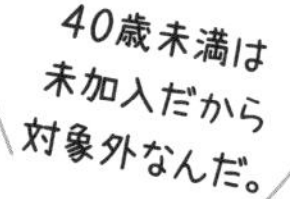
40歳未満は
未加入だから
対象外なんだ。

どのくらい負担するの？

公的医療保険の自己負担は原則３割ですが、公的介護保険の自己負担割合は、要介護（支援）度に応じた限度額の範囲内で、原則**１割**です。

要介護度に応じた支給限度額を超える部分は、
全額自己負担となるから、気をつけよう。

介護保険

	第１号被保険者	第２号被保険者
保険者・手続先	市町村・特別区	
対象年齢	65歳以上	40歳以上65歳未満の公的医療保険加入者
給付事由	理由は問わない	老化に伴う特定疾病が原因である場合
要介護度に応じた支給限度額範囲内での自己負担割合	原則１割 一定の高所得者は２割または３割	一律１割

EXERCISE 過去問で得点力を身につけよう

過去問（23年9月）

克典さんの父の一郎さんは、在宅で公的介護保険のサービスを利用している。一郎さんが本年８月の１カ月間に利用した公的介護保険の**在宅サービスの費用が29万円**である場合、下記＜資料＞に基づく介護（在宅）サービスの利用者負担額合計として、正しいものはどれか。なお、一郎さんは公的介護保険における**要介護３**の認定を受けており、介護サービスを受けた場合の自己負担割合は１割であるものとする。また、同月中に＜資料＞以外の公的介護保険の利用はないものとし、記載のない条件については一切考慮しないものとする。

＜資料＞

［一郎さんの介護（在宅）サービス利用時の自己負担額：本年８月分］

利用者負担額合計

← 限度額超過分 →	← 利用限度額（区分支給限度基準額） →	
自己負担（全額）	自己負担（負担割合分）	

← 29万円の在宅サービス利用（１カ月当たり） →

［在宅サービスの１カ月当たりの区分支給限度基準額］

要介護度	区分支給限度基準額（月額）
要支援１	5,032単位
要支援２	10,531単位
要介護１	16,765単位
要介護２	19,705単位
要介護３	27,048単位
要介護４	30,938単位
要介護５	36,217単位

※１単位は10円とする。

1．19,520円　2．27,048円　3．29,000円　4．46,568円

解答・解説

要介護３で自己負担割合１割の場合、介護保険の利用限度額は270,480円（27,048×10）となります。利用限度額270,480円までの部分は１割なので、自己負担額は27,048円。

利用限度額を超える部分である290,000円－270,480円＝19,520円は**全額自己負担**となります。

➡ 介護（在宅）サービス利用者負担額合計は、27,048円＋19,520円＝46,568円

よって…

答 4

LESSON
11

老齢基礎年金、付加年金と繰上げ・繰下げ

老齢基礎年金と付加年金は**原則65歳から**支給されますが、選択により早くもらうこと（**繰上げ支給**）も、遅くもらい始めること（**繰下げ支給**）もできます。

老齢基礎年金のキホン

・支払った分はちゃんともらえる
・未納、未加入期間分はもらえない

これがベース！
ここに付加年金や
繰上げ・繰下げで
年金額が増減するよ。

本年度（新規裁定）の老齢基礎年金の計算式（免除期間、猶予期間がない場合）

816,000円×保険料納付済月数／480月

＋付加年金！

国民年金第１号被保険者等は国民年金保険料に**毎月400円**を上乗せして支払えば、65歳から**200円×保険料納付済月数**の分をもらえます。

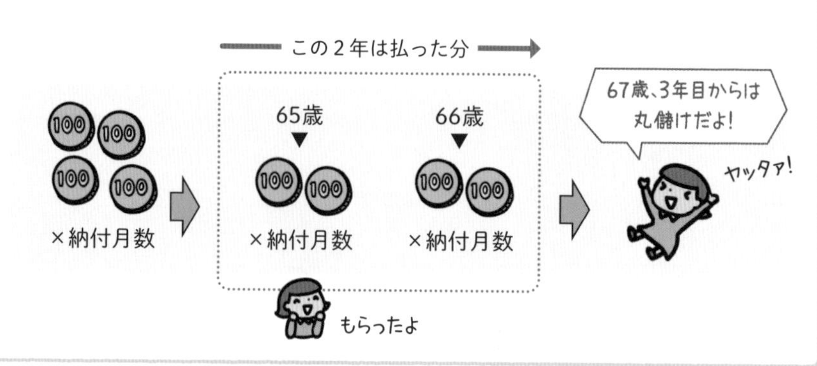
この２年は払った分
100
×納付月数
65歳
66歳
×納付月数
×納付月数
もらったよ
67歳、3年目からは
丸儲けだよ！
ヤッタァ！

このポイントを覚えよう！

付加年金

対象者	国民年金第１号被保険者で保険料を全額納付している者、任意加入被保険者
保険料（月額）	400円
年金額（65歳支給開始）	200円×保険料納付済月数
繰上げ・繰下げ支給	老齢基礎年金に合わせて増減

繰上げ・繰下げ支給で増減する！

2022年4月1日以降に60歳に到達する場合、1カ月早めるごとに0.4%、最も早くて60歳ですから、最大24%（0.4%×60カ月）減ります。繰下げ支給は１カ月遅くするごとに0.7%増えて、2022年4月1日以降に70歳に到達する場合は、75歳まで遅らせることができるため、最大84%（0.7%×120カ月）増えます。

60歳

0.4%
（最大24%）
減る

65歳

0.7%
（最大84%）
増える

75歳

ココに注意！

老齢基礎年金と付加年金、老齢厚生年金は繰上げ支給は減り、繰下げ支給は増えますが、加給年金は繰上げ支給できず、繰り下げても増えません。

繰上げ・繰下げと各加算・付加年金

	繰上げ	繰下げ
加給年金・振替加算	支給されない	繰下げ待期中は支給されない 支給開始後、増額されない
付加年金	減額される	繰下げ待期中は支給されない 支給開始後、増額される

EXERCISE 過去問で得点力を身につけよう

このポイントを覚えよう!

老齢年金と繰上げ・繰下げ(原則)

繰上げ	60歳0カ月〜 64歳11カ月	1月あたり0.4%減額(最大24%減額) 老齢基礎年金と老齢厚生年金は同時に繰上げ支給
繰下げ	66歳0カ月〜 75歳0カ月	1月あたり0.7%増額(最大84%増額) 老齢基礎年金と老齢厚生年金は別々に受給開始できる

過去問(23年9月)

克典さんは、65歳から老齢基礎年金を受給することができるが、60歳になる20××年7月から繰上げ受給することを考えている。克典さんが60歳到達月に老齢基礎年金の支給繰上げの請求をした場合、60歳時に受け取ることができる繰上げ支給の老齢基礎年金(付加年金を含む)の額として、正しいものはどれか。なお、計算に当たっては、下記<資料>に基づくものとし、計算過程および老齢基礎年金の年金額については、円未満を四捨五入するものとする。また、振替加算は考慮しないものとする。

<資料>

[克典さんの国民年金保険料納付済期間]
19XX年4月〜20XX年6月(447月)
※これ以外に保険料納付済期間はなく、保険料免除期間もないものとする。

[克典さんが付加保険料を納めた期間]
20XX年7月〜20XX年6月(240月)

[その他]
老齢基礎年金の額(満額):816,000円
克典さんの加入可能年数:40年
繰上げ受給による年金額の減額率:繰上げ請求月から65歳に達する日の属する月の前月までの月数×0.4%

1. 614,004円
2. 625,524円
3. 650,484円
4. 673,524円

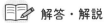

解答・解説

本年度（新規裁定）の老齢基礎年金（免除期間、猶予期間がない場合）
816,000円×保険料納付済月数／480月
付加年金
200円×保険料納付済月数

まずは65歳時点を算出しよう

●65歳から受給する場合
老齢基礎年金：816,000円×447／480=759,900円
付加年金　　：200円×240月＝48,000円

●65歳から受給する場合
老齢基礎年金：759,900円×76％=577,524円
付加年金　　：48,000円×0.76=36,480円

60歳から繰り上げ支給すると、
老齢基礎年金と付加年金は
0.4％×60＝24％減り、
100％－24％＝76％の支給です。

合計　577,524円＋36,480円=614,004円

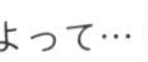

1

在職老齢年金とは?

60歳以降も厚生年金保険の適用事業所で働き続ける場合、給料（報酬）と年金額の合計額に応じて年金が減額されます。この制度を「**在職老齢年金**」といいます。
制度の数字だけをいえば、**50万円を超えた場合、超える部分の半分がカット**されます。

例 給料（報酬）30万円、対象の年金10万円の場合

30万円＋10万円＝40万円 → 減額なし！

例 給料（報酬）40万円、対象の年金12万円の場合

40万円＋12万円＝52万円
→ 50万円超過の2万円の半分＝1万円減額

⇨ 年金は月額11万円なので、年額で132万円が支給されます。

ここで改めて、「給料」と「年金」を確認しよう。

給料と年金

● **給料**

正確には「総報酬月額相当額」といい、以下の計算式で求めます。

標準報酬月額＋直近1年の標準賞与額の合計÷12

簡単に言えば、月給と直近1年間のボーナスの月割りの合計ね

● **年金**

正確には「基本月額」といい、以下の計算式で求めます。

（定額部分＋報酬比例部分）÷12

通常は、報酬比例部分の月割りね

経過的加算、加給年金、老齢基礎年金は含めないよ

EXERCISE 過去問で得点力を身につけよう

過去問 (24年1月)

雅之さんは、現在の勤務先で、60歳の定年を迎えた後も継続雇用制度を利用し、厚生年金保険に加入しつつ70歳まで働き続ける場合の在職老齢年金について、FPの最上さんに質問をした。下記<資料>に基づく条件で支給調整された老齢厚生年金の受給額(年額)として、正しいものはどれか。

<資料>

[雅之さんに関するデータ]

65歳以降の給与(標準報酬月額)	38万円
65歳以降の賞与 (1年間の標準賞与額)	108万円 ※6月と12月にそれぞれ54万円
老齢厚生年金の受給額(年額)	120万円
老齢基礎年金の受給額(年額)	78万円

[在職老齢年金に係る計算式]

基本月額　：老齢厚生年金(報酬比例部分)÷12
総報酬月額相当額：その月の標準報酬月額+その月以前の1年間の標準賞与額の合計÷12
支給停止額　：(基本月額+総報酬月額相当額−50万円)×1/2
支給調整後の老齢厚生年金の受給額(年額):(基本月額−支給停止額)×12

※雅之さんは、老齢年金を65歳から受給するものとする。
※記載以外の老齢年金の受給要件はすべて満たしているものとする。
※老齢厚生年金の受給額は、加給年金額および経過的加算額を考慮しないものとする。

1. 390,000円　2. 780,000円　3. 930,000円　4. 1,050,000円

解答・解説

総報酬月額相当額=38万円+108万円÷12=47万円
基本月額=120万円÷12=10万円
合計で57万円で、50万円を7万円超えているので、7万円の半分3.5万がカットされます。
よって、月額で10万円−3.5万円=6.5万円の支給となり、老齢厚生年金(年額)は、6.5万円×12=78万円になります。

よって…  2

公的年金の遺族給付とは？

遺族年金は、死亡した者の条件によって異なります。

- 会社員（厚生年金）か？ 個人事業主（国民年金）か？
- 子がいるか？ いないか？
- （子がいない場合）妻の年齢は？

遺族基礎年金（学費）

子のある配偶者または**子**に支給されます。
子とは、通常、**18歳**到達年度末までが対象です 。

遺族厚生年金（生活費）

報酬比例部分の老齢厚生年金の**4分の3**が支給されます。
なお、会社員が死亡した場合で、厚生年金の加入期間が**300月**未満の場合は、300月加入とみなして計算します。

中高齢寡婦加算（中高齢の女性への加算）

夫の死亡当時、**子がいる**または**40歳以上65歳未満**である場合に支給されます。
ただし、**遺族基礎年金が支給されている期間は停止**されます。

例 会社員である夫が死亡した場合の遺族給付（妻の65歳到達まで）

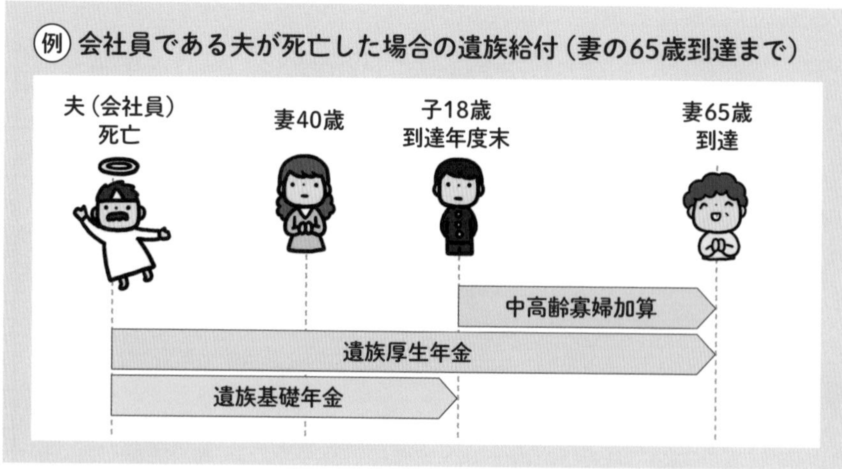

LECTURE

過去問の着眼点を理解しよう

このポイントを覚えよう！

遺族給付（原則）

遺族基礎年金	受給者：死亡した者に生計を維持されていた子のある配偶者または子 支給期間：原則、子が18歳到達年度末まで
遺族厚生年金	死亡時点で計算した報酬比例部分の４分の３相当額 厚生年金加入期間300月未満の被保険者が死亡した場合、300月加入とみなして計算
中高齢寡婦加算	夫の死亡当時、遺族厚生年金を受け取る妻が ・40歳以上65歳未満　または ・夫の死亡後、40歳時点で18歳到達年度末までの未婚の子がいる 支給期間：40歳以上65歳に達するまで ただし、遺族基礎年金支給中は支給停止

中高齢寡婦加算は、女性が働くのが
大変だった昔の名残りの制度ね。

過去問（22年5月）

［家族構成］

氏名	続柄	生年月日	年齢	備考
香川　篤志	本人	19XX年　11月　3日	46歳	会社員（正社員）
由美子	妻	19XX年　8月30日	42歳	パートタイマー
勇樹	長男	20XX年　2月22日	15歳	高校生

篤志さんが仮に本年５月に46歳で在職中に死亡した場合、篤志さんの死亡時点において由美子さんが受け取ることができる公的年金の遺族給付の組み合わせとして、正しいものはどれか。なお、篤志さんは、大学卒業後の22歳から死亡時まで継続して厚生年金保険の被保険者であったものとする。また、家族に障害者に該当する者はなく、記載以外の遺族給付の受給要件はすべて満たしているものとする。

1．遺族基礎年金＋遺族厚生年金
2．遺族基礎年金＋遺族厚生年金＋中高齢寡婦加算
3．遺族厚生年金＋中高齢寡婦加算
4．遺族厚生年金

遺族基礎年金と
中高齢寡婦加算は
同時にもらえないよ

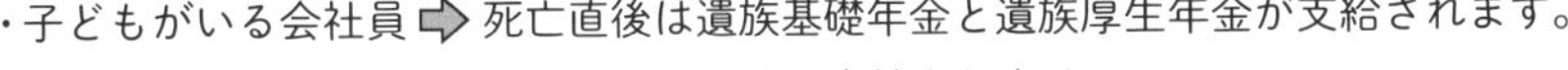

・子どもがいる会社員 ⇨ 死亡直後は遺族基礎年金と遺族厚生年金が支給されます。
・遺族基礎年金の支給中、中高齢寡婦加算は支給されません。

子がいる会社員、というケースだね

よって…　答　1

EXERCISE 過去問で得点力を身につけよう

過去問 (23年5月)

[家族構成]

氏名	続柄	生年月日	年齢	備考
鶴見　義博	本人	19XX年　12月20日	35歳	会社員(正社員)
由紀恵	妻	19XX年　10月13日	34歳	会社員(正社員)
涼太	長男	20XX年　7月19日	7歳	小学生

由紀恵さんは、義博さんが万一死亡した場合の公的年金の遺族給付について、FPの高倉さんに相談をした。義博さんが、本年6月に35歳で在職中に死亡した場合に、由紀恵さんが受け取ることができる遺族給付を示した下記<イメージ図>の空欄(ア)～(エ)に入る適切な語句を語群の中から選び、その番号のみを解答欄に記入しなさい。なお、義博さんは、20歳から大学卒業まで国民年金に加入し、大学卒業後の22歳から死亡時まで継続して厚生年金保険に加入しているものとする。また、家族に障害者に該当する者はなく、記載以外の遺族給付の受給要件はすべて満たしているものとする。

<イメージ図>

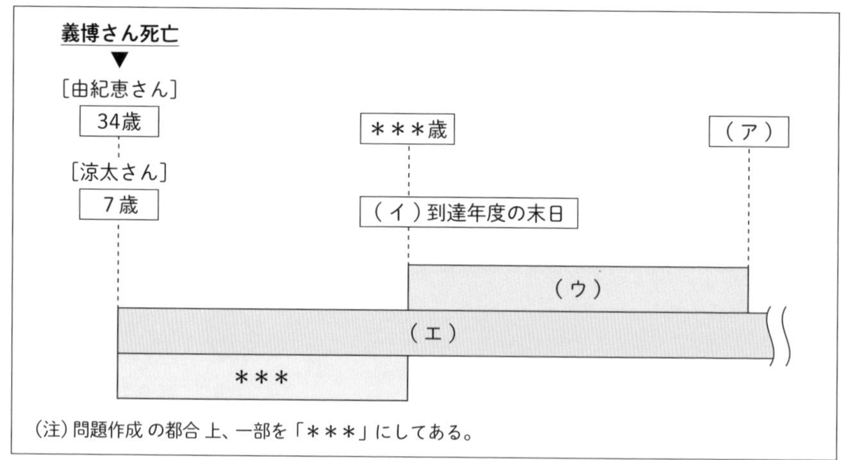

(注)問題作成の都合上、一部を「＊＊＊」にしてある。

＜語群＞

1．18歳　2．20歳　3．60歳　4．65歳　5．70歳
6．遺族基礎年金　7．経過的寡婦加算　8．中高齢寡婦加算
9．遺族厚生年金（義博さんの報酬比例部分の年金額の３分の２相当額）
10．遺族厚生年金（義博さんの報酬比例部分の年金額の４分の３相当額）

「会社員の夫死亡で妻子あり」は
試験でよく出るパターンです。

解答・解説

子どもがいる会社員

⇨ 死亡直後は遺族基礎年金と遺族厚生年金が支給されます。

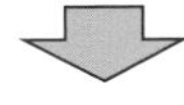

まずは家族構成をチェック!

・遺族基礎年金は高校卒業まで

⇨（イ）は１．の18歳、となります。

・遺族厚生年金は報酬比例部分の４分の３

⇨（エ）は10．となります。

・遺族基礎年金の支給終了後、65歳に達するまで中高齢寡婦加算が支給されます

⇨（ウ）は８．（ア）は４．となります。

よって… **答 （ア）4　（イ）1　（ウ）8　（エ）10**

財務分析に必要な方法は?

損益計算書

一会計期間における売上や各種利益を一覧表にまとめたものを損益計算書といいます。

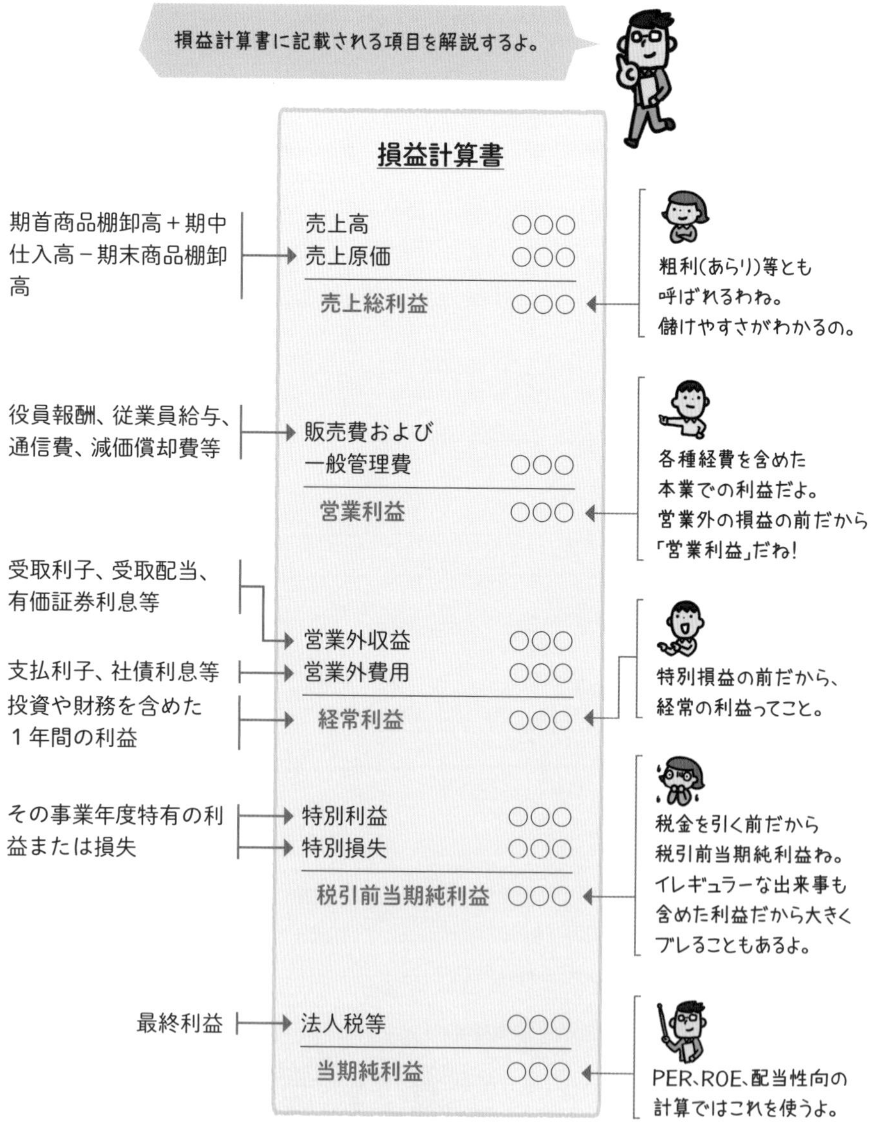

損益計算書に記載される項目を解説するよ。

損益計算書

説明	項目	金額	コメント
	売上高	○○○	
期首商品棚卸高＋期中仕入高－期末商品棚卸高	売上原価	○○○	
	売上総利益	○○○	粗利(あらり)等とも呼ばれるわね。儲けやすさがわかるの。
役員報酬、従業員給与、通信費、減価償却費等	販売費および一般管理費	○○○	
	営業利益	○○○	各種経費を含めた本業での利益だよ。営業外の損益の前だから「営業利益」だね!
受取利子、受取配当、有価証券利息等	営業外収益	○○○	
支払利子、社債利息等	営業外費用	○○○	
投資や財務を含めた１年間の利益	経常利益	○○○	特別損益の前だから、経常の利益ってこと。
その事業年度特有の利益または損失	特別利益	○○○	
その事業年度特有の利益または損失	特別損失	○○○	
	税引前当期純利益	○○○	税金を引く前だから税引前当期純利益ね。イレギュラーな出来事も含めた利益だから大きくブレることもあるよ。
最終利益	法人税等	○○○	
	当期純利益	○○○	PER、ROE、配当性向の計算ではこれを使うよ。

貸借対照表

決算日等における資産、負債、純資産の区分けで残高を一覧表にまとめたものを貸借対照表といいます。

「資産」と「負債」「純資産」の
合計額は一致するよ！

純資産の部の合計額がマイナスに
なることもあるけど（債務超過っていうのよ）、
現金残高がマイナスになることはないよ。

貸借対照表

項目	金額	項目	金額
（資産の部）		（負債の部）	
流動資産		流動負債	
現金、預金	100	流動負債合計	200
売掛金	100	固定負債	
製品および商品	200	固定負債合計	300
流動資産合計	400	負債合計	500
固定資産	600	（純資産の部）	
固定資産合計	600	株主資本	
		資本金	100
		利益剰余金	400
		株主資本合計	500
		純資産合計	500
資産合計	1,000	負債・純資産合計	1,000

●**流動資産**：通常１年以内に現金化できるもの。
そのうち、当座資産は棚卸資産、商品を除いたもの。

●**固定資産**：販売目的ではなく、かつ継続的に会社で使用することを目的とする資産
土地、建物、機械設備等などの有形固定資産、ソフトウェア、特許権等の無形固定資産、長期貸付金、投資有価証券等の投資その他資産がある。

●**流動負債**：支払期限が１年以内のもの。（例：買掛金、短期借入金等）

●**固定負債**：支払期限が１年超。（長期借入金等）

安全性分析

資金を借り入れるときは、融資先に財務状況を開示することがあります。
貸し付ける側は、借入先の経営の安全性を分析します。

お金回らないと
倒産しちゃうからね
企業のお金がきちんと回っているかの分析は重要だよ。
例えば、以下のような分析をするよ。

高い値の方がイイ！

流動比率（%）＝流動資産÷流動負債×100

100%を下回っているということは、流動資産よりも
1年以内に支払う負債が多いということだよ

高い値の方がイイ！

当座比率（%）＝当座資産÷流動負債×100

（現・預金、売掛金、受取手形等）

当座比率は、商品、棚卸資産が売れずに不良在庫に
なってしまう可能性を考えるなら、参考になるよ！

そうだね。固定資産に
着眼した分析は
以下が重要だよ！

固定比率（%）＝固定資産÷自己資本（純資産）×100

固定長期適合率（%）＝固定資産÷（固定負債＋自己資本）×100

純資産（自己資本）に着目した指標も確認しておこうか。

自己資本比率が高い＝他人資本の割合が低い → 健全性が高いと判断されます。

自己資本比率（%）＝自己資本÷資産×100

収益性・効率性

売上高に対する利益の割合、売上と資産の関係、損益分岐点分析等があります。

売上高に対する利益の割合

損益計算書の各段階の利益の売上高に対する割合です。

売上高〇〇利益率（%）＝〇〇利益÷売上×100

〇〇利益は、総利益、営業利益、経常利益、当期純利益などが入るよ。

資産と売上の関係を分析する方法

総資本回転率があります。この数値が高いということは、資産が効率的に売上につながっているということです。

総資本回転率（回）＝売上÷資産

損益分岐点分析

損益分岐点分析は、不景気のときにどの程度売上が減っても赤字にならないかを分析したもので、とても重要な分析です。

たとえば、損得分岐点比率が60%ということは、今の売上から40%減っても赤字にならないってことを意味するんだよ。

損益分岐点売上高＝固定費÷限界利益率

固定費＝販売費および一般管理費、売上原価＝変動費ならば、販売費および一般管理費÷売上高総利益率で求めます。

損益分岐点比率（%）＝損益分岐点売上高÷実際の売上高×100

EXERCISE

過去問で得点力を
身につけよう

過去問 （22年5月）

決算書に基づく経営分析指標に関する次の記述のうち、最も適切なものはどれか。

1．損益分岐点比率は、実際の売上高に対する損益分岐点売上高の割合を示したものであり、一般に、この数値が低い方が企業の収益性が高いと判断される。
2．自己資本比率は、総資本に対する自己資本の割合を示したものであり、一般に、この数値が低い方が財務の健全性が高いと判断される。
3．固定長期適合率は、自己資本に対する固定資産の割合を示したものであり、一般に、この数値が低い方が財務の健全性が高いと判断される。
4．ROEは、自己資本に対する当期純利益の割合を示したものであり、一般に、この数値が低い方が経営の効率性が高いと判断される。

解答・解説

1．適切　　損益分岐点比率＝損益分岐点売上高÷実際の売上高×100

2．不適切　自己資本比率は自己資本÷資産×100で求めるのは正しいですが、数値が高い方が健全性が高いと判断されます。

自己資本の割合が高いということは、支払義務がある他人資本の割合が低いということですね。

3．不適切　固定長期適合率は固定資産÷（固定負債＋自己資本）×100で求めます。

数値が低い方が健全性が高いです。

4．不適切　ROEは当期純利益÷自己資本×100で求めます。数値が高い方が、少ない自己資本で多くの利益を上げていることになるので、経営の効率性が高いと判断されます。

よって…  答　1

過去問（24年1月）

下記＜A社の貸借対照表＞に関する次の記述のうち、最も不適切なものはどれか。なお、A社の売上高は年間7.5億円であるものとする。

＜A社の貸借対照表＞　（単位：百万円）

科目	金額	科目	金額
（資産の部）		（負債の部）	
流動資産		流動負債	
現金及び預金	200	買掛金	30
売掛金	20	短期借入金	170
商品	20	流動負債合計	200
流動資産合計	240	固定負債	
		固定負債合計	220
固定資産		負債合計	420
固定負債合計	360	（純資産の部）	
		株主資本	
		資本金	100
		利益剰余金	80
		純資産合計	180
資産合計	600	負債・純資産合計	600

1．A社の自己資本比率は、30％である。
2．A社の流動比率は、120％である。
3．A社の総資本回転率は、0.8回である。
4．A社の固定比率は、200％である。

解答・解説

1．適切　自己資本比率＝自己資本（純資産）÷資産×100で求めます。
180÷600×100＝30％

2．適切　流動比率＝流動資産÷流動負債×100で求めます。
240÷200×100＝120％

3．不適切　総資本回転率＝売上÷資産で求めます。
7.5億円÷600百万円＝1.25回

4．適切　固定比率＝固定資産÷自己資本×100で求めます。
360÷180×100＝200％

参考までに、当座比率は、220÷200×100＝110％です

よって…　答　3

リスク管理

この科目では、生命保険、損害保険の商品や税金に関して出題されます。各保険商品の特徴をしっかり押さえましょう。また、保険料や保険金の税務も大きなテーマです。

傾向と対策

何といっても保険証券の読み解き問題が大きな比重を占めます。保障（補償）内容が細かく記載されているので、一見難解そうに見えますが、着目すべき点を押さえれば、答えのヒントが見つかるはず。生命保険のほか、火災・地震・自動車などの損害保険も出題されます。また、保険料の支払い、保険金などの受取りの税務に関する問題も多く出ます。

頻出論点

- 生命保険の証券分析
- 生命保険料控除、保険金の税金
- 火災保険、地震保険
- 自動車保険
- 個人の生命保険契約の保険金等の税金
- 役員退職金の計算
- 死亡後に残る金融資産の計算

保険証券の読み解きは
何度も繰り返して
目を慣らそう!

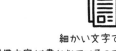

細かい文字で
補償内容が書かれているので
目付けが大切だね。

苦手なところこそ、
何度も試して試験の
「リスク管理」をしなくちゃね…

LESSON
15

生命保険の証券分析

死亡したり、病気やケガにより入院・手術・通院したときにいくら支給されるかについて、保険証券（特にご契約内容）を読みとる問題が**必ず出題**されます。

終身保険は一生、定期保険は保険期間内に死亡すると支払われるのはわかるよね。死亡の場合と病気・ケガの場合のポイントを説明するよ。

死亡の場合

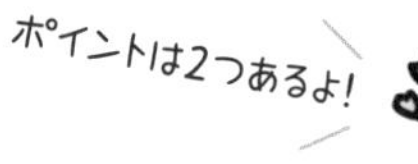
ポイントは2つあるよ！

1

特定疾病保障保険は、終身保険、定期保険と同様、**死亡理由を問わず**、死亡保険金が**支払われます**。

2

傷害特約、**災害割増特約**は、**不慮の事故**で死亡すると死亡保険金が**支払われます**が、**通常の病気**で死亡しても**支払われません**。

病気・ケガの場合

通常の医療保険なら、病気・ケガのいずれでも入院給付金が出ますが、特約は細かく見る必要があります。

事故	肺炎	がんや糖尿病	乳がんや子宮筋腫
災害入院特約	疾病入院特約	疾病入院特約、成人病（生活習慣病）入院特約	疾病入院特約、成人病（生活習慣病）入院特約、女性疾病特約

他には、がんと診断されると、特定疾病保障保険から特定疾病保険金、がん保険では、診断給付金がもらえるよ。

このポイントを覚えよう!

死亡の場合

- ☑ 特定疾病保障保険は3大疾病以外で死亡しても支払われる
- ☑ がん保険（がん死亡、がん以外の死亡で金額が異なる場合がある）
- ☑ 傷害特約、災害割増特約は事故で死亡すると支払われる（病気で死亡すると支払われない）

保険証券の読み取りは「原因」と「保障」に着目！

何が原因で？

	保険金・給付金の例
病気・突発性難聴	疾病入院特約
がん	疾病入院特約、生活習慣病（成人病）入院特約、特定疾病保障保険、がん保険
乳がん・子宮筋腫	疾病入院特約、生活習慣病（成人病）入院特約、女性疾病特約、がん保険
糖尿病	疾病入院特約、生活習慣病（成人病）入院特約
交通事故・骨折	災害入院特約

どんな保障？

入院	入院給付金（1日目から、5日目から、一時金か日額計算か）
通院	通院給付金（入院後のみ？　入院前後？）
手術	手術給付金（定額、入院給付金日額×○倍）
がんと診断	診断給付金、特定疾病保険金

特約は、手術給付金とか、
通院給付金とか、入院一時金とか
色々あるから、ちゃんと見ないと間違えるよ。

EXERCISE 過去問で得点力を身につけよう

過去問 (22年9月)

大垣正浩さん（59歳）が保険契約者（保険料負担者）および被保険者として加入している生命保険（前記＜資料＞参照）の保障内容に関する次の記述の空欄（ ア ）～（ ウ ）にあてはまる数値を解答欄に記入しなさい。なお、保険契約は有効に継続し、正浩さんはこれまでに＜資料＞の保険から、保険金・給付金を一度も受け取っていないものとする。また、各々の記述はそれぞれ独立した問題であり、相互に影響を与えないものとする。

＜資料／保険証券１＞

保険証券番号　××－××××××

保険種類　定期保険特約付終身保険

保険契約者	大垣　正浩　様	保険契約者印
被保険者	大垣　正浩　様 契約年齢：３６歳　男性 １９××年５月１日生	(大垣)
死亡保険金受取人	大垣　絵美　様（妻）	受取割合 １０割

契約日：１９××年６月１日
主契約の保険期間：終身
主契約の保険料払込期間：６０歳払込満了
保険料払込方法：年１２回
保険料払込期月：毎月
社員配当金支払方法：積立配当方式
保険料：××，×××円

ご契約内容

主契約の内容	保険期間	保険金額
終身保険	終身	保険金額　５００万円
特約の内容	**保険期間**	**保険金額・給付金額**
定期保険特約	６０歳	保険金額　３，０００万円
特定疾病保障定期保険特約	６０歳	保険金額　５００万円
傷害特約 （本人・妻型）	６０歳	保険金額・給付金額　５００万円 ◇不慮の**事故**や所定の感染症で**死亡**のとき、災害死亡保険金を支払います。 ◇不慮の事故で所定の障害状態のとき、障害給付金（保険金額の１００％～１０％）を支払います。 ◇妻の場合は、本人の災害死亡保険金・障害給付金の６割の金額になります。
災害入院特約 （本人・妻型）	８０歳	日額　５，０００円 ◇**ケガ**で５日以上継続入院のとき、入院開始日からその日を含めて**５日目より**入院給付金を支払います。 ◇同一事由の１回の入院給付金支払い限度は１２０日、通算して７００日となります。 ◇妻の場合は、本人の６割の日額になります。
疾病入院特約 （本人・妻型）	８０歳	日額　５，０００円 ◇**病気**で５日以上継続入院のとき、入院開始日からその日を含めて**５日目より**入院給付金を支払います。 ◇病気や不慮の事故で所定の手術を受けたとき、手術の種類に応じて手術給付金（入院給付金日額の１０倍、２０倍、４０倍）を支払います。 ◇同一事由の１回の入院給付金支払い限度は１２０日、通算して７００日となります。 ◇妻の場合は、本人の６割の日額になります。
生活習慣病入院特約 （本人型）	８０歳	日額　５，０００円 ◇**生活習慣病**で５日以上継続入院のとき、入院開始日からその日を含めて**５日目**より入院給付金を支払います。 ◇生活習慣病で所定の手術を受けたとき、手術の種類に応じて手術給付金（入院給付金日額の１０倍、２０倍、４０倍）を支払います。 ◇同一事由の１回の入院給付金支払い限度は１２０日、通算して７００日となります。

裏書事項

２００１年１２月１日にリビング・ニーズ特約を中途付加しました。 (死亡保険金額の範囲内で、かつ同一被保険者を通算して３，０００万円を限度に保険金を請求できます。なお、傷害特約は、この特約による保険金の支払い対象となりません。) 保険証券番号××－××××××	承認 ＰＡ生命

＜資料／保険証券２＞

終身がん保険　　保険証券記号番号　○○－○○○○○

保険契約者	大垣　正浩　様 １９××年５月１日生　男性	保険契約者印 (大垣)
被保険者	大垣　正浩　様 １９××年５月１日生　男性	
受取人	給付金　大垣　正浩　様 死亡給付金　大垣　絵美　様（妻）	受取割合 １０割

◇契約日
１９××年８月１日

◇主契約の保険期間
終身

◇主契約の保険料払込期間
終身

◇ご契約内容

がん**診断**給付金	初めて**がんと診断**されたとき	１００万円
がん**入院**給付金	１日目から日額	１万円
がん**手術**給付金	１回につき	２０万円
がん死亡給付金	がんによる死亡	２０万円
死亡給付金	**がん以外による死亡**	１０万円

◇お払い込みいただく合計保険料

毎回　　△,△△△円
[保険料払込方法] 月払い

・正浩さんが現時点で、網膜剥離（加齢・近視が原因）で８日間継続して入院し、約款所定の手術（給付倍率10倍）を１回受けた場合、保険会社から支払われる保険金・給付金の合計は（ ア ）万円である。

・正浩さんが現時点で、初めてがん（悪性新生物）と診断され、治療のため12日間継続して入院し、その間に約款所定の手術（給付倍率40倍）を１回受けた場合、保険会社から支払われる保険金・給付金の合計は（ イ ）万円である。

・正浩さんが現時点で、交通事故で死亡（入院・手術なし）した場合、保険会社から支払われる保険金・給付金の合計は（ ウ ）万円である。

※約款所定の手術は定期保険特約付終身保険および終身がん保険ともに該当するものである。

解答・解説は次のページに続く

解答・解説

（ア） 網膜剥離（疾病）で「入院」「手術」なので、がん保険はもらえません。

保険証券１：［入院］疾病入院特約からもらえます。
8日入院ですが、5日目から出る（4日分は出ない）ので
4日分となります。5,000円×4＝2万円

［手術］入院給付金の10倍ですから、5,000円×10＝5万円

➡ **合計7万円**

（イ） がんと「診断」「入院」、「手術」、がんは病気（生活習慣病）です。

［診断］保険証券１：500万円（特定疾病保障保険金）
保険証券２：100万円（診断給付金）
→ 合計600万円

［入院］保険証券１：疾病入院特約と生活習慣病入院特約からもらえます。
日額1万円　10,000円×（12－4）＝8万円
保険証券２：1万円×12＝12万円
→ 合計20万円

［手術］保険証券１：入院給付金の40倍がもらえます。
1万円×40＝40万円
保険証券２：20万円
→ 合計60万円

疾病入院特約だけでなく
生活習慣病特約もね！

➡ **600万円＋20万円＋60万円＝合計680万円**

（ウ） 事故で死亡した場合なので、病気でもがんでもないことに注意！

保険証券１：特定疾病保障保険はもちろん、傷害特約ももらえます。
500万円＋3,000万円＋500万円＋500万円＝4,500万円
保険証券２：10万円

➡ **合計 4,510万**

よって… **答**（ア）7万円（イ）680万円（ウ）4,510万円

過去問 (23年5月)

馬場和彰さん（51歳）が加入の提案を受けた生命保険の保障内容は前記<資料>のとおりである。この生命保険に加入した場合、次の記述の空欄（ア）～（ウ）にあてはまる数値を解答欄に記入しなさい。なお、各々の記述はそれぞれ独立した問題であり、相互に影響を与えないものとする。

<資料／生命保険提案書>

保険提案書　無解約返戻金型医療総合保険

保険契約者：馬場和彰　様　　被保険者：馬場和彰　様　　年齢・性別：５１歳・男性

特約	
先進医療特約	付加
通院特約	６，０００円
がん診断特約	１００万円
５疾病就業不能特約	１００万円

主契約	１０，０００円

５１歳契約　　保険期間１０年

予定契約日：２０××年６月１日

保険料：××，×××円
（月払い、口座振替）

【ご提案内容】

主契約・特約の内容	主なお支払事由など	給付金額
医療総合保険	① **病気**で所定の**入院**をしたとき、**入院１日目より**疾病入院給付金を支払います。 ※支払限度は、１回の入院で６０日、通算１，０９５日となります。 ② 不慮の**事故**によるケガで、事故の日からその日を含めて１８０日以内に所定の入院をしたとき、**入院１日目より**災害入院給付金を支払います。 ※支払限度は、１回の入院で６０日、通算１，０９５日となります。 ③ 病気やケガで**公的医療保険制度の給付対象である所定の手術**を受けたとき、手術給付金を支払います。 ※手術の種類に応じて入院給付金日額の５倍・１０倍・２０倍・４０倍をお支払いします。 ④ 病気やケガで公的医療保険制度の給付対象である所定の放射線治療を受けたとき、放射線治療給付金を支払います。 ※入院給付金日額の１０倍をお支払いします。	日額 １０，０００円
５疾病就業不能特約	① ５疾病で所定の入院をしたとき、または５疾病による就業不能状態が３０日を超えて継続したと診断されたとき、第１回就業不能給付金を支払います。 ※５疾病とは、**悪性新生物**、**急性心筋梗塞**、脳卒中、肝硬変、慢性腎不全をいいます。 ※就業不能状態とは、５疾病の治療を目的として所定の入院をしている状態、５疾病により医師の指示を受けて自宅等で療養し、職種を問わずすべての業務に従事できない状態、５疾病により生じた所定の高度障害状態をいいます。ただし、死亡した後や５疾病が治癒した後は、就業不能状態とはいいません。 ※支払限度は、疾病の種類にかかわらず保険期間を通じて１回となります。 ② 前回の就業不能給付金のお支払事由に該当した日の１年後の応当日以後に、５疾病による就業不能状態が３０日を超えて継続したと診断されたとき、第2回以後就業不能給付金を支払います。 ※支払限度は、１年に１回となります。	１００万円

次のページに続く

がん診断特約	① **悪性新生物**と診断確定された場合で、以下のいずれかに該当したとき、診断給付金を支払います。 ・ **初めて悪性新生物と診断確定**されたとき ・ 悪性新生物が治癒または寛解状態となった後、再発したと診断確定されたとき ・ 悪性新生物が他の臓器に転移したと診断確定されたとき ・ 悪性新生物が新たに生じたと診断確定されたとき ② 初めて上皮内新生物と診断確定されたとき、診断給付金を支払います。 ※支払限度は、２年に１回となります。ただし、上皮内新生物に対する診断給付金は保険期間を通じて１回となります。	１００万円
通院特約	主契約の入院給付金が支払われる入院をし、かつ、入院の原因となった病気やケガにより以下のいずれかの期間内に所定の通院をしたとき、通院給付金を支払います。 ・ 入院日の前日からその日を含めて遡及して６０日以内 ・ **退院日の翌日からその日を含めて１８０日以内**（入院の原因となった疾病ががん、心疾患、脳血管疾患の場合、７３０日以内） ※支払限度は、１回の入院で３０日、通算１，０９５日となります。	日額 ６，０００円
先進医療特約	公的医療保険制度における所定の**先進医療**を受けたとき、先進医療給付金を支払います。 ※先進医療にかかわる技術料と同額をお支払いします。	通算 ２，０００万円

・馬場さんが、交通事故により事故当日から継続して９日間入院し、その間に約款に定められた所定の手術（公的医療保険制度の給付対象、給付倍率20倍）を受けたが死亡した場合、保険会社から支払われる給付金の合計は（ ア ）万円である。

・馬場さんが急性心筋梗塞で継続して31日間入院し、その間に約款所定の手術（公的医療保険制度の給付対象、給付倍率10倍）と公的医療保険制度における先進医療に該当する治療（技術料５万円）を受け、検査等のため退院後３カ月間で10日間通院して治癒した場合、保険会社から支払われる給付金の合計は（ イ ）万円である。なお、「５疾病で所定の入院をしたとき」、「公的医療保険制度における所定の先進医療を受けたとき」に該当するものとする。

・馬場さんが初めてがん（悪性新生物）と診断され、治療のため継続して22日間入院し、その間に約款に定められた所定の手術（公的医療保険制度の給付対象、給付倍率40倍）を受けた後に死亡した場合、保険会社から支払われる給付金の合計は（ ウ ）万円である。なお、「５疾病で所定の入院をしたとき」、「初めて悪性新生物と診断確定されたとき」に該当するものとし、放射線治療は受けていないものとする。

解答・解説

（ア）交通事故で入院すると1日目から入院給付金をもらえます。

1万円×9＝9万円

手術給付金は20倍だから1万円×20＝20万円

この問題では死亡しても保険金はありません。

よって、合計で29万円もらえます。

（イ）急性心筋梗塞で入院すると入院給付金をもらえます。

1万円×31＝31万円

手術給付金は10倍なので、1万円×10＝10万円

先進医療の技術料は先進医療特約から5万円もらえます。

10日間の通院は6,000円×10＝6万円

5疾病就業不能特約からもらえる100万円も忘れずに！

合計　31万円＋10万円＋5万円＋6万円＋100万円＝152万円もらえます。

（ウ）がんと診断されると、**5疾病就業不能特約**から100万円、**がん診断特約**から100万円もらえます。

がんで入院すると入院給付金をもらえます。

1万円×22＝22万円

手術給付金は40倍だから1万円×40＝40万円

この問題では、死亡しても保険金はありません。

合計　100万円＋100万円＋22万円＋40万円＝262万円もらえます。

よって… **答** （ア）**29**万円　（イ）**152**万円　（ウ）**262**万円

収入保障保険の死亡保険金を計算しよう

収入保障保険は、被保険者が保険期間中に死亡した場合に、年金形式で死亡保険金が支払われます。

死亡後、契約で定めた期間にわたり支払われるタイプと、残りの保険期間にわたり支払われるタイプがあります。

「年金月額10万円の場合」を例にして、それぞれのタイプの計算例を見てみよう。

契約で定めた期間にわたり支払われるタイプの場合

死亡後10年間支払われるタイプの場合は？

10万円×12カ月×10年間＝1,200万円が支払われます。

残りの保険期間にわたり支払われるタイプの場合

保険期間30年で、契約後5年経過時点（残り25年）で死亡した場合は？

10万円×12カ月×25年＝3,000万円が支払われます。

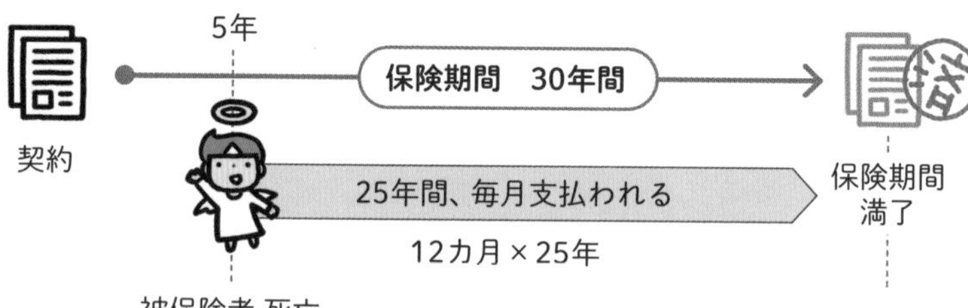

このタイプは保険期間終了間際に死亡した場合、「2年」「5年」などの最低保証期間が定められていることがあるよ。

EXERCISE 過去問で得点力を身につけよう

過去問（23年5月）

義博さんは、契約中の収入保障保険Ａの保障額について、FPの高倉さんに質問をした。高倉さんが説明の際に使用した下記<イメージ図>を基に、2024年６月１日に義博さんが死亡した場合に支払われる年金総額として、正しいものはどれか。なお、年金は毎月受け取るものとする。

［保険］
・収入保障保険Ａ：年金月額15万円。保険契約者（保険料負担者）および被保険者は義博さん、年金受取人は由紀恵さんである。

<イメージ図>

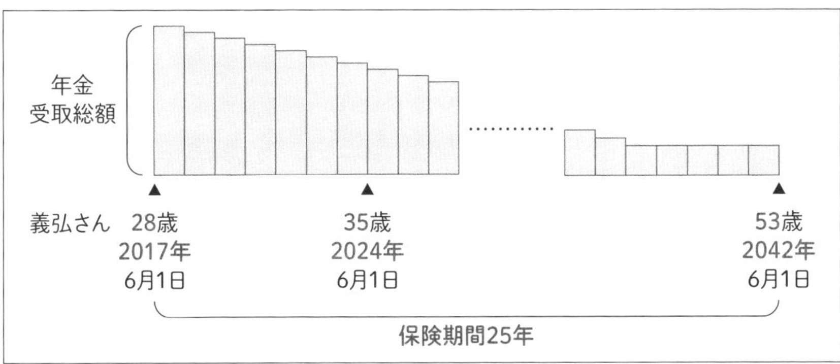

※義博さんは、収入保障保険Ａを2017年６月１日に契約している。
※保険期間は25年、保証期間は５年である。

1．900万円　　2．3,240万円　　3．4,500万円　　4．5,400万円

解答・解説

「年金月額15万円」で、残りの保険期間が18年（53歳－35歳）のときに死亡したので、収入保障保険から支払われる死亡保険金は「15万円×12月×18年＝3,240万円」となります。

設例で保障内容を確認して、イメージ図で残りの保険期間を確認すれば解けるから、焦らないでね。

よって…  答 2

入院給付金の支払日数を計算しよう

一般に、医療保険の**入院給付金**は、1入院あたりの支払限度日数が設けられています。なお、同一の原因で180日以内に再入院した場合には、1入院とみなされます。

180日以内の再入院か？
同一の原因か？ をチェックしよう！

たとえば、病気で入院し、退院後、
交通事故で入院した場合は別ってことだよ。

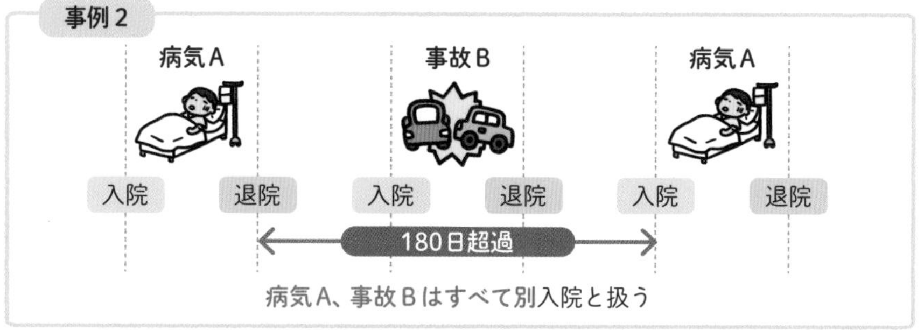

2回の入院を1入院とみなす場合、再入院の日数はどう扱うのかな？

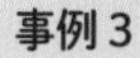

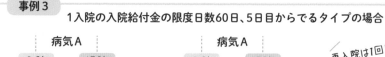

1入院の入院給付金の限度日数60日、5日目からでるタイプの場合

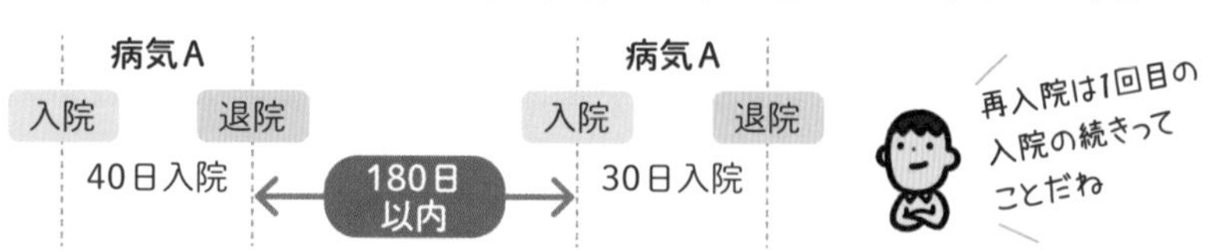

再入院は1回目の
入院の続きって
ことだね

2回の入院を1入院とみなす場合、再入院は1日目から入院給付金がでます。この事例は1回目の入院は36日分（40－4）、2回目の入院は30日の入院ですが、残り24日（60―36）分しか出ないので、**24日分**となります。

EXERCISE

過去問で得点力を
身につけよう

過去問 (23年1月)

長谷川さんは、本年中に糖尿病および心疾患により合計３回入院をした。下記<資料>に基づき、長谷川さんが契約している医療保険の入院給付金の日数に関する次の記述の空欄（ア）に入る数値を解答欄に記入しなさい。なお、長谷川さんはこれまでにこの医療保険から一度も給付金を受け取っていないものとする。

<資料>

［長谷川さんの入院日数］

糖尿病により 36日間入院	心疾患により 78日間入院	糖尿病により 34日間入院

←―――――― 172日間 ――――――→

［長谷川さんの医療保険の入院給付金（日額）の給付概要］

- 給付金の支払い条件：入院１日目（日帰り入院含む）から支払う。
- １入院限度日数：60日
- 通算限度日数：1,095日
- ３大疾病（がん、心疾患、脳血管疾患）による入院は支払日数無制限
- 180日以内に同じ疾病で再入院した場合には、１回の入院とみなす。

長谷川さんが、本年の入院について受けることができる入院給付金の日数は、合計（ア）日分である。

解答・解説

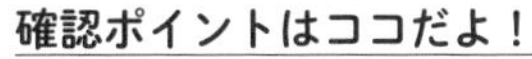

問題のココに着目

- ☑ 5日目から出るタイプか、1日目から出るタイプか？
- ☑ １入院の限度日数が60日なのか、120日なのか、無制限なのか？
- ☑ 同一の原因か、別の原因なのか、同一の原因の場合、180日以内の再入院か？

糖尿病の入院は退院後180日以内の再入院であり、１入院とみなされます。
この保険は、１日目から支払われ、１入院の限度日数は60日なので、36日＋34日＝70日の入院ですが60日分で打ち切りです。
心疾患は糖尿病と別の原因による入院なので、別扱いとなります。
通常は１入院60日分までですが、問題にあるように、がん、心疾患、脳血管疾患による入院は日数無制限なので、78日分もらえます。

⇨ もらえる日数は合計60日＋78日＝138日分となります。

よって…

138日

生命保険料の負担を減らして保険を続ける方法

インフレや子どもの進学などで、生命保険の保険料の負担を軽くしたいものの、保障を継続したい場合、払済保険、延長保険、減額などの方法があります。キーワードは「解約返戻金」です。

解約返戻金をもとに保険契約を継続する方法

それまでに支払った保険料のうち、貯まっている**解約返戻金をもとに**保険契約を継続することができます。
主に、終身保険や養老保険等の**貯蓄性が高い保険で続ける「払済保険」と定期保険で保険を続ける「延長保険」**があります。

●**払済保険**：貯蓄性を維持する分、保険金額は小さくなりますが、保険期間は、原則、変更前と同じになります。

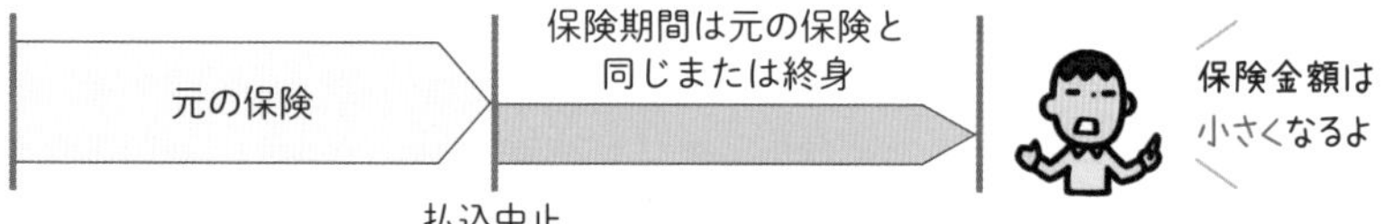

●**延長保険**：保険金額は同じで大きな保障を続けることはできますが、保険期間は元の保険期間と同じか短くなります。

ココに注意！ 払済保険のリビング・ニーズ特約等を除き特約は消滅するので、特約がたくさんついている保険はよく考える必要があります。保険金額を小さくして保険料を抑えて、保障を継続する減額もあります。

払済保険、延長（定期）保険

	保険期間	保険金額	保険種類	特約
払済保険	一般に、変わらない	小さくなる	終身保険や養老保険など	原則消滅
延長（定期）保険	最長で元の保険期間	変わらない	定期保険	

※払済保険のリビング・ニーズ特約等は継続

EXERCISE 過去問で得点力を身につけよう

過去問 (21年9月)

下記（ア）～（ウ）は、終身保険について、従来の保険料を払い続けることが困難になった場合に、解約をせずに保険契約を継続する方法の仕組みを図で表したものである。（ア）～（ウ）の仕組み図と契約継続方法の組み合わせとして、正しいものはどれか。

（ア）

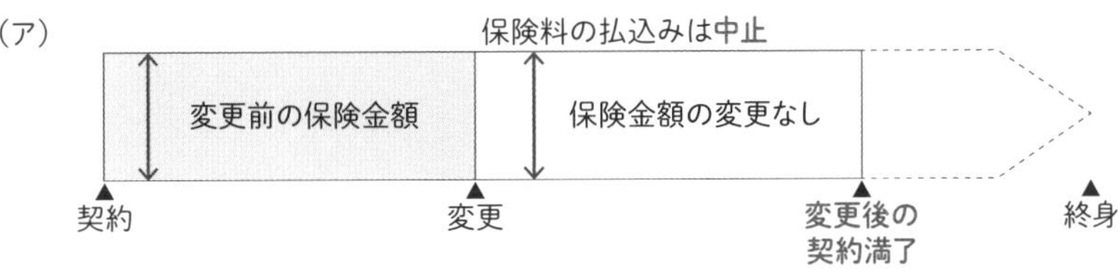

（イ）

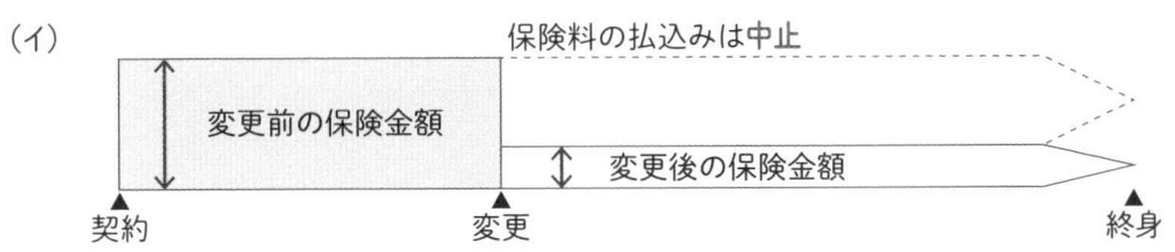

（ウ）

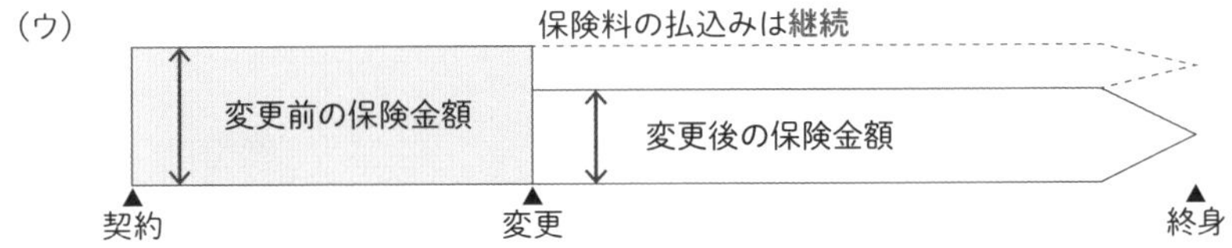

1．（ア）延長（定期）保険　（イ）払済保険　（ウ）自動振替貸付
2．（ア）払済保険　（イ）延長（定期）保険　（ウ）自動振替貸付
3．（ア）払済保険　（イ）延長（定期）保険　（ウ）減額
4．（ア）延長（定期）保険　（イ）払済保険　（ウ）減額

解答・解説

（ア）保険料の払込みを中止した後、保険金額が同額なので「延長（定期）保険」です。

（イ）保険料の払込みを中止した後、保険金額が小さくなっているので「払済保険」です。

（ウ）保険料の払込みを継続し、保険金額が小さくなっているので、「減額」です。

よって…  **4**

LESSON 19 火災保険、地震保険の証券分析

建物や家財の損害に備えるには**火災保険**、**地震保険**を付保できます。
事故の種類によっては補償されない場合もあります。

外したら、
補償されない
けどね。

火災保険の保険料負担を抑える方法はあるの？

損害保険会社で商品は異なりますが、「水災の補償を外す、風災の補償を外す」等のように、補償対象を選ぶこともできます。

地震による火事は火災保険で補填されるの？

地震、噴火、津波による損害は火災保険では補償されないから地震保険が必要です。**地震保険は火災保険に付帯して申し込むことが必要**で、保険金額は最高で火災保険の半分（**50％**）、かつ建物は**5,000万円**、家財は**1,000万円**までです。

地震保険はどこの保険会社が安いかな？

地震保険の保険料はどこの保険会社、代理店で契約しても同じです。
保険料は**建物構造**と**所在地**で決まります。
木造住宅は**マンションよりも構造が弱い分、一般的に高くなります**。

格安の地震保険
とか、ないんだね

でもね、
4つの割引制度が
あるんだよ！

うまく使って！

地震保険には、耐震等級割引、免震建築物割引、建築年割引、耐震診断割引の**4つの割引制度**があります。ただし、**重複して利用できません**。

地震保険

補償対象物件	住宅建物および家財
申し込み	火災保険に付帯。中途付帯はできる
補償	地震・噴火・津波を原因とする火災、埋没、損壊、流失
保険金額	主契約の30％～50％、建物5,000万円、家財1,000万円が限度
保険料の割引	4つあり、重複適用できない
保険金	全損（100％）、大半損（60％）、小半損（30％）、一部損（5％）

LECTURE 過去問の着眼点を理解しよう

過去問（23年9月）

下記＜資料＞に基づく京介さんの自宅に係る年間の地震保険料を計算しなさい。なお、京介さんの自宅は京都府にあるイ構造のマンションで、火災保険の保険金額は1,400万円で、地震保険の保険金額は、現在の火災保険の保険金額に基づく契約可能な最大額であり、地震保険料の割引制度は考慮しないものとする。また、解答に当たっては、解答用紙に記載されている単位に従うこと。

＜資料：年間保険料例（地震保険金額100万円当たり、割引適用なしの場合）＞

建物の所在地（都道府県）	建物の構造区分	
	イ構造※	ロ構造※
北海道・青森県・岩手県・秋田県・山形県・栃木県・群馬県・新潟県・富山県・石川県・福井県・長野県・岐阜県・滋賀県・京都府・兵庫県・奈良県・鳥取県・島根県・岡山県・広島県・山口県・福岡県・佐賀県・長崎県・熊本県・大分県・鹿児島県	730円	1,120円
宮城県・福島県・山梨県・愛知県・三重県・大阪府・和歌山県・香川県・愛媛県・宮崎県・沖縄県	1,160円	1,950円
茨城県・徳島県・高知県	2,300円	4,110円
埼玉県	2,650円	
千葉県・東京都・神奈川県・静岡県	2,750円	

※イ構造：主として鉄骨・コンクリート造の建物、ロ構造：主として木造の建物

最大の保険金額は火災保険の50％だったね。

場所と構造で年間保険料を確認！

- イ構造の保険金額100万円あたりの保険料は730円
- 最大の保険金額は火災保険の50％なので、1,400万円×50％＝700万円
- 割引なし

➡ 地震保険の保険金額700万円に対する保険料は、730円×7＝5,110円

よって… 

5,110円

EXERCISE 過去問で得点力を身につけよう

過去問（21年5月）

住吉正勝さんが契約している火災保険（地震保険付帯・下記＜資料＞参照）の契約に関する次の（ア）～（エ）の記述について、適切なものには○、不適切なものには×を解答欄に記入しなさい。なお、超過保険や一部保険には該当しないものとし、＜資料＞に記載のない特約等については付帯がないものとする。また、保険契約は有効に継続しているものとする。

＜資料１＞

火災保険証券

保険契約者	記名被保険者
住所　××××　○－○○ 氏名　住吉　正勝　様	保険契約者に同じ

証券番号　　第××－×××××

火災保険期間	２０２×年７月１０日　午後４時から ２０××年７月１０日　午後４時まで ５年間
地震保険期間	２０２×年７月１０日から５年間

火災保険料	△△△,△△△円
地震保険料	○○○,○○○円
保険料払込方法	一時払い

保険の対象等	
保険の対象	火災保険：建物、家財 地震保険：建物、家財
所在地	保険契約者住所に同じ
構造級別	H構造（非耐火）
面積	８６．５m^2
建物建築年月	２０２×年７月

建物・家財等に関する補償

事故の種類	補償の有無	建物保険金額	補償の有無	家財保険金額
① 火災、落雷、破裂・爆発	○	１，２５０万円 （免責金額　０円）	○	６００万円 （免責金額　０円）
② 風災、ひょう災、雪災	○	１，２５０万円 （免責金額　０円）	○	６００万円 （免責金額　０円）
③ 盗難	○	１，２５０万円 （免責金額　０円）	○	６００万円 （免責金額　０円）
④ 水災	×	－	×	－
⑤ 破損、汚損等	○	１，２５０万円 （免責金額　１万円）	○	６００万円 （免責金額　１万円）
⑥ 地震、噴火、津波（地震保険）	○	６２５万円	○	３００万円
明記物件	無し			

※「補償の有無」は○は有、×は無を示すものとする。

＜資料２：地震保険、損害の程度と認定の基準（建物）＞

損害の程度		認定の基準
2016年以前保険始期	2017年以降保険始期	
全損	全損	地震等により損害を受け、主要構造部（土台、柱、壁、屋根等）の損害額が、時価額の50％以上となった場合、または焼失もしくは流失した部分の床面積が、その建物の延床面積の70％以上となった場合
半損	大半損	地震等により損害を受け、主要構造部（土台、柱、壁、屋根等）の損害額が、時価額の40％以上50％未満となった場合、または焼失もしくは流失した部分の床面積が、その建物の延床面積の50％以上70％未満となった場合
	小半損	地震等により損害を受け、主要構造部（土台、柱、壁、屋根等）の損害額が、時価額の20％以上40％未満となった場合、または焼失もしくは流失した部分の床面積が、その建物の延床面積の20％以上50％未満となった場合
一部損	一部損	地震等により損害を受け、主要構造部（土台、柱、壁、屋根等）の損害額が、時価額の３％以上20％未満となった場合、または建物が床上浸水もしくは地盤面より45cmを超える浸水を受け、建物の損害が全損・大半損・小半損に至らない場合

（ア）住吉さんの住宅が大雨による洪水で床上浸水し、建物と家財に損害を被った場合、補償の対象になる。

（イ）住吉さんの住宅の屋根が台風の強風により損壊し、100万円の損害を被った場合、補償の対象になる。

（ウ）住吉さんの住宅が地震による火災で延床面積の80％が焼失した場合、地震保険の損害の程度は「半損」に該当する。

（エ）この火災保険契約では、建物の地震保険金額は、250万円から625万円の範囲内で設定することができる。

解答・解説

（ア）不適切　④水災は建物、家財ともに「×」なので、補償対象外です。

（イ）適切　②風災は建物「○」で、免責金額もないので、補償されます。

（ウ）不適切　⑥地震保険は建物「○」で、資料２をみると全損になります。

（エ）不適切　地震保険は、火災保険の保険金額の30％から50％の範囲で設定し、建物は5,000万円、家財は1,000万円が限度。
建物の火災保険の保険金額1,250万円×30％＝375万円から、1,250万×50%＝625万円まで設定できます。

よって…

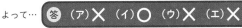

自動車の任意保険における補償分析

自動車損害賠償責任保険（自賠責保険）は**対人賠償**に限り補償し、任意の自動車保険は、対人賠償に加えて、対物賠償、自分の車両の補償、自分の傷害・死亡等を補償します。

自賠責保険だけじゃ
足りないよ!

自賠責保険の**保険金額は、運転中の**第三者の身体、生命に対する損害のみを補償**する保険**なので、任意保険が必要なんだ

不足を補う！ 任意保険

自賠責保険で不足する部分は対人賠償保険、**他人の車両や財産等**に損害を与えた場合の**対物**賠償保険、**自分の車両**の損害を補償する**車両保険**、**自分の傷害・死亡**を補償する**人身傷害補償保険**等があります。

対人賠償保険	対物賠償保険	車両保険	人身傷害補償保険
第三者の身体・生命を補償！	第三者の財産等を補償！	自分の車を補償！	自分の身体・生命等を補償！

ココに注意！

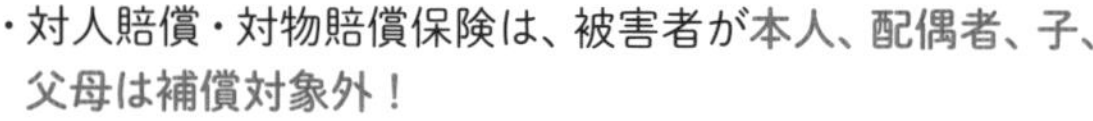

- 対人賠償・対物賠償保険は、被害者が本人、配偶者、子、父母は補償対象外！
- 車両保険は、地震・噴火・津波による損害は、特約がない限り補償しません。
- 人身傷害補償保険は、運転者の過失割合にかかわらず、保険金額の範囲内で損害額の全額が補償されます。

兄弟は補償されるよ
間違えないで!

保険料高いけど
やっぱり安心ね!

任意の自動車保険

対人賠償保険 対物賠償保険	本人、配偶者、子、父母が被害者の場合は対象外
人身傷害補償保険	自分の過失割合部分を含めて補償される
車両保険	洪水、高潮等の被害は補償される 単独事故は、一般型では補償されるが、エコノミー型では補償されない 地震、噴火、津波による損害は特約がなければ対象外

LECTURE 過去問の着眼点を理解しよう

過去問 (23年9月)

川野さん(43歳)が自身を記名被保険者として契約している自動車保険の下記<資料>の契約更新案内に関する次の(ア)〜(エ)の記述について、適切なものには○、不適切なものには×を解答欄に記入しなさい。なお、<資料>に記載のない特約については考慮しないものとする。

<資料>

	前年同等プラン	おすすめプランA	おすすめプランB
保険料(月払い)	×,×××円	×,×××円	×,×××円
運転者年齢条件	35歳以上補償	35歳以上補償	年齢条件なし
運転者限定の有無	家族限定	限定なし	限定なし
対人賠償保険(1名につき)	無制限	無制限	無制限
対物賠償保険	無制限	無制限	無制限
人身傷害保険(1名につき)	付帯なし	3,000万円	5,000万円
車両保険	エコノミー型(車対車+A) 保険金額:130万円 免責金額 1回目の事故 0円 2回目の事故 10万円	一般型 保険金額:130万円 免責金額 1回目の事故 0円 2回目の事故 10万円	一般型 保険金額:130万円 免責金額 1回目の事故 0円 2回目の事故 10万円
その他の特約	−	弁護士特約	弁護士特約 ファミリーバイク特約

(ア) どのプランでも、川野さんが被保険自動車を運転中の事故により負傷した場合、川野さんの過失割合にかかわらず、ケガの治療費の補償を受けることができる。

(イ) 前年同等プランでは、被保険自動車が盗難による損害を受けた場合、補償の対象となる。

(ウ) おすすめプランAでは、川野さんの友人(33歳)が被保険自動車を運転中に対人事故を起こした場合、補償の対象とならない。

(エ) おすすめプランBでは、川野さんが所有する原動機付自転車を運転中に対物事故を起こした場合、補償の対象となる。

では解説します!

(ア) 不適切　人身傷害補償保険を付保すれば、過失割合にかかわらず、補償されますが、前年同等プランにはついていませんので、補償されません。

(イ) 適切　一般型では補償され、エコノミー型で補償されない代表的なケースは単独事故です。

(ウ) 不適切　運転者限定がない場合、年齢条件は本人、配偶者、同居の家族のみ適用され、友人などは年齢を問わず補償されます。

(エ) 適切　ファミリーバイク特約は、原動機付自転車の運転中の事故を補償します。

よって… 答 (ア)× (イ)○ (ウ)× (エ)○

EXERCISE 過去問で得点力を身につけよう

過去問（22年9月）

宇野陽平さん（48歳）は、下記<資料>の自動車保険に加入している。下記<資料>に基づき、FPの布施さんが行った次の（ア）～（エ）の説明のうち、適切なものには○、不適切なものには×を解答欄に記入しなさい。なお、<資料>に記載のない特約については考慮しないものとする。

<資料>

自動車保険証券

保険契約者	
住所　××××　○－○○ 氏名　宇野　陽平　様	賠償被保険者 （表示のない場合は契約者に同じ）

運転者年齢条件	**３５歳以上補償／** ３５歳以上の方が運転中の事故を補償します。

証券番号　××－×××××

保険期間	合計保険料
２０××年　１月１５日　午後４時から ２０××年　１月１５日　午後４時まで １年間	△△,△△△円

被保険自動車	
登録番号 車体番号	東京　○○○　に　×××× △△△－△△△△△
車名	×××
用途車種	自家用小型乗用
適用している割増・割引	ノンフリート契約　１２等級
安全装置	エアバッグ　ＡＢＳ

補償種目・免責金額（自己負担額）など		保険金額
車両	免責金額　１回目　０円 ２回目　１０万円	一般車両保険（一般条件） １５０万円
対人賠償（１名につき）		無制限
無保険車傷害		人身傷害で補償されます
自損事故傷害		人身傷害で補償されます
対物賠償	免責金額　０円	無制限
人身傷害（１名につき）	搭乗中のみ担保	１億円
搭乗者傷害（１名につき）		補償されません
その他の補償		
弁護士費用特約		補償されます　３００万円
ファミリーバイク特約		補償されます（対人・対物に同じ）
事故付随費用特約		補償されません

(ア)「陽平さんと同居している陽平さんの長女（21歳・未婚）が被保険自動車を運転中、他人にケガをさせ法律上の損害賠償責任を負った場合、補償の対象となります。」

(イ)「陽平さんが被保険自動車で旅行中に駐車場で落書きをされ、車両保険金のみが支払われた場合、当該事故はノンフリート等級別料率制度における「ノーカウント事故」に該当します。」

(ウ)「陽平さんが被保険自動車を運転中、他人が運転する自動車と衝突し、陽平さんがケガをした場合、過失割合にかかわらず陽平さんの損害に対して保険金を受け取ることができます。」

(エ)「陽平さんが所有する原動機付自転車（50cc）を陽平さんの妻（45歳）が運転中、他人にケガをさせ法律上の損害賠償責任を負った場合、補償の対象となります。」

解答・解説

(ア) 不適切　運転者年齢条件に「35歳以上補償」とあるので、陽平さんの長女（21歳）が被保険自動車を運転して事故を起こした場合、補償の対象となりません。

(イ) 不適切　落書きによる車両保険金のみが支払われる事故は1等級ダウン事故に該当します。

(ウ) 適切　人身傷害補償保険がついているので、契約者が被保険自動車を運転中に事故を起こしてケガをしたら、過失割合に関わらず治療費用の補償を受けられます。

(エ) 適切　ファミリーバイク特約がついているので、契約者、配偶者、同居親族、別居の未婚の子が原動機付自転車を運転し、事故を起こして他人にケガを負わせた場合、補償されます。

ノンフリート契約について解説するよ

よって…

答 (ア)✕ (イ)✕ (ウ)○ (エ)○

ノンフリート契約

3等級ダウン事故	対人賠償事故、対物賠償事故、単独事故による車両保険金が支払われる事故
1等級ダウン事故	車両保険金のみが支払われる事故（盗難、台風、洪水、高潮、いたずら、飛び石被害による事故等）
ノーカウント事故	人身傷害補償保険、ファミリーバイク特約、弁護士費用特約、個人賠償責任補償特約等の保険金のみが支払われる事故

LESSON 21 傷害保険と個人賠償責任補償保険

傷害保険は急激・偶然・外来の原因による傷害により入院・手術・死亡した場合等を補償します。

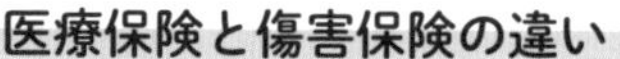

医療保険と傷害保険の違い

医療保険  病気や事故による入院や手術などを補償します。

傷害保険  原則、病気は補償対象外。
急激・偶然・外来の理由によるケガを補償します。

普通傷害保険

転倒して骨折	細菌性食中毒	地震・噴火・津波による傷害

○	×	特約がないと×

細菌性食中毒は病気じゃないし、
地震・噴火・津波は保険事業への
影響が甚大だからね

普通傷害保険をベース傷害保険は
色々とあるから、ニーズに応じて
使い分けるといいよ。

個人賠償責任保険等の特約

個人賠償責任保険等の特約をつけることで、家族傷害保険と同じ被保険者の範囲の人が起こした日常生活の賠償責任に備えることもできます。

散歩中	自転車で通学中	自転車で配達中	自動車事故
○	○	×	×

配達中の事故は業務中だから対象外。
自動車事故は自動車保険での補償になるわね。

LECTURE 過去問の着眼点を理解しよう

このポイントを覚えよう！

普通傷害保険との違い

普通傷害保険	細菌性食中毒、ウイルス性食中毒は対象外 天災危険補償特約がない限り、地震・噴火・津波による傷害は対象外
家族傷害保険	本人、配偶者、生計を一にする同居親族、別居の未婚の子（傷害発生時に判定） 被保険者の数にかかわらず保険料は同じ
国内旅行傷害保険	細菌性食中毒、ウイルス性食中毒を補償 地震・噴火・津波による傷害は対象外
海外旅行保険	細菌性食中毒、ウイルス性食中毒を補償 海外における地震・噴火・津波による傷害を補償

海外旅行中の人は限定的で事業への影響は小さいから補償してくれるんだね

個人賠償責任保険で補償されないケース

・業務中の賠償事故
・同居親族に対する賠償事故
・自動車（原動機付自転車を含む）の運転中の賠償事故

過去問 （24年1月）

傷害保険の一般的な商品性に関する次の記述のうち、最も不適切なものはどれか。なお、特約については考慮しないものとする。

1．普通傷害保険では、海外旅行中に転倒したことによるケガは補償の対象とならない。
2．家族傷害保険では、保険期間中に誕生した契約者（＝被保険者本人）の子は被保険者となる。
3．海外旅行傷害保険では、海外旅行中に罹患したウイルス性食中毒は補償の対象となる。
4．国内旅行傷害保険では、国内旅行中に発生した地震および地震を原因とする津波によるケガは補償の対象とならない。

ポイントはココよ！

1. 不適切　国内外を問わず、ケガを補償します。
2. 適切　傷害発生時の家族の傷害を補償します。
3. 適切　普通傷害保険では、細菌性食中毒、ウイルス性食中毒は補償しません。国内旅行傷害保険、海外旅行傷害保険では補償します。
4. 適切　地震、噴火、津波による傷害は、普通傷害保険、国内旅行傷害保険では補償しません。

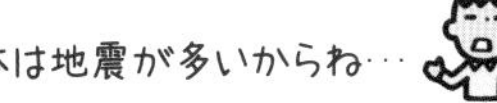

よって… 答 1

EXERCISE 過去問で得点力を身につけよう

過去問（22年5月）

下記<資料>に基づき、山根さんが契約している普通傷害保険について、FPの安藤さんの次の説明の空欄（ア）〜（エ）に入る適切な語句を語群の中から選び、その番号のみを解答欄に記入しなさい。なお、同じ語句を何度選んでもよいこととし、他の保険金の支払い要件はすべて満たしているものとする。

<資料>

普通傷害保険証券

証券番号　××－×××××

ご契約者	被保険者（保険の対象となる方）
山根　隆　様	山根　隆　様

保険期間（保険のご契約期間）	
２０××年３月１５日　午後４時から ２０××年３月１５日　午後４時まで	保険料　△△,△△△円 保険料払込方法　月払い（１２回払い）

◆ご契約内容

給付項目	保険金額
傷害死亡保険金額	１０,０００,０００円
傷害後遺障害保険金額 （後遺障害の程度により保険金額の４％～１００％）	１０,０００,０００円
傷害**入院**保険金日額	１日につき　**５,０００円** （入院１日目から補償）
傷害手術保険金額	入院中は入院保険金日額の１０倍、入院中以外は入院保険金日額の５倍
傷害**通院**保険金日額	１日につき　**２,０００円**

◆適用特約

天災危険補償特約（地震・噴火・津波危険を補償）

◆その他の補償

個人賠償責任特約	日常生活での賠償事故を補償　支払限度額：（１事故）**１億円**

◆傷害後遺障害の等級ごとの保険金額表

等級	保険金	等級	保険金	等級	保険金
第１級	10,000,000円	**第６級**	**5,000,000円**	第１１級	1,500,000円
第２級	10,000,000円	第７級	4,200,000円	第１２級	1,000,000円
第３級	10,000,000円	第８級	3,400,000円	第１３級	700,000円
第４級	6,900,000円	第９級	2,600,000円	第１４級	400,000円
第５級	5,900,000円	第１０級	2,000,000円		

・「山根さんが就寝中に発生した地震で、倒れてきたタンスの下敷きになり、腕を骨折して10日間病院に通院治療した場合、受け取れる保険金は（ ア ）です。」

・「山根さんが 仕事中の事故でケガを負い、その日から20日間病院に入院した場合（手術は受けていない）、受け取れる保険金は（ イ ）です。」

・「山根さんが交通事故により傷害後遺障害第６級に該当した場合、受け取れる傷害後遺障害保険金は（ ウ ）です。」

・「山根さんの飼い犬が近所の子どもにかみついてケガをさせ、法律上の損害賠償責任を負った場合、その損害に対して支払われる保険金の限度額は（ エ ）です。」

＜語群＞

1． 0円	2． 2万円	3． 4万円	4． 5万円
5． 10万円	6． 420万円	7． 500万円	8． 590万円
9． 690万円	10． 1,000万円	11． 1億円	

解答・解説

（ア）普通傷害保険は、通常、地震、噴火、津波による傷害は補償しませんが、資料では天災危険補償特約がついているので補償されます。
10日間の通院なので通院保険金日額
→ 2,000円 × 10 = 2万円が支払われます。

（イ）仕事中のケガも補償されます。
20日の入院で1日目から補償されるので
→ 5,000円 × 20 = 10万円が支払われます。

保険契約の際は、険証券の記載をしっかり読み込んで、何が補償されるかちゃんと把握しよう！

（ウ）交通事故による傷害後遺障害は支払い対象となります。
傷害後遺障害等級第6級の欄に500万円と記載があります。

（エ）個人賠償責任特約は、被保険者本人のほか、配偶者、同居の親族、生計を一にする別居の未婚の子を被保険者とします。飼い犬が第三者に噛みついてケガをさせた場合の損害賠償責任も補償されます。個人賠償責任特約に、支払限度額1億円と記載があります。

よって…  答 （ア）2 （イ）5 （ウ）7 （エ）11

生命保険料控除を受けるには?

個人で死亡、医療、老後に備えて生命保険に加入した場合、要件を満たせば支払った生命保険料について**生命保険料控除**として所得控除の適用を受けられます。

生命保険料控除には、「一般」「介護」「個人年金」の３つの種類があります。

生命保険の所得税に関する生命保険料控除（2012年以降に契約前提）

		控除限度額	
主に死亡リスクの保険	一般	４万円	定期保険、終身保険 など
主に病気リスクの保険	介護医療	４万円	医療保険、がん保険、先進医療特約 など
主に老後リスクの保険	個人年金	４万円	定額個人年金保険（変額は一般）など
	合計	12万円	

控除を受けられない生命保険もある？！

私、団体信用生命保険に入ってるんだ♪

生命保険料の控除申請しなくっちゃ!

団体信用生命保険は控除対象外だよ。

残念だったね〜

少額短期保険の保険料、団体信用生命保険は対象外です。
また、2012年以降に契約した**傷害特約、災害割増特約、災害入院特約の保険料も対象外**です。

病気を保障しないから生命保険扱いしないってことか!

このポイントを覚えよう！

所得税の生命保険料控除の限度額

適用制度	旧制度のみ 2011年までの契約	新制度のみ 2012年以降の契約、更新等	新旧 双方
一般	5万円※1	4万円※2	4万円
介護医療	−	4万円※2	−
個人年金	5万円※1	4万円※2	4万円
新旧通算限度額	12万円		

※1：正味払込保険料10万円以上　※2：正味払込保険料8万円以上の場合

生命保険料控除の種類

	旧制度	新制度
終身保険、定期保険、特定疾病保障保険	一般	
要件を満たす個人年金保険	個人年金	
変額個人年金保険	一般	
災害割増特約、傷害特約、災害入院特約	一般	対象外
医療保険、がん保険、疾病入院特約、先進医療特約、所得補償保険、就業不能保障保険	一般	介護医療

個人年金保険料控除

年金受取人	被保険者と同一、かつ契約者または契約者の配偶者
保険料払込期間	10年以上
年金受取期間	確定年金・有期年金は60歳以降10年以上 終身年金は要件なし
その他	個人年金保険料税制適格特約が付保されている

ココに注意！

・自動振替貸付を受けて支払った保険料も、貸付けを受けて支払った年の生命保険料控除の対象です。

・前年12月の保険料を本年1月に支払った場合、本年の生命保険料控除の対象です。

EXERCISE 過去問で得点力を身につけよう

過去問 （22年5月）

西山忠一さんが本年中に支払った定期保険特約付終身保険とがん保険の保険料は下記＜資料＞のとおりである。忠一さんの本年分の所得税の計算における生命保険料控除額として、正しいものはどれか。なお、下記＜資料＞の保険について、これまでに契約内容の変更はないものとする。また、本年分の生命保険料控除額が最も多くなるように計算すること。

＜資料＞

［定期保険特約付終身保険（無配当）］
契約日　　　　　：2011年3月1日
保険契約者　　　：西山　忠一
被保険者　　　　：西山　忠一
死亡保険金受取人：西山　美香（妻）
本年の年間支払保険料：99,840円

［がん保険（無配当）］
契約日　　　　　：2012年12月1日
保険契約者　　　：西山　忠一
被v保険者　　　　：西山　忠一
死亡保険金受取人：西山　美香（妻）
本年の年間支払保険料：67,560円

＜所得税の生命保険料控除額の速算表＞

［2011年12月31日以前に締結した保険契約（旧契約）等に係る控除額］

○一般生命保険料控除、個人年金保険料控除

年間の支払保険料の合計		控除額
	25,000円以下	支払金額
25,000円超	50,000円以下	支払金額×1/2+12,500円
50,000円超	100,000円以下	支払金額×1/4+25,000円
100,000円超		50,000円

［2012年1月1日以降に締結した保険契約（新契約）等に係る控除額］

○一般生命保険料控除、個人年金保険料控除、介護医療保険料控除

年間の支払保険料の合計		控除額
	20,000円以下	支払金額
20,000円超	40,000円以下	支払金額×1/2+10,000円
40,000円超	80,000円以下	支払金額×1/4+20,000円
80,000円超		40,000円

（注）支払保険料とは、その年に支払った金額から、その年に受けた剰余金や割戻金を差し引いた残りの金額をいう。

1．76,890円
2．81,890円
3．86,850円
4．91,850円

解答・解説

解くコツは2つだよ！

実技試験の生命保険料控除の計算問題は、保険証券が2つ出題されるけど、
❶ 契約時期や更新の有無等から「旧契約」「新契約」を判定しよう！
❷「一般」「個人年金」「介護医療」の保険料控除の種類を判定しよう！

では、問題について解説するよ

定期保険特約付き終身保険は、2011年までの契約で更新もないため、旧契約（一般生命保険料控除）です。
➡ 控除額＝99,840円×1/4＋25,000円＝49,960円

がん保険は2012年以降の契約なので、新契約（介護医療保険料控除）です。
➡ 控除額＝67,560円×１/４＋20,000円＝36,890円

一般生命保険料控除と介護医療保険料控除は別枠なので、
➡ 生命保険料控除額は、49,960円＋36,890円＝86,850円

よって…  3

個人契約の生命保険金等の税金

個人契約の生命保険契約の保険金等に対する課税は**保険金・給付金の種類と契約形態で異なります。**

課税の対象

受け取る保険金・給付金が「**死亡**」「**満期**」「**解約**」「**老後の年金**」の４つの場合は**課税されます**が、**それ以外（入院、手術等）は原則、非課税**です。

被保険者等が入院給付金・通院給付金・手術給付金、がん診断給付金、特定疾病保険金、リビング・ニーズ特約保険金、高度障害保険金、介護一時金、介護年金等を受け取ると非課税だよ

課税のパターンを知ろう

契約者と受取人が**同じ**場合は**所得税・住民税**となります。
契約者と受取人が**違う**場合、**通常、贈与税**ですが、**契約者が死亡**した場合の死亡保険金だけは**相続税**となります

●契約者と受取人が同じ場合

一時金で受け取るよ！	所得税・住民税（一時所得）
分割で受け取るよ！	所得税・住民税（雑所得）

●契約者と受取人が異なる場合

保険料払う人と受け取る人が違うよ	原則、贈与税
パパ[A]死んじゃった！相続人として受け取るよ	相続税（非課税あり）
身内[A]が死んじゃった！相続人じゃないけど受け取るよ	相続税（非課税なし）

このポイントを覚えよう！

死亡保険金の課税

契約者	被保険者	受取人	課税
A	A	相続人	相続税（500万円×法定相続人の数が非課税）
A	A	相続人以外	相続税（非課税なし）
A	B	A	所得税・住民税
A	B	C	贈与税

年金の課税

契約者＝受取人	雑所得※
契約者≠受取人	受給開始年　贈与税（年金受給権） ２年目以降　非課税部分を除き、所得税（雑所得）※

※確定年金を一括で受け取る場合は一時所得、保証期間付終身年金の保証期間分を一括で受け取ると雑所得

契約者が受け取る満期・解約返戻金

源泉分離課税	一時払等・５年以内受取・終身タイプ等でないの３条件すべてを満たす
一時所得（総合課税）	上記以外（例：５年経過後に受取、終身タイプ）

個人契約の損害保険金等の課税・非課税

車両保険金、火災保険金	非課税
損害賠償金、無保険車傷害保険金	非課税
死亡保険金、年金、満期返戻金、解約返戻金	原則、生命保険と同じ

解くコツを教えるよ！

問題を見るとき、保険金の種類と、契約形態（契約者、被保険者、受取人）を確認しよう！

次頁の過去問から、早速実践してみましょ！

EXERCISE 過去問で得点力を身につけよう

過去問（23年5月）

天野三郎さんが契約している生命保険（下記＜資料＞参照）に関する次の記述の空欄（ア）～（エ）にあてはまる語句を語群の中から選び、その番号のみを解答欄に記入しなさい。なお、同じ番号を何度選んでもよいこととする。また、三郎さんの家族構成は以下のとおりであり、課税対象となる保険金はいずれも基礎控除額を超えているものとする。

＜三郎さんの家族構成＞

氏名	続柄	年齢	備考
天野　三郎	本人	56歳	会社員（正社員）
紀子	妻	52歳	パートタイマー
晴彦	長男	17歳	高校生
美鈴	長女	13歳	中学生
雄太	二男	8歳	小学生

＜資料：三郎さんが契約している生命保険契約の一覧＞

	保険契約者（保険料負担者）	被保険者	死亡保険金受取人	満期保険金受取人
特定疾病保障保険A	三郎さん	三郎さん	紀子さん	−
がん保険B	三郎さん	紀子さん	三郎さん	−
養老保険C	三郎さん	三郎さん	紀子さん	晴彦さん

※養老保険Cの保険期間は15年である。

・現時点で三郎さんが死亡した場合、みなし相続財産として相続税の課税対象となる死亡保険金に係る 非課税限度額は（ ア ）である。
・特定疾病保障保険Aから三郎さんが受け取る特定疾病保険金は（ イ ）である。
・がん保険Bから三郎さんが受け取る死亡保険金は（ ウ ）である。
・養老保険Cから晴彦さんが受け取る満期保険金は（ エ ）である。

＜語群＞

1．贈与税の課税対象　2．相続税の課税対象　3．非課税
4．所得税・住民税の課税対象　5．2,000万円　6．2,400万円
7．2,500万円　8．5,400万円

解答・解説

（ア）死亡保険金なので課税。契約者が死亡しているから相続税の対象です。500万円×法定相続人の数が非課税なので、500万円×４人＝2,000万円が非課税です。

（イ）特定疾病保険金だから非課税です。

正確には被保険者等が受け取る場合です！

（ウ）死亡保険金なので課税され、契約者（保険料負担者）と保険金受取人が同じなので所得税・住民税の対象となります。

（エ）満期保険金なので課税され、契約者と受取人が違うので贈与税の対象となります。

よって…  （ア）5 （イ）3 （ウ）4 （エ）1

過去問（23年9月）

［家族構成］

氏名	続柄	生年月日	年齢	備考
長岡 京介	本人	19××年6月22日	45歳	会社員（正社員）
秋穂	妻	19××年4月 5日	44歳	会社員（正社員）
翔太	長男	20××年8月18日	17歳	高校生

［保険］

定期保険Ａ：保険金額3,000万円（リビング・ニーズ特約付き）。保険契約者（保険料負担者）および被保険者は京介さん、保険金受取人は秋穂さんである。保険期間は25年。

火災保険Ｂ：保険金額1,400万円。地震保険付帯。保険の目的は自宅建物。保険契約者（保険料負担者）および保険金受取人は京介さんである。

京介さんが加入している保険から保険金等が支払われた場合の課税に関する次の（ア）～（エ）の記述について、適切なものには○、不適切なものには×を解答欄に記入しなさい。

（ア）京介さんが死亡した場合に秋穂さんが受け取る定期保険Ａの死亡保険金は、相続税の課税対象となる。

（イ）京介さんが余命６カ月以内と判断され、定期保険Ａから受け取ったリビング・ニーズ特約の生前給付金の京介さんの相続開始時点における残額は、非課税となる。

（ウ）自宅が隣家からの延焼で全焼した場合に京介さんが受け取る火災保険Ｂの損害保険金は、所得税（一時所得）の課税対象となる。

（エ）自宅が地震による火災で全焼した場合に京介さんが受け取る火災保険Ｂの地震火災費用保険金は、非課税となる。

解答・解説

(ア) 適切　死亡保険金なので課税。契約者（保険料負担者）と被保険者が同じなので、相続税の対象となります。

(イ) 不適切　被保険者が受け取るリビング・ニーズ特約の生前給付金は非課税。

でも、ココを問われているわけではないですよね？

→その後相続時に残っている金額なので、現金として相続税の課税対象です。

(ウ) 不適切　個人契約の火災保険金（死亡、満期、解約、年金以外）なので非課税です。

(エ) 適切　(ウ) と同じです。

よって… 答 (ア)○ (イ)× (ウ)× (エ)○

LESSON
24

役員退職金の金額を計算しよう

役員退職金は規程に定めた金額を支給すると、損金に算入することができます。試験では、その規程の１つである功績倍率方式による計算問題が出題されます。

計算方法はいくつかあるけど、その1つに功績倍率方式があるよ。次の計算式で求めるんだ。

功績倍率方式

最終報酬月額×在任年数×功績倍率

役員としての
地位に比例して
上がるイメージね

計算例

最終報酬月額100万円の前提

功績倍率

3.0

2.5

2.3

2.0

社長　専務　常務　取締役

社長の場合

社長として20年務めた場合

100万円×20年×3.0＝6,000万円

常務の場合

常務として5年務めた場合

100万円× 5 年×2.3＝1,150万円

取締役の場合

取締役として2年務めた場合

100万円× 2 年×2.0＝400万円

EXERCISE

過去問で得点力を
身につけよう

過去問（23年5月）

株式会社ＱＳの代表取締役の川久保さんが任期満了で退任した場合、同社の役員退職慰労金規程に基づき、川久保さんが受け取ることができる役員退職慰労金の金額を計算しなさい。なお、解答は以下の＜前提条件＞および＜資料＞に基づくものとし、記載のない事項については一切考慮しないものとする。また、解答に当たっては、解答用紙に記載されている単位に従うこと。

＜前提条件＞

- 入社時年齢：45歳
- 退任時年齢：70歳（役員在任年数25年間）
- 退任時の最終報酬月額：80万円
- 入社から退任までの役位は継続して代表取締役

＜資料：株式会社ＱＳの役員退職慰労金規程＞

［役員退職慰労金規程］（抜粋）

第１条（総則）
この規程は退任した取締役または監査役（以下「役員」という）の役員退職慰労金および弔慰金について定めるものである。

第２条（退任の定義）
退任の時期は以下の各号に定めるときとする。
①辞任　②任期満了 ③解任 ④死亡

第３条（金額の算定）
役員退職慰労金の算定は、役位別の最終報酬月額に役位ごとの在任期間の年数を乗じ、役位別係数を乗じて算出した額（以下の式）の合計額とする。

最終報酬月額×役員在任年数×功績倍率（役位別係数）＝役員退職慰労金

功績倍率（役位別係数）

代表取締役	3.0
専務取締役	2.4
常務取締役	2.2
取締役	2.0
監査役	1.5

－以下省略－

解答・解説

代表取締役として25年務め、任期満了で退任するため、役員退職金が支給されます。最終報酬月額は80万円なので、80万円×25年×3.0＝6,000万円が支給されます。

問題に計算式も書いてあるから、支給事由に該当することを確認して、最終報酬月額、在任年数、功績倍率を確認しよう。

よって…

被保険者死亡後の金融資産の計算

生命保険の分析を踏まえて、被保険者が死亡した場合の死亡保険金と金融資産の合計額から、返済すべき負債を差し引いた後の金額を計算する問題が出題されます。

計算問題の注意点！

注意点は3つあるよ！

1 被保険者が死亡した場合に死亡保険金が支払われるから、出題している者が被保険者である部分を見ること！

確認ポイントは2つ！

死亡保険金が出るか否か、出る場合にはいくら出るか？をしっかり確認！

- ☑ 傷害特約、災害割増特約は事故で死亡すると支払われるけど、病気で死亡すると支払われないよ
- ☑ 変額（個人年金）保険等は、「保険金額や一時払保険料」と「解約返戻金相当額」の多い方が支払われるなど、詳細な設定が「注」に書いてあるので、読もう！

2 団体信用生命保険が付保されている住宅ローンは債務者が死亡すると、完済されるため、返済すべき負債に含めなくてOK！

3 保険金に足す金融資産について、「現金・預貯金」のみの場合と、「現金・預貯金」と「株式・投資信託」など指定があるので、思い込まずに、ちゃんと問題を読もう！

LECTURE 過去問の着眼点を理解しよう

過去問 (22年9月)

孝一さんは、現在加入している生命保険で十分な保障を得られているか不安を持っている。そこで、自分が交通事故等の不慮の事故で死亡したときに支払われる死亡保険金で負債を全額返済した場合、現金および預貯金がいくら残るのかについて、FPの沼田さんに試算してもらうことにした。この試算に関する沼田さんの次の説明の空欄（ア）に入る金額として、正しいものはどれか。なお、保有している投資信託は含めずに計算すること。

「現時点で孝一さんが交通事故等の不慮の事故で死亡した場合、孝一さんの死亡により支払われる死亡保険金と松尾家（孝一さんと祥子さん）が保有する現金および預貯金の合計額から、返済すべき負債の全額を差し引いた金額は（ア）になります。」

1．3,290万円
2．3,310万円
3．3,690万円
4．3,890万円

この問題は、以下の資料1〜3を見ながら答える形式になってます

松尾家（孝一さんと祥子さん）の財産の状況

［資料1：保有資産（時価）］ （単位：万円）

	孝一	祥子
金融資産 　現金および預貯金 　投資信託	 2,850 220	 360
生命保険（解約返戻金相当額）	［資料3］を参照	［資料3］を参照
事業用資産（不動産以外）※ 　商品・備品等	 420	
不動産 　土地（店舗兼自宅の敷地） 　建物（店舗兼自宅の家屋）	 2,300 3,680	
その他（動産等）	200	100

※記載以外の事業用資産については考慮しないこと。

次のページに続く

LECTURE 過去問の着眼点を理解しよう

［資料2：負債残高］

住宅ローン：380万円（債務者は孝一さん。団体信用生命保険付き）

事業用借入：3,820万円（債務者は孝一さん）

［資料3：生命保険］

（単位：万円）

保険種類	保険契約者	被保険者	死亡保険金受取人	保険金額	解約返戻金相当額
定期保険A	孝一	孝一	祥子	1,000	－
定期保険特約付終身保険B	孝一	孝一	祥子		
（終身保険部分）				200	120
（定期保険部分）				2,000	－
終身保険C	孝一	孝一	祥子	400	280
終身保険D	孝一	祥子	孝一	200	180
終身保険E	祥子	孝一	祥子	300	150

注：解約返戻金相当額は、現時点で解約した場合の金額である。

注：終身保険Cには、主契約とは別に保険金額400万円の災害割増特約が付保されている。

注：すべての契約において、保険契約者が保険料を全額負担している。

注：契約者配当および契約者貸付については考慮しないこと。

資料から必要な数値を見つけて、計算してくださいね

定期保険A　　1,000万円
定期保険特約付終身保険B　　2,200万円
終身保険C　　400万円＋災害割増特約400万円＝800万円
終身保険E　　300万円

孝一さんが不慮の事故により死亡した場合に支払われる死亡保険金を求めるので、生命保険のA、B、C、Eをチェックしよう！

Cには災害割増特約がついてるね。不慮の事故で死亡すると支払われるよ。

孝一さんの死亡により支払われる保険金
＝1,000万円＋2,200万円＋800万円＋300万円＝4,300万円

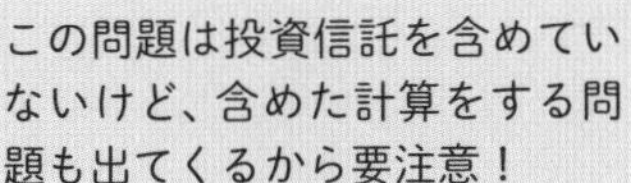

この問題は投資信託を含めていないけど、含めた計算をする問題も出てくるから要注意！

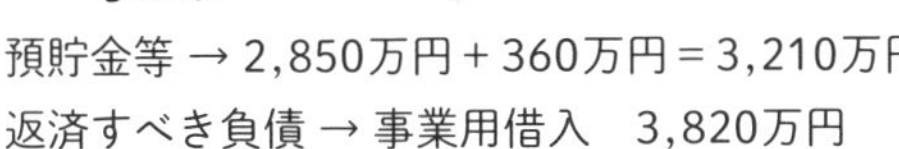

預貯金等 → 2,850万円＋360万円＝3,210万円
返済すべき負債 → 事業用借入　3,820万円

以上より、死亡保険金と現金および預貯金の合計額から返済すべき負債の全額を差し引いた金額は…

4,300万円＋3,210万円－3,820万円＝3,690万円

よって…  答　3

金融資産運用

債券、株式、投資信託、外貨建商品などの金融商品の特徴を中心に出題されます。各商品の要点を理解しておきましょう。投資分析、手数料や税務の計算も出題されます。

傾向と対策

金融の特性上、数字や計算問題が特に目立つ科目です。計算式を暗記するだけではなく、それぞれの考え方やとらえ方を理解することで、スラスラ計算問題を解けるようになります。投資の魅力やリスクを把握するための投資尺度やセーフティネット、税金についての知識も重要です。

頻出論点

- ・債券の利回り
- ・株式権利確定日、特定口座年間取引報告書
- ・株式の投資尺度
- ・外貨預金
- ・株式等の税金（購入単価、譲渡所得等）
- ・投資信託（手数料、分配金、売却益の税務）
- ・ポートフォリオ理論
- ・セーフティネット

債券
株券
債券、株式、投資信託など、
金融商品それぞれの
特徴を押さえよう！

金融商品はこれから自分でも
買う可能性があるから
理解しておきたい！

自分のお金だと思えば
計算問題も真剣にやれる！
損したくないし…

LESSON
26

債券の利回り計算と価格変動リスク

利回りとは投資金額に対する1年あたりの利益の割合をいいます。利益には利息のほか、買った金額との差額から生じた利益である売却益、償還差益があります。

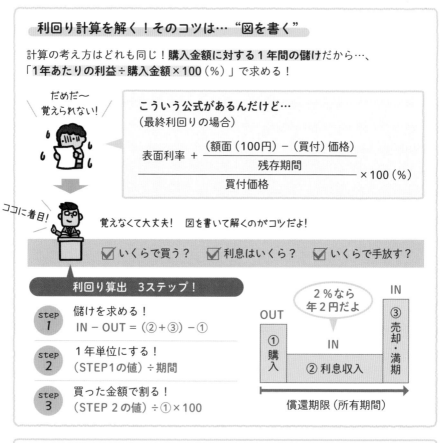

利回り計算を解く！そのコツは…"図を書く"

計算の考え方はどれも同じ！**購入金額に対する1年間の儲け**だから…、
「**1年あたりの利益÷購入金額×100**（%）」で求める！

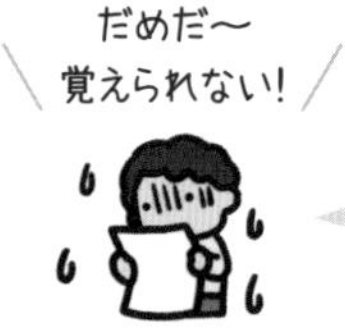

だめだ〜覚えられない！

こういう公式があるんだけど…
（最終利回りの場合）

$$\frac{\text{表面利率} + \dfrac{(\text{額面}(100\text{円}) - (\text{買付})\text{価格})}{\text{残存期間}}}{\text{買付価格}} \times 100(\%)$$

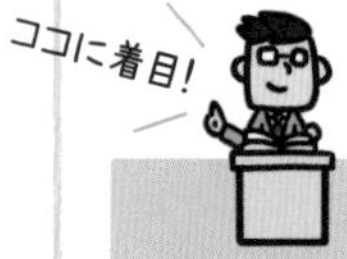

ココに着目！

覚えなくて大丈夫！　図を書いて解くのがコツだよ！

☑いくらで買う？　☑利息はいくら？　☑いくらで手放す？

利回り算出　3ステップ！

- step 1　儲けを求める！
  IN − OUT＝（②＋③）−①
- step 2　1年単位にする！
  （STEP1の値）÷期間
- step 3　買った金額で割る！
  （STEP 2の値）÷①×100

OUT
①購入
IN
②利息収入
IN
③売却・満期
2％なら年2円だよ
償還期限（所有期間）

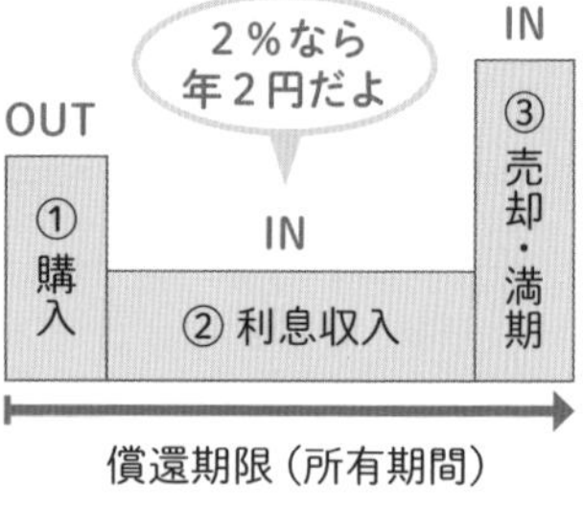

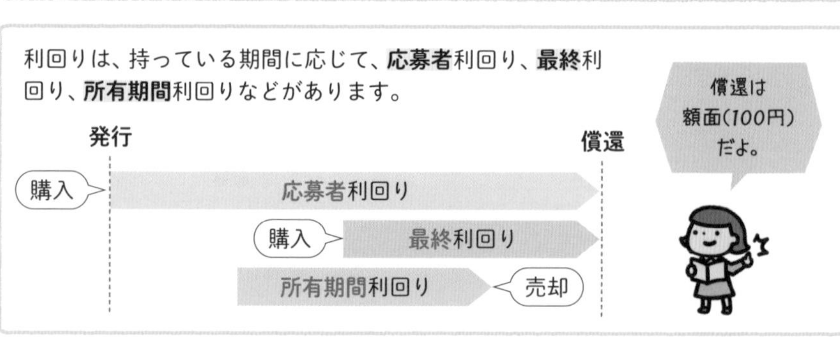
利回りは、持っている期間に応じて、応募者利回り、最終利回り、所有期間利回りなどがあります。
発行
償還
購入
応募者利回り
購入
最終利回り
所有期間利回り
売却
償還は額面（100円）だよ。

債券は時価で購入したり、売却することができます。債券の価格と金利は反対の方向に動きます。

債券の価格変動リスク ～債券の価格と金利が反対の方向に動く理由～

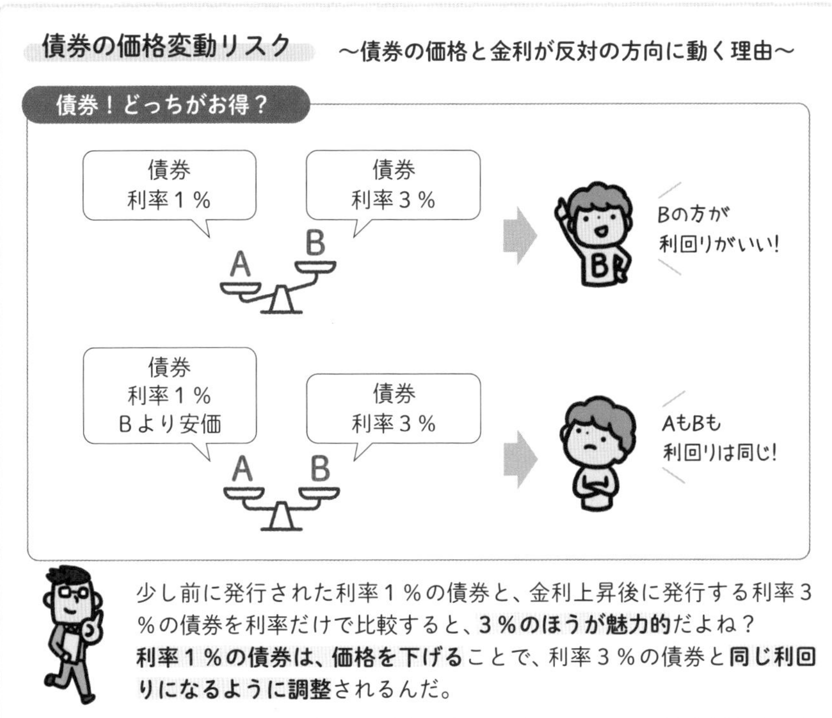

少し前に発行された利率１％の債券と、金利上昇後に発行する利率３％の債券を利率だけで比較すると、**３％のほうが魅力的**だよね？
利率１％の債券は、価格を下げることで、利率３％の債券と**同じ利回りになるように調整**されるんだ。

このポイントを覚えよう！

債券の利回り＝収益÷所有期間（年）／買付価格×100

応募者利回り	発行から償還まで所有する場合
最終利回り	途中で購入し、償還まで所有する場合
所有期間利回り	途中で売却した場合
直接利回り	年間利息の購入金額に対する割合（売却、償還を考慮しない）

債券の投資リスク

価格変動リスク	市場金利上昇（下落）→債券価格下落（上昇） 債券価格上昇（下落）→利回り下落（上昇）
信用リスク	格付けが高いほど、債券価格は高く、利回りは低い 格付けが低いほど、債券価格は低く、利回りが高い

EXERCISE 過去問で得点力を身につけよう

過去問（23年9月）

克典さんが下記＜資料＞の債券を満期（償還）時まで保有した場合の**最終利回り**（単利・年率）を計算しなさい。なお、手数料や税金等については考慮しないものとし、計算結果については小数点以下第４位を切り捨てること。また、解答に当たっては、解答用紙に記載されている単位に従うこと（解答用紙に記載されているマス目に数値を記入すること）。

＜資料＞

表面利率：年0.10％
買付価格：額面100円につき99.62円
発行価格：額面100円につき100.00円
償還までの残存期間：８年

解答・解説

もうけ
→②（0.1円×８年＝0.8円）＋③（額面100円）－①（99.62円）＝1.18円

1年あたりのもうけ
→1.18円÷８年＝0.1475円

0.1475÷99.62×100≒0.148％

よって…  0.148 ％

過去問（23年5月）

下記＜資料＞の債券を取得日から５年後に売却した場合における**所有期間利回り**（単利・年率）を計算しなさい。なお、手数料や税金等については考慮しないものとする。また、解答に当たっては、解答用紙に記載されている単位に従うこと（解答用紙に記載されているマス目に数値を記入すること）。

＜資料＞

表面利率　：年0.60％
額面　　　：100万円
購入価格　：額面100円につき100.00円
売却価格　：額面100円につき101.75円
所有期間　：５年

解答・解説

step 1 もうけ
→②（0.6円×5年＝3円）＋③（額面101.75円）－①（100円）＝4.75円

step 2 1年あたりのもうけ
→4.75円÷5年＝0.95円

step 3 0.95÷100×100＝0.95％

よって…  答 0.95％

過去問（23年1月）

市場金利の変動と固定利付債券の利回り（単利・年率）および価格との関係に関する次の記述の空欄（ア）～（ウ）にあてはまる語句の組み合わせとして、最も適切なものはどれか。なお、手数料、経過利子、税金等については考慮しないものとし、計算結果は表示単位の小数点以下第３位を四捨五入するものとする。

＜資料＞

> 表面利率が0.50％、償還年限が10年の固定利付債券が額面100円当たり100円で新規に発行された。５年後、市場金利が当該債券の発行時に比べて上昇した結果、債券の価格は（ア）して、（イ）となり、当該債券の現時点（発行から５年後）における最終利回りは0.70％（単利・年率）となった。また、当該債券を発行時に購入し、発行から５年後に（イ）で売却した場合の所有期間利回りは（ウ）となる。

1．（ア）下落　（イ）99.03円　（ウ）0.31％
2．（ア）下落　（イ）99.03円　（ウ）0.69％
3．（ア）上昇　（イ）100.98円　（ウ）0.69％
4．（ア）上昇　（イ）100.98円　（ウ）0.31％

解答・解説

（ア）（イ）市場金利が上昇すると債券価格は下落するので、購入時の100円よりも安くなります。

（ウ）

step 1 もうけ
→②（0.5円×5年＝2.5円）＋③（額面99.03円）－①（100円）＝1.53円

step 2 1年あたりのもうけ
→1.53円÷5年＝0.306円

step 3 0.306÷100×100≒0.31％

よって…  答 1

LESSON 27

株主の権利確定日はいつ？

株式を保有すると、会社の利益をもとに配当を受け取ったり、株主優待を受けることもできます。

配当金をもらうには？

権利確定日等の株主であることが条件です。**権利確定日から起算して3営業日前**（単純には2営業日前）までに買う必要があります。

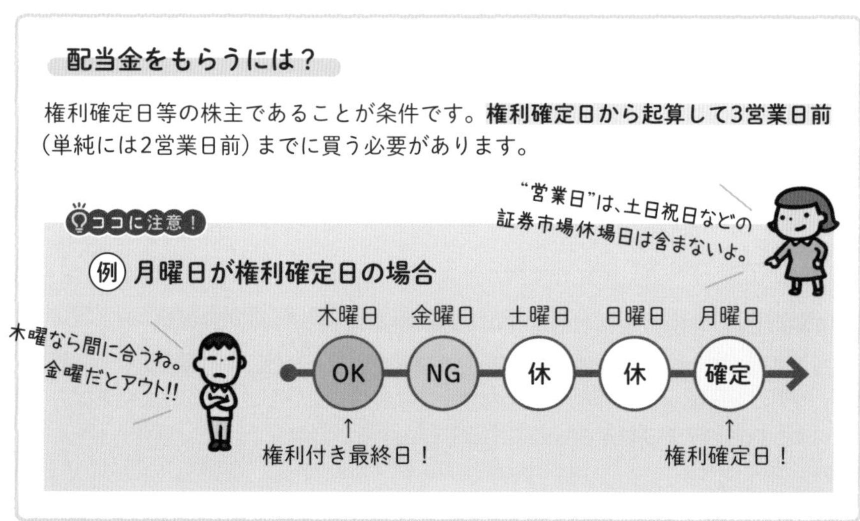

仮に３月末決算の会社で、３月31日が日曜日の場合はどうなるの？

その場合は証券市場が営業する最終日３月29日（金）が権利確定日となり、その日を含めて３営業日前（単純には２営業日前）である３月27日までに買う必要があります。

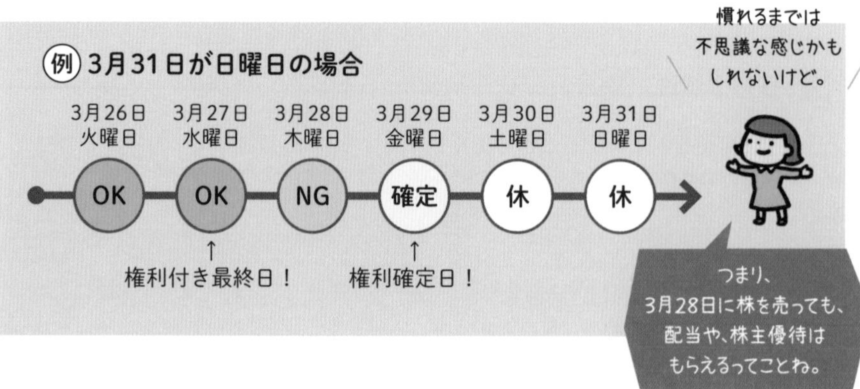

EXERCISE

過去問で得点力を
身につけよう

過去問 (22年1月)

東京証券取引所に上場している株式会社LYは、2月末日が決算日および株主配当金の基準日である。株式会社LYの202X年2月期の株主配当金の権利が得られる最終の買付日として、正しいものはどれか。なお、解答に当たっては、下記のカレンダーを使用すること。また、202X年は、2020年以降の年であるものとする。

202X年　2月／3月						
日	月	火	水	木	金	土
2/21	22	23(祝)	24	25	26	27
28	3/1	2	3	4	5	6

※ 網掛け部分は、市場休業日である。

1.　2月22日
2.　2月24日
3.　2月25日
4.　2月26日

解答・解説

2月末が決算日、株主配当金の基準日である場合、通常は2月の最終日が権利確定日となりますが、以上のように2月最終日が土日等、市場が休業日の場合は2月の最後の市場営業日である2月26日が権利確定日となります。

この問題は、2月最終日の2月28日が日曜日だもんね

その日を含めて3営業日(単純には2営業日)前である2月24日が権利付最終日になります。

よって…

2

LESSON 28 株式の投資指標って？

株式の投資指標で、株価が割高（割安）なのか、収益性が高い（低い）のか、配当金等の水準は高い（低い）のかなどを分析して、株式の購入（売却）の判断に活用します。

覚えよう！ 5つの投資指標！

PER 株価収益率	PBR 株価純資産倍率	ROE 自己資本利益率	配当利回り	配当性向

投資指標の計算式

PER（倍）<株価収益率> ＝ PのEに対するR（割合）＝ 株価÷1株純利益 ＝ P／E

※ここでの利益はE＝Earnings

PBR（倍）<株価純資産倍率> ＝ PのBに対するR（割合）＝ 株価÷1株純資産 ＝ P／B

利益(E)や
資産価値(B)の割に
株価(P)が安い！

価格(P)の利益(E)や純資産(B)に対する割合(R)を表し、数値が小さい方が割安と判断されるよ。

ROE（％）<自己資本利益率> ＝ 純利益(R)÷自己資本(E)×100

※ここでの利益はR＝Return

ROEは自己資本に
対する割合だからね

少ない元手で多くの利益を得た方が商売上手！
ROEは数値が高い方が収益性が高いことを示しているよ。

配当利回り（％）＝ 1株年間配当金÷株価×100

配当性向（％）＝ 配当金÷純利益×100

分け前は
たくさん欲しいよね～

配当利回りと配当性向は、配当金から分析する指標だよ。

このポイントを覚えよう！

株式の投資尺度

PER（株価収益率）	株価÷１株当たり純利益	数値が小さい方が割安
PBR（株価純資産倍率）	株価÷１株当たり純資産	数値が小さい方が割安
ROE（自己資本利益率）	純利益÷自己資本×100	数値が高いほど、収益性が高い
配当利回り	１株配当金÷株価×100	−
配当性向	配当金÷純利益×100	数値が高いほど、配当による株主への還元が多い

ちなみに、5つの投資尺度は、
どれも用語の頭文字（P、R、配）が
計算式の分子になるのよ！

2級では以下の点に気をつけよう！
大事なポイントだよ！

- [x] １株あたりの利益、１株あたりの純資産、１株あたりの配当金を求めるには、株数で割るよ！
- [x] 経常利益、営業利益、当期純利益など、色々な利益が書いてあるけど、PER、ROE、配当性向の計算では、当期純利益を使うよ！
- [x] PBRの計算では、総資産ではなく、純資産を使うよ！

“総”と“純”、同じ糸偏で
読み間違えやすいから要注意!!

- [x] ROEや自己資本比率の計算で使う「自己資本」とPBRの計算で使う「純資産」は同じ前提で出ることが多いよ！

EXERCISE 過去問で得点力を身につけよう

過去問（23年5月）

下記＜X社のデータ＞に基づき算出される投資指標に関する次の記述のうち、最も不適切なものはどれか

＜X社のデータ＞

株価	2,700円
発行済株式数	0.5億株
売上高	2,000億円
経常利益	120億円
当期純利益	75億円
自己資本（＝純資産）	2,500億円
配当金総額	30億円

1. ROEは、3.75％である。
2. PERは、18倍である。
3. PBRは、0.54倍である。
4. 配当性向は、40％である。

解答・解説

1．不適切　ROEは、当期純利益÷自己資本×100で求めます。
→ 75億円÷2,500億円×100＝3％

2．適切　PERは、株価÷1株当期純利益で求めます。
→ 1株当期純利益＝75億円÷0.5億株＝150円
→ 2,700円÷150円＝18倍

経常利益じゃないよ。
株数で割ってね！

3．適切　PBRは、株価÷1株純資産で求めます。
→ 1株純資産＝2,500億円÷0.5億株＝5,000円
→ 2,700円÷5,000円＝0.54倍

株数で割ろう！

4．適切　配当性向＝配当金÷当期純利益×100で求めます。
→ 30億円÷75億円×100＝40％

よって…  答　1

過去問（23年1月）

下記＜資料＞に関する次の記述の空欄（ア）、（イ）にあてはまる語句の組み合わせとして、最も適切なものはどれか。

＜資料＞

	PX株式	PY株式
株価	840円	5,200円
1株当たり利益	70円	325円
1株当たり純資産	800円	4,000円
1株当たり年間配当金	10円	80円

・PX株式のPBR（株価純資産倍率）は、（ ア ）倍である。
・PX株式とPY株式の配当利回りを比較した場合、（ イ ）株式の方が高い。

1. （ア）0.95　（イ）PX
2. （ア）0.95　（イ）PY
3. （ア）1.05　（イ）PX
4. （ア）1.05　（イ）PY

解答・解説

（ア）PBRは、株価÷1株純資産で求めます。
→840円÷800円＝1.05

（イ）配当利回り＝1株配当金÷株価×100で求めます。
→PX＝10円÷840円×100≒1.2％
→PY＝80円÷5,200円≒1.5％
よって、PY株式のほうが高くなります。

よって… 

4

外貨預金を計算しよう

外貨預金は日本円を外貨に換える際、為替手数料がかかるため、見た目よりも儲けが少なくなります。利率が高くても、運用期間が短い場合は増える割合は小さくなります。

外貨預金で運用するときの注意点！

注意点は3つあるよ！

1 日本円を外貨に換えるときのレートはTTS、外貨を日本円に戻すときの為替レートはTTBを使います。

TTSは両替手数料の分、高く設定されているよ。
TTBは両替手数料の分、安くなっているよ。

例 為替レート
1ドル＝140円の場合

TTS	TTM	TTB
141円	140円	139円

英語表記は、金融機関から見た表現ね！

SはSell、BはBuyの略だよ。

2 運用期間が短い場合、増える割合は小さくなります。

例 年利6％で表示されている場合

- 運用期間＝1年 ⇨ 外貨で6％増える！
- 運用期間＝6カ月 ⇨ 6％×6/12＝3％　外貨で3％増える！
- 運用期間＝3カ月 ⇨ 6％×3/12＝1.5％　外貨で1.5％増える！

3 増えた分について、利子は20.315％の源泉分離課税、為替差益は通常、雑所得で課税されます。

試験では、考えなくてもよい問題や
税率20％で出ることもあるけどね。

LECTURE 過去問の着眼点を理解しよう

過去問 （21年5月）

下記＜資料＞の外貨定期預金について、満期時の外貨ベースの元利合計額を円転した金額を計算しなさい。なお、計算結果（円転した金額）について円未満の端数が生じる場合は切り捨てること。また、解答に当たっては、解答用紙に記載されている単位に従うこと。

＜資料＞

・預入額：10,000豪ドル
・預入期間：12カ月
・預金金利：0.4％（年率）
・為替レート（1豪ドル）

	TTS	TTM（仲値）	TTB
満期時	75.60円	75.10円	74.60円

注1：利息の計算に際しては、預入期間は日割りではなく月割りで計算すること。
注2：為替差益・為替差損に対する税金については考慮しないこと。
注3：利息に対しては、豪ドル建ての利息額の20％（復興特別所得税は考慮しない）相当額が所得税・住民税として源泉徴収されるものとすること。

step 1 外貨建ての利息を求めます。（問題では年率表示。運用期間は1年）
→ 10,000ドル×0.4％×12/12＝40ドル

step 2 税（20％）引き後の利息を求めます。（20％を引きます）
→ 40ドル×20％＝8ドルの税金が引かれるので、
残りは、40ドル－8ドル＝32ドル

step 3 元本と税引き後の利息を円に戻します。（TTBレートを使用）
→ 10,032ドル×74.6＝748,387円

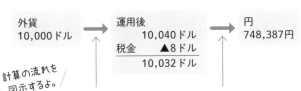

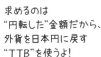

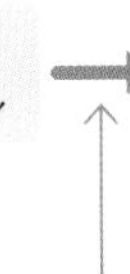

よって…  答 **748,387円**

EXERCISE 過去問で得点力を身につけよう

過去問（22年5月）

篤志さんは下記<資料>のKM銀行の外貨定期預金キャンペーンに関心を持っている。この外貨定期預金について、満期時の外貨ベースの元利合計額を円転した金額として、正しいものはどれか。

<資料>

・預入額：10,000米ドル
・預入期間：1カ月
・預金金利：6.0%（年率）
・為替レート（1米ドル）

	TTS	TTM（仲値）	TTB
満期時	112.00円	111.00円	110.00円

※利息の計算に際しては、預入期間は日割りではなく月単位で計算すること。
※為替差益・為替差損に対する税金については考慮しないこと。
※利息に対しては、米ドル建ての利息額の20%（復興特別所得税は考慮しない）相当額が所得税・住民税として源泉徴収されるものとすること。
※計算過程において、小数点以下の端数が発生した場合は、小数点以下第3位を四捨五入すること。

1.　1,152,800円　　2.　1,124,480円
3.　1,105,500円　　4.　1,104,400円

解答・解説

外貨建ての利息を求めます。（問題では年率表示。運用期間は1カ月）
→ 10,000ドル × 6% × 1/12 = 50ドル

税（20%）引き後の利息を求めます。（20%を引きます）
→ 50ドル × 20% = 10ドルの税金が引かれるので、
残りは50ドル − 10ドル = 40ドル

元本と税引き後の利息を円に戻します。（TTBレートを使用）
→ 10,040ドル × 110 = 1,104,400円

よって…  4

過去問（23年9月）

以下の＜条件＞で、円貨を米ドルに交換して米ドル建て定期預金に10,000米ドルを預け入れ、満期時に米ドルを円貨に交換して受け取る場合における円ベースでの利回り（単利・年率）として、最も適切なものはどれか。なお、税金については考慮しないものとし、計算結果は表示単位の小数点以下第３位を四捨五入するものとする。

＜条件＞

・預入期間：１年
・預金金利：3.00％（年率）
・為替予約なし
・為替レート（米ドル／円）

	TTS	TTB
預入時	130.00円	129.00円
満期時	135.00円	134.00円

１．3.17％　　２．4.79％　　３．6.17％　　４．7.79％

解答・解説

日本円→外貨
円から外貨に両替するレートはTTSです。
10,000ドル預けるには、１万ドル×130＝130万円必要です。

外貨を運用
１年間、年利3.00％で運用すると３％増えるので10,300ドルになります。この問題では税金は考慮不要です。

外貨→日本円
外貨から日本円に両替するレートはTTBなので、
10,300ドル×134＝1,380,200円となります。

利回りを求める
１年あたりのもうけ※を投資元本で割って求めます。
１年間運用したもうけは、1,380,200円－1,300,000円＝80,200円
➡ 80,200円÷1,300,000円×100≒6.17％

円 1,300,000円 → ドル 10,000ドル → 運用後ドル 10,300ドル → 円 1,380,200円

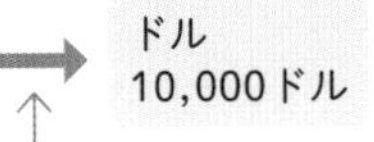

TTSを適用　　運用期間の利息を計算　　TTBを適用

よって… **答 3**

※仮に１カ月の運用なら運用益×12、３カ月の運用なら運用益×４、６カ月の運用なら運用益×２で求めます。

株式等の譲渡所得を計算しよう

株式等の譲渡所得は、「譲渡収入金額－（取得費＋譲渡費用）」で求めます。この取得費に含まれる株式の取得価額の計算が出題されます。

同じ株式（銘柄）を2回以上に分けて購入した場合、1株あたりの取得価額は どうなるの？

同一銘柄の上場株式を２回以上にわたって購入している場合の購入単価は「**それまでの取得費の合計÷保有株式数**」で計算します。

正式には「総平均法に準ずる方法」っていうよ。

例 900円で100株、1,200円で200株購入した場合

取得費の合計は900円×100株＋1,200円×200株＝33万円、株式数は300株

⇨ 購入単価は1,100円！

じゃあ、100株売った後、また、1,000円で200株購入した場合は？

100株売った後、取得価額は1,100円、株式数200、取得費は合計22万円。その後1,000円で200株購入すると、株式数は400、取得費は22万円＋20万円＝42万円なので、１株の取得価額は42万円÷400＝1,050円となります。

	株式数	取得費
100株売却後	200	@1,100×200＝22万円
200株取得	200	@1,000×200＝20万円
	400	42万円

１株当たり取得価額
42万円÷400＝1,050円

ココに注意！

譲渡所得の計算上、株式売買の委託手数料や投資信託の購入時手数料は取得費に含まれますが、１株当たりの取得価額、投資信託の個別元本には含まれません。

LECTURE

過去問の着眼点を
理解しよう

過去問（24年1月）

雅之さんが20X1年から20X3年の間に行った国内公募追加型株式投資信託RQファンドの取引は、下記＜資料＞のとおりである。20X3年末時点におけるRQファンドの個別元本（1万口当たり）として、正しいものはどれか。なお、記載のない事項については一切考慮しないものとする。

＜資料＞

取引年月	取引内容	基準価額（1万口当たり）	購入時手数料等（消費税込み、外枠）
20X1年5月	250万口購入	10,000円	55,000円
20X2年9月	100万口売却	11,000円	−
20X3年3月	50万口購入	12,000円	13,200円

1. 10,500円
2. 10,731円
3. 11,000円
4. 11,242円

取引口数と基準価額を
時系列で確認!

投資信託の個別元本も株式の1株当たりの取得価額と同様に「取得費÷保有口数」で計算します。

購入時手数料や売買委託手数料は
株式の譲渡所得の取得費には含むけど、
個別元本や取得価額には含まれないからね。

	口数	取得費
20X2年9月売却後	150万口	150×10,000＝150万円
20X3年3月	50万口	50×12,000＝60万円
	200万口	210万円

1万口あたりの個別元本
＝210万円÷200＝10,500円

よって…  答 1

EXERCISE
過去問で得点力を
身につけよう

過去問 （22年9月）

20X2年５月18日、QZ株式会社（以下「QZ社」という）は、QA株式会社（以下「QA社」という）を吸収合併した。下記＜資料＞は、井川さんが同一の特定口座内で行ったQA社とQZ社の株式取引等に係る明細である。井川さんが20X2年９月９日に売却したQZ社の1,000株について、譲渡所得の**取得費の計算の基礎となる１株当たりの取得価額**として、正しいものはどれか。なお、計算結果について円未満の端数が生じる場合は切り捨てること。

＜資料１＞

取引日等	取引種類等	銘柄	株数（株）	約定単価（円）
20X0年9月17日	買付	QA社	3,000	2,520
20X1年11月5日	買付	QA社	2,000	3,060
20X2年5月18日	会社合併比率 QA社：QZ社 1：1.2	–	–	–
20X2年9月9日	売却	QZ社	1,000	2,650

※売買手数料および消費税については考慮しないこととする。
※その他の記載のない条件については一切考慮しないこととする。

１．　2,280円　　２．　2,520円　　３．　2,650円　　４．　2,736円

解答・解説

ＱＡ社株数

	株数	取得費
20X0年9月17日	3,000	3,000×2,520円＝756万円
20X1年11月5日	2,000	2,000×3,060円＝612万円
合計	5,000	1,368万円

20X2年5月18日にＱＡ社株式をＱＺ社株式1：1.2で、ＱＺ社株式にすると、
株数は5,000×1.2＝6,000株になります。

取得費は変わらないので、1株の取得価額は
→1,368万円÷6,000株＝2,280円となります。

よって…

答　1

過去問 (24年1月)

雅之さんは、20XX年10月に購入した国内公募追加型株式投資信託RRファンドの売却を検討している。下記<資料>に基づき、RRファンドを一部解約した場合の譲渡所得の金額として、正しいものはどれか。なお、解答に当たっては、円未満の端数が生じた場合には、円未満の端数を切り捨てること。

<資料>

［購入時の条件］

口数（当初1口＝1円）	240万口
基準価額（1万口当たり）	8,950円
購入時手数料率（消費税込み、外枠）	2.20％

［解約時の条件］

口数（当初1口＝1円）	120万口
基準価額（1万口当たり）	9,752円
解約時手数料	なし

1．48,984円
2．58,090円
3．72,612円
4．96,240円

解答・解説

解約時手数料（信託財産留保額等）があれば引くよ！

株式、株式投資信託等の譲渡所得は
「譲渡収入金額－（取得費＋譲渡費用）」で求めます。
譲渡収入金額＝9,752円×120＝1,170,240円

取得費＝8,950円×120＋購入時手数料8,950円×120×2.2％＝1,097,628円

売るのは半分だから、購入時手数料も半分だけ取得費になるよ

譲渡費用はないので、譲渡所得は
→1,170,240円－1,097,628円＝72,612円となります。

よって…

答 3

特定口座年間取引報告書の見方

上場株式の譲渡所得、配当所得について、特定口座（源泉徴収口座）では通常、**所得税15%、住民税5%が源泉徴収**されますが、**特定口座（源泉徴収口座）**では、特に手続きをしなくても**口座内の譲渡損失と配当所得が損益通算**されます。

ここでは復興特別所得税は考慮しないものとするよ!

損益通算　具体的な流れ

年末に、譲渡所得と配当所得が損益通算され、**配当所得から源泉徴収されていた所得税、住民税が還付**されます。

例 譲渡損失が100万円で、配当所得が30万円の場合

損益通算すると、配当所得もゼロとなるから、配当所得から差し引かれた所得税、住民税は全部戻ってきます。

でも、譲渡所得の損失70万円が残ってしまったよ…

確定申告をすれば、他の口座の上場株式等の配当所得や譲渡所得、特定公社債の利子所得や譲渡所得とも損益通算でき、翌年以降最長で3年にわたって繰越しできます！

ココに注意！

- 給与所得、不動産所得、事業所得とは通算できません。
- NISA口座の譲渡益、配当金は非課税なので、損益通算もできません。

EXERCISE

過去問で得点力を
身につけよう

過去問（23年5月）

裕子さんが取引をしている国内の証券会社から送付された20XX年分の特定口座年間取引報告書（一部）が下記<資料>のとおりである場合、次の記述の空欄（ア）～（ウ）に入る適切な数値を語群の中から選び、その番号のみを解答欄に記入しなさい。なお、同じ番号を何度選択してもよいこととする。また、復興特別所得税については考慮しないこと。

<資料>

①譲渡の対価の額（収入金額）	②取得費及び譲渡に要した費用の額等	③差引金額（譲渡所得等の金額（①－②））
2,800,000	3,000,000	（各自計算）

	種類	配当等の額	源泉徴収税額（所得税）	配当割額（住民税）	特別分配金の額
特定上場株式等の配当等	④株式、出資又は基金	100,000	（各自計算）	（各自計算）	
	⑤特定株式投資信託				
	⑥投資信託又は特定受益証券発行信託（⑤、⑦及び⑧以外）				
	⑦オープン型証券投資信託	200,000	（各自計算）	（各自計算）	
	⑧国外株式又は国外投資信託等				
	⑨合計（④＋⑤＋⑥＋⑦＋⑧）	300,000	（各自計算）	（　ア　）	
	⑩公社債				
	⑮合計（⑩＋⑪＋⑫＋⑬＋⑭）				
	⑯譲渡損失の金額	（各自計算）			
	⑰差引金額（⑨＋⑮－⑯）	（　イ　）			
	⑱納付税額		（　ウ　）	（省略）	
	⑲還付税額（⑨＋⑮－⑱）		（省略）	（省略）	

<語群> 1．-100,000　2．0（ゼロ）　3．5,000　4．15,000　5．20,000
6．30,000　7．45,000　8．60,000　9．100,000

解答・解説

譲渡所得は、280万円－300万円＝▲20万円。

配当所得は30万円なので、所得税45,000円（15％）、住民税（ア）15,000円（５％）が源泉徴収等されています。

配当所得と譲渡所得は口座内で自動的に損益通算されて、配当所得は（イ）10万円（▲20万円＋30万円）になり、10万円に対して所得税が15％、（ウ）15,000円、住民税は5％、5,000円が納付されます。

よって…

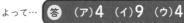

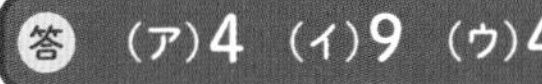

LESSON
32

投資信託の分配金の税金は?

公募株式投資信託の税金は、基本的に上場株式と同じですが、分配金の課税方法が少し違います。

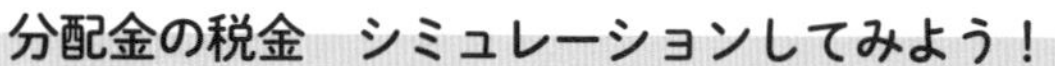

分配金の税金　シミュレーションしてみよう！

投資信託を
10,500円で
買ったよ!
ゼイタロウです

私はその投資信託、
11,200円で
買ったわ…
カネコです

現時点で1万口あたり基準価額12,000円かつ分配金1,000円の場合…

ゼイタロウさんの場合		カネコさんの場合
10,500円	購入金額（個別元本）	11,200円
12,000円	分配前基準価額	12,000円
1,000円	分配金	1,000円

1,500円の儲け！

800円の儲け！

分配金は同じ額が支給されるよ

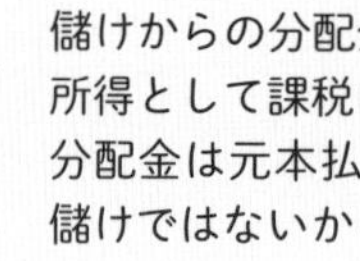
カネコさんは
儲けよりも
分配金の方
が多いね…。

儲けからの分配金を普通分配金といい、配当所得として課税されるよ。儲けでない部分の分配金は元本払戻金（特別分配金）といい、儲けではないから非課税なんだ。

ゼイタロウさんの場合		カネコさんの場合
1,000円全額 普通分配金（配当所得）		普通分配金800円（配当所得） 元本払戻金200円（非課税）
変更なし（10,500円）	分配後個別元本	11,000円 （11,200円－200円）
11,000円 （12,000円－1,000円）	分配後基準価額	11,000円 （12,000円－1,000円）

元本払戻金の金額分、個別元本が小さくなるよ

その名の通りね

LECTURE

過去問の着眼点を理解しよう

このポイントを覚えよう！

追加型公募株式投資信託の分配金

普通分配金	個別元本を上回る基準価額から支払われる分配金	配当所得
元本払戻金 特別分配金	分配落ち後の基準価額＜個別元本となる場合、下回る部分からの分配金	非課税

過去問（22年5月）

長谷川さんは、保有しているRM投資信託（追加型国内公募株式投資信託）の収益分配金を20XX年２月に受け取った。RM投資信託の運用状況が下記＜資料＞のとおりである場合、**収益分配後の個別元本**として、正しいものはどれか。

＜資料＞

［長谷川さんが保有するＲＭ投資信託の収益分配金受取時の状況］
収益分配前の個別元本：15,750円
収益分配前の基準価額：16,500円
収益分配金　　　　　：1,000円
収益分配後の基準価額：15,500円

1.　15,000円
2.　15,500円
3.　15,750円
4.　16,500円

まずは分配前時点で
儲けた額を確認するよ

分配前の基準価額16,500円＞個別元本15,750円だから、
分配前の時点で750円儲かっています。

儲けよりも分配金の方が
多いケースね

収益分配金が1,000円出ますので
・750円が儲けとしての分配金（普通分配金・配当所得）
・残りの250円が元本払戻金（特別分配金・非課税）

元本払戻金の分、個別元本が小さくなるので、分配後の個別元本は
→ 15,750円－250円＝15,500円となります。

よって…  答 2

LESSON 33

ポートフォリオ理論 ～期待収益率・シャープレシオ～

ポートフォリオの目指すところは、利益の最大化ではなく、**利益の安定化**です。そのために、効果的に分散投資をすることが大切です。

ポートフォリオの期待収益率

期待収益率は、個々の**投資割合×期待収益率を求めて、合計**します。

100万円を40万円と60万円に分けて投資したよ。
40万円に対する利益が10％、60万円に対する利益が５％。
だから…利益は全部で７万円だ！

えっと…、40万円×10％＋60万円×5％＝7万円！

正解！ さすがだね。
この計算を、「加重平均で求める」というよ。

分散投資で利益の安定化を追求！

集中投資	分散投資
利益は最大化！ でもリスク大… 	利益は安定！ リスクも 小さい！ 

ポートフォリオは
利益の安定化重視！

シャープレシオってなに？

より小さなリスクで、より大きなリスクに応じたリターンが得られるといいなぁ…

➡ シャープレシオは、その１つの指標です。

リスクに応じた
リターン

リスク

シャープレシオ＝（ポートフォリオ全体の収益率－無リスク資産利子率）÷標準偏差

この数値は、より小さいリスク（分母）で、より多くのリスクに応じたリターン（分子）が得られていると判断できます。

数値が大きいほど、
パフォーマンスがよかった！
ってことね！

LECTURE 過去問の着眼点を理解しよう

このポイントを覚えよう！

ポートフォリオ理論

期待収益率	分散投資した場合、加重平均値（それぞれの投資割合×期待収益率を求め、合計した数値）
相関係数	複数の証券等間の値動きの関係を１から－１の数値で表したもの －１　ポートフォリオ効果は最大（逆相関） ＋１　リスクは加重平均値（純相関）、ポートフォリオ効果はない
シャープレシオ	（全体の収益率－安全資産利子率）÷標準偏差

過去問（23年5月）

Ａさんは、預金、債券、株式でポートフォリオを組んだが、その後各資産の構成比の見直しを行った。Ａさんのポートフォリオが下表のとおりであった場合、Ａさんの見直し前のポートフォリオの期待収益率と見直し後のポートフォリオの期待収益率の差（見直し後の期待収益率－見直し前の期待収益率）として、最も適切なものはどれか。

資産	期待収益率	標準偏差	見直し前のポートフォリオの構成比	見直し後のポートフォリオの構成比
預金	0.10%	0.00%	60%	20%
債券	2.00%	3.00%	20%	30%
株式	8.00%	20.00%	20%	50%

1．　0.486％
2．　2.060％
3．　2.560％
4．　4.620％

預金、債券、株式、それぞれの期待収益率を求めて合計するよ！

期待収益率はそれぞれ組入比率×収益率を計算して、合計します。

・見直し前 → 0.1％×60％＋2.0％×20％＋8.0％×20％＝2.06％
・見直し後 → 0.1％×20％＋2.0％×30％＋8.0％×50％＝4.62％

見直し前と見直し後の差は
→ 4.62％－2.06％＝2.56％

よって…  3

EXERCISE 過去問で得点力を身につけよう

過去問（22年9月）

下記＜資料＞に基づくファンドＡとファンドＢの過去３年間の運用パフォーマンスの比較評価に関する次の記述の空欄（ア）～（ウ）にあてはまる語句または数値の組み合わせとして、最も適切なものはどれか。

＜資料＞ファンドＡとファンドＢの過去３年間の運用パフォーマンスに関する情報

ファンド名	実績収益率の平均値	実績収益率の標準偏差
ファンドＡ	4.20％	4.00％
ファンドＢ	8.80％	12.00％

> 無リスク金利を1.0％として、＜資料＞の数値によりファンドＡのシャープレシオの値を算出すると（ア）となり、同様に算出したファンドＢのシャープレシオの値は（イ）となる。両ファンドの運用パフォーマンスを比較すると、過去３年間は（ウ）の方が効率的な運用であったと判断される。

1．（ア）1.05　（イ）0.73　（ウ）ファンドＡ
2．（ア）1.05　（イ）0.73　（ウ）ファンドＢ
3．（ア）0.80　（イ）0.65　（ウ）ファンドＡ
4．（ア）0.80　（イ）0.65　（ウ）ファンドＢ

解答・解説

シャープレシオは
（ポートフォリオ全体の収益率－無リスク資産収益率）÷標準偏差　で求めます。

（ア）ファンドＡのシャープレシオ →（4.2－1.0）÷4.0＝0.8
（イ）ファンドＢのシャープレシオ →（8.8－1.0）÷12.0＝0.65
（ウ）数値が高いほど、より少ないリスクで、より多くのリスクに応じたリターンをあげていると判断できるので、ファンドＡのほうが効率的な運用となります。

よって… 3

過去問（22年1月）

宮野さんは、投資信託への投資を検討するに当たり、FPの阿久津さんから候補である3ファンドの過去3年間の運用パフォーマンスについて説明を受けた。FPの阿久津さんが下記<資料>に基づいて説明した内容の空欄（ア）、（イ）にあてはまる数値または語句の組み合わせとして、最も適切なものはどれか。

<資料>

ファンド名	収益率	標準偏差
ファンドA	6.50%	10.00%
ファンドB	8.00%	7.50%
ファンドC	9.50%	18.00%

※無リスク金利は0.5%とする。

<FPの阿久津さんの説明>

- 「ポートフォリオの運用パフォーマンスの評価の一つとして、シャープレシオがあります。」
- 「ファンドAのシャープレシオは（ ア ）となります。」
- 「最も収益率が高いのはファンドCですが、投資効率をシャープレシオの観点から考えると、最も効率的なのは（ イ ）といえます。」

1．（ア）0.6　（イ）ファンドB　　2．（ア）0.65　（イ）ファンドB
3．（ア）0.6　（イ）ファンドC　　4．（ア）0.65　（イ）ファンドC

解答・解説

シャープレシオは
（ポートフォリオ全体の収益率－無リスク資産収益率）÷標準偏差　で求めます

（ア）ファンドAのシャープレシオ →（6.5－0.5）÷10.0＝0.6
ファンドBのシャープレシオ →（8.0－0.5）÷7.5＝1.0
ファンドCのシャープレシオ →（9.5－0.5）÷18.0＝0.5

（イ）数値が最も大きい場合が、より小さいリスクで、より多くのリスクに応じたリターンを上げていると判断できるので、ファンドBが最も効率的といえます。

よって…

答　1

金融機関が破綻してしまったら？

銀行や証券会社が破綻した場合には一定の保護制度があります。

銀行が破綻！ 保護される対象は？

国内に本店がある銀行が破綻した場合、全額保護される預金、1預金者あたり1,000万円と利息まで保護される預金、保護されない預金があります。

決済用預金	普通・定期預金	外貨預金
全額保護	1,000万円までと利息	保護されない

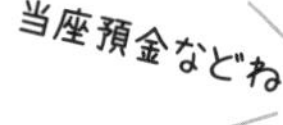

決済用預金とは、無利息、いつでも引き出し可(要求払)、口座振替できる(決済サービスの提供)の3条件を満たすものだよ。

ココに注意！

銀行は日本投資者保護基金には入っておらず、預金保険では投資信託は保護しないので、銀行で買った投資信託は、預金保険でも日本投資者保護基金でも保護されません。

預金保険制度の預金保護

全額保護	決済用預金 (当座預金、決済用普通預金、振替貯金)
1預金者当たり 元本1,000万円までと利子を保護	普通預金、定期預金など
付保対象外	外貨預金など

EXERCISE 過去問で得点力を身につけよう

過去問（22年5月）

下記＜資料＞は、20XX年4月28日時点の室井さん夫婦（隆雄さんと美也子さん）のMV銀行（日本国内に本店のある普通銀行）における金融資産（時価）の一覧表である。この時点においてMV銀行が破綻した場合に、預金保険制度によって保護される金融資産の金額に関する次の記述の空欄（ア）、（イ）にあてはまる数値を解答欄に記入しなさい。

＜資料＞

		室井　隆雄	室井　美也子
MV銀行 ab支店	普通預金	120万円	40万円
	定期預金（固定金利）	420万円	280万円
	投資信託	－	150万円
	財形貯蓄（定期預金）	380万円	－
MV銀行 cd支店	普通預金	20万円	10万円
	定期預金（変動金利）	－	60万円
	外貨預金	40万円	50万円

※隆雄さんおよび美也子さんはともに、MV銀行からの借入れはない。
※普通預金は決済用預金ではない。
※預金の利息については考慮しないこととする。
※MV銀行は過去1年以内に他行との合併等を行っていないこととする。

・隆雄さんの金融資産のうち、預金保険制度によって保護される金額は（ア）万円である。
・美也子さんの金融資産のうち、預金保険制度によって保護される金額は（イ）万円である。

解答・解説

決済用預金は「①無利息、②要求払、③決済サービスの提供」の３条件すべてを満たした預金で、全額保護されます。
それ以外の保護対象預金（設問の場合、定期預金、財形貯蓄（定期預金）、普通預金（利付））は預金者１人あたり元本1,000万円とその利息について保護されます。なお、外貨預金は保護対象外、投資信託も保護されません。

（ア）隆雄さん　120万円＋420万円＋380万円＋20万円＝940万円＜1,000万円
→ 940万円が保護されます。

（イ）美也子さん　40万円＋280万円＋10万円＋60万円＝390万円＜1,000万円
→ 390万円が保護されます。

よって…  答 （ア）940 万円　（イ）390 万円

タックスプランニング

その名のとおり「税金」に特化した科目です。他の全ての科目と関係するので最重要科目といえます。特に、所得税は、概要のほか、所得金額から所得税額を求めるまでの流れと、各段階の計算方法を詳細に学びます。

傾向と対策

所得税は、所得の計算から税額計算までの流れを把握しましょう。要所ごとにポイントを押さえて攻略します。単純にいえば「いくらのもうけがあったか（所得の計算）」から「いくら引けるか（損益通算、各控除）」、「いくら納税するか（申告）」です。10種類の所得のうち主要なもの、所得控除、税額控除など、それぞれ1つずつ丁寧に押さえましょう。

頻出論点

- 所得の計算（給与、退職、不動産、事業、雑、一時）
- 減価償却費
- 総所得金額
- 損益通算
- 医療費控除
- 人的控除
- 源泉徴収票

所得税を算出するまでの
流れを把握することが大事！

控除の種類による
適用ルールをひととおり
理解しておこうっと！

源泉徴収票の見方は
実生活にも役立つね。
ああ、こんなに
税金引かれてたんだ…

LESSON 35

青色申告者の事業所得を計算しよう

事業所得は、**収入－必要経費**（－青色申告特別控除）で求めます。

何が“必要経費”なの？

自営業の所得は「収入－必要経費」で求めます。
必要経費になるもの、ならないものには、以下のようなものがあります。

必要経費になる！

- ☑ 借入金返済の利息部分
- ☑ 事業税、固定資産税などの税金
- ☑ 減価償却費
- ☑ 売上原価

必要経費にならない…

- ☑ 借入金返済の元本部分
- ☑ 所得税、住民税

売上原価の計算方法

売上原価は、簡単にいえば、期初（1月1日）の在庫に今年の仕入れを足して、期末（12月31日）の在庫を引いて求めることができます。

1月1日時点の在庫

商品段ボール2個！

＋

今期の仕入れ

商品段ボール10個！

－

12月31日時点の在庫

商品段ボール3個！

つまり、9個分が売上原価になるわけね！

ココに注意！

青色申告の場合、青色事業専従者に対する給与は通常、経費になり、さらに最大65万円の青色申告特別控除（期限後の場合は最大10万円）を引くことができます。

LECTURE 過去問の着眼点を理解しよう

このポイントを覚えよう！

事業所得の必要経費

売上原価	期初棚卸高＋今期仕入れ－期末棚卸高
減価償却費	税務署に届出がなければ定額法 新規取得の建物は定額法 定額法の場合＝取得価額×定額法償却率×業務供用月数÷12 定率法の場合（原則）＝期初帳簿価額×定率法×業務供用月数÷12

必要経費になるもの、ならないもの

必要経費となるもの	必要経費とならないもの
多くの税金（固定資産税、事業税など） 借入金の利子、減価償却費 交際費	所得税、住民税 借入金の元本返済

これらが出題されやすいものだから、要チェックだよ！

不・事・山はこの3所得の語呂でよく出るよ

青色申告

適用対象者	不動産所得、事業所得、山林所得を生ずる業務を行っている者
手続き期限	原則、適用を受けたい年の３月15日まで １月16日以降に開業の場合、開業から２カ月以内
帳簿保存	原則７年間
主な特典	純損失の繰越控除（翌年以降３年間） 純損失の繰戻還付 棚卸資産の評価における低価法の選択 ～事業所得、事業的規模で不動産を貸付の場合～ 一定要件のもと、青色事業専従者給与を必要経費に算入できる **最高55万円（電子申告等の場合は65万円）**の青色申告特別控除を適用できる（上記要件を満たさない場合は最高10万円）

EXERCISE 過去問で得点力を身につけよう

過去問 (23年9月)

下記<資料>は、克典さんの本年分の所得税の確定申告書に添付された損益計算書である。<資料>の空欄（ア）にあてはまる克典さんの本年分の事業所得の金額の数値として、正しいものはどれか。なお、克典さんは青色申告の承認を受けており、青色申告決算書（貸借対照表を含む）を添付し、国税電子申告・納税システム（e-Tax）を利用して電子申告を行うものとする。

<資料>

［損益計算書］

科目			金額（円）
売上（収入）金額（雑収入を含む）		①	40,000,000
売上原価	期首商品棚卸高	②	2,500,000
	仕入金額	③	24,000,000
	小計	④	26,500,000
	期末商品棚卸高	⑤	3,000,000
	差引原価	⑥	23,500,000
差引金額		⑦	＊＊＊
経費	減価償却費	⑱	500,000
	～ 省略 ～		
	雑費	㉛	100,000
	計	㉜	5,000,000
差引金額		㉝	＊＊＊

科目				金額（円）
各種引当金・準備金等	繰戻額等	貸倒引当金	㉞	0
			㉟	
			㊱	
		計	㊲	0
	繰入額等	専従者給与	㊳	1,800,000
		貸倒引当金	㊴	0
			㊵	
			㊶	
		計	㊷	1,800,000
青色申告特別控除前の所得金額			㊸	＊＊＊
青色申告特別控除額			㊹	650,000
所得金額			㊺	（ ア ）

※問題作成の都合上、一部を「＊＊＊」にしてある。

1．　9,050,000
2．　9,700,000
3．10,850,000
4．11,500,000

解答・解説

青色申告者の事業所得＝収入－必要経費－青色申告特別控除、で求めます。

では、必要経費を確認していくよ。

必要経費

・売上原価　②＋③（＝④）－⑤＝⑥　→ ⑥だけでOK！
・経費　㉜
・引当金　専従者給与㊳＝㊷

青色申告特別控除　㊹

青色申告特別控除も
引けるのね

収入は①なので、

⇨ 40,000,000－（23,500,000＋5,000,000＋1,800,000）－650,000＝9,050,000円

よって…  **1**

LESSON
36

減価償却費を計算しよう

価格が高く、長く使えて、時間が経過すると価値が減る資産を減価償却資産といい、**少しずつ必要経費**に計上します。
たとえば、建物や機械設備は減価償却資産ですが、**土地は減価償却資産ではありません。**

土地は、時間が
経過しても価値は
減らないからね

必要経費に計上する減価償却費は、毎年一定額を計上する定額法と、帳簿上の残存価値の一定割合を計上する定率法があります。
個人は税務署への届出がない限り**定額法**となり、新たに取得する**建物**は**定額法しか選択できません。**

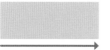

定額法（イメージ）

ずっと一定

定率法（イメージ）

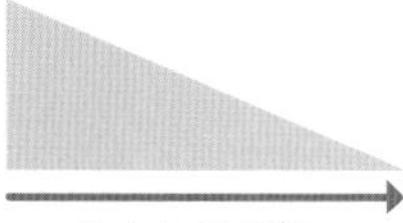

徐々に下がる

取得月が
業務供用月とは
限らないから
気をつけて！

定額法の減価償却費＝取得価額×定額法償却率×業務供用月数／12

定率法の減価償却費（原則）
＝期初の帳簿価額（未償却残高）×定率法償却率×業務供用月数／12

減価償却費

個人の法定償却方法	定額法
定額法による減価償却費	取得価額×定額法償却率×業務供用月数÷12
新たに取得した建物	定額法のみ
少額減価償却資産	10万円未満または使用可能期間１年以下のものは 業務供用した年に全額を必要経費

LECTURE

過去問の着眼点を
理解しよう

過去問（22年1月）

個人事業主の千田さんは、本年４月１日に**建物**を購入したが、営業開始が遅延し、同年**10月25日から事業の用**に供している。千田さんの本年分の所得税における事業所得の計算上、必要経費に算入すべき減価償却費の金額として、正しいものはどれか。なお、建物は、事業にのみ使用しており、その取得価額は5,000万円、法定耐用年数は50年である。

＜耐用年数表（抜粋）＞

法定耐用年数	定額法の償却率	定率法の償却率
50年	0.020	0.040

1．　25万円
2．　50万円
3．　75万円
4．150万円

まずは資産の種類を確認！
この問題は…建物、だね。

建物の減価償却は定額法しか選択できません。

新たに取得する減価償却資産の減価償却費は、
「取得価額×償却率×業務供用月数÷12」
で求めます。

ここで注意！
購入は4月だけど、業務供用開始は10月だから、
業務供用月数は3カ月だね。

➡ 5,000万円×0.020×３/12＝25万円

定額法の計算式を
使ってね！

よって…  答　1

EXERCISE

過去問で得点力を
身につけよう

過去問 （22年5月）

飲食店を営む個人事業主の柴田さんは、前年７月に乗用車（新車）を購入し、その日から本年12月まで引き続き事業の用に供している。購入した乗用車に関する内容が以下のとおりである場合、柴田さんの本年分の所得税における事業所得の金額の計算上、必要経費に算入すべき減価償却費の金額として、正しいものはどれか。なお、柴田さんは個人事業の開業年（数年前）において、車両の減価償却方法として定率法を選択している。また、償却保証額は考慮しないこととし、計算過程および計算結果において、円未満の端数が生じたときは、これを切り上げること。

＜乗用車に関する内容＞

資産名	取得年月	法定耐用年数	取得価額	事業専用割合
乗用車	前年7月	6年	3,500,000円	100%

＜定率法による償却率等＞

法定耐用年数	定率法の償却率
6年	0.333

1．583,334円　2．777,389円　3．971,445円　4．1,165,500円

解答・解説

個人は定額法が原則ですが、この問題では定率法を選択していると記載があります。
定率法の減価償却費は「未償却残高×償却率×業務供用月数÷12」で求めます。
前年買った資産なので、まず今年の年初の未償却残高（取得価額－前年の減価償却費）を求めます。
去年は７月から12月まで事業の用に供しているので、業務供用月数は6カ月となります。

去年の減価償却費は3,500,000円×0.333×6/12＝582,750円

今年当初の未償却残高　3,500,000円－582,750円＝2,917,250円

今年の減価償却費は

➡ 2,917,250円×0.333×12/12＝971,444.25円

➡ 971,445円

よって…

答 3

過去問 （21年9月）

飲食店を営む個人事業主の明石さんは、本年4月に器具・備品を購入し、事業の用に供している。明石さんの本年分の所得税における事業所得の金額の計算上、必要経費に算入すべき減価償却費の金額として、正しいものはどれか。なお、器具・備品の取得価額は60万円、本年中の事業供用月数は9カ月、耐用年数は5年とする。また、明石さんは個人事業を開業して以来、器具・備品についての減価償却方法を選択したことはない。

＜耐用年数表（抜粋）＞

法定耐用年数	定額法の償却率	定率法の償却
5年	0.200	0.400

1. 90,000円
2. 120,000円
3. 180,000円
4. 240,000円

解答・解説

減価償却の方法について選択したことがないので、法定償却方法となります。
個人の法定償却方法は定額法です。

法人は原則、定率法だよ。

新たに取得する減価償却資産の減価償却費は
「取得価額×償却率×（業務供用月数÷12）」で求めます。

4月に購入し、事業の用に供しているので、業務供用月数は9カ月です。

⇨ 60万円×0.200× 9/12＝90,000円

よって…  1

LESSON 37

不動産所得の計算方法は？

不動産の貸付けによる所得は**事業規模を問わず**不動産所得となります。

不動産所得と事業所得の違い

●不動産所得の算出方法

事業所得と同様です。「収入－必要経費（－青色申告特別控除）」で求めます。

●不動産所得の対象となる必要経費

基本的に、事業所得と同じです。

借入金の元本返済部分、所得税、住民税などは必要経費になりません。

ただし、事業的規模でない不動産の貸付けでは、青色事業専従者給与は必要経費になりません。

必要経費になる！

- ☑ 借入金返済の利息部分
- ☑ 事業税、固定資産税などの税金

- ☑ 減価償却費

必要経費にならない…

- ☑ 借入金返済の元本部分
- ☑ 所得税、住民税

「収入にならない」例

たとえば、入居者から預かっている敷金、保証金で将来、返還が必要なものは、「自分のもの」ではないので、収入には計上しません。

ただし、返還しないことが決まったら、
その時点で収入に計上するよ

礼金、家賃、地代、更新料	返還を要する敷金、保証金
収入に計上する	収入に計上しない

LECTURE 過去問の着眼点を理解しよう

このポイントを覚えよう！

不動産所得と不動産収支

・不動産所得＝収入－必要経費
➡減価償却費を引き、借入金の元本返済部分は引きません
・不動産収支＝収入－支出
➡減価償却費は引きませんが、借入金の元本返済部分を引きます

過去問（23年5月）

柴田さんは、保有しているマンションを賃貸している。本年分の賃貸マンションに係る収入および支出等が下記<資料>のとおりである場合、本年分の所得税に係る不動産所得の金額を計算しなさい。なお、<資料>以外の収入および支出等はないものとし、青色申告特別控除は考慮しないこととする。また、解答に当たっては、解答用紙に記載されている単位に従うこと。

<資料：本年分の賃貸マンションに係る収入および支出等>

・賃料収入（総収入金額）：180万円
・支出
　銀行へのローン返済金額：140万円（元金80万円、利息60万円）
　管理費等　　　　：15万円
　管理業務委託費：９万円
　火災保険料　　：１万円
　固定資産税　　：13万円
　修繕費　　　　：６万円
・減価償却費：40万円
※支出等のうち必要経費となるものは、すべて本年分の所得に係る必要経費に該当するものとする。

支出の項目を
必要経費になるものと
ならないものに分類してね！

不動産所得の金額は「総収入金額－必要経費」で計算します。

必要経費の確認をします。
・不動産賃貸に必要となる支出等は基本的に必要経費となりますが、設問の支出の、銀行へのローン返済金額のうち、元金80万円は必要経費になりません。
・減価償却費は現金支出を伴いませんが、必要経費になります。

不動産所得の金額は
➡180万円－（60万円＋15万円＋９万円＋１万円＋13万円＋６万円＋40万円）
＝36万円

よって…  36万円

LESSON
38

退職所得の税金が軽くなる方法

退職一時金は退職所得として扱われます。退職所得は税金を軽くする仕組みがいくつもあります。

退職所得の税金が安くなる仕組みをいくつか紹介するよ。

分離課税

総合課税になると超過累進税率で税金が高くなってしまうので、分けています。

みなし経費（退職所得控除額）

勤続年数が長くなると、収入から**多くのみなし経費（退職所得控除額）を引く**ことができます。

引ける金額はこちら！

勤務年数　20年までの部分	勤務年数　20年超の部分
1年あたり 40万円	1年あたり 70万円

引いた後の金額の2分の1が退職所得に！

原則、**引いた後の金額の2分の1が退職所得**になります。超過累進税率なので、2分の1にされると、多くの場合、税金は2分の1よりも安くなります。

助かるね！

退職所得の求め方

退職所得（原則）＝（収入金額－退職所得控除額）×1/2

退職所得控除額

勤続年数	退職所得控除額
20年以下	40万円×勤続年数（最低80万円）
20年超	800万円＋70万円×（勤続年数－20年）

※1年未満の端数は1年に切り上げ

EXERCISE
過去問で得点力を身につけよう

過去問（23年5月）

裕子さんは、勤務先の早期退職優遇制度を利用して本年９月末に退職を予定している。裕子さんの退職に係るデータが下記＜資料＞のとおりである場合、裕子さんの退職一時金に係る所得税額を計算しなさい。なお、裕子さんは「退職所得の受給に関する申告書」を適正に提出し、勤務先の役員であったことはなく、退職は障害者になったことに基因するものではないものとする。また、解答に当たっては、解答用紙に記載されている単位に従うこととし、所得控除および復興特別所得税については考慮しないこととする。

＜資料＞

支給される退職一時金	2,500万円
勤続期間	21年４カ月

＜所得税の速算表＞

課税される所得金額	税率	控除額
1,000円から　1,949,000円まで	5%	0円
1,950,000円から　3,299,000円まで	10%	97,500円
3,300,000円から　6,949,000円まで	20%	427,500円
6,950,000円から　8,999,000円まで	23%	636,000円
9,000,000円から　17,999,000円まで	33%	1,536,000円
18,000,000円から　39,999,000円まで	40%	2,796,000円
40,000,000円以上	45%	4,796,000円

解答・解説

原則、退職所得は「（退職一時金－退職所得控除額）×１／２」により求めます。
退職所得控除額は勤続年数で計算しますが、１年未満の端数は１年とするので、22年と考えます。

800万円＋70万円×２年＝940万円
（2,500万円－940万円）×１／２＝780万円

使い方は、
課税所得×税率－控除額
だよ

所得税の速算表を使って計算します。

➡ 所得税額は780万円×23％－63.6万円＝1,158,000円

よって… 答 **1,158,000円**

LESSON 39 一時所得になるものと、その計算方法

契約者（保険料負担者）が受け取る**生命保険の解約返戻金や満期保険金は**一時所得となります。

"一時所得"は何があるの？

- ☑ 生命保険の解約返戻金、満期保険金
- ☑ ふるさと納税返礼品
- ☑ 法人から贈与を受けた資産

宝くじの当選金は非課税よ！

一時所得 ＝ 収入 − 支出 − 特別控除（最高50万円）

算出式はコレ！一時的な儲けだから税金軽めにしてくれてるんだね。

一時所得は50万円の特別控除を引くことができ、総所得金額には損益通算後の2分の1が算入されるから、課税対象は小さくなるんだ。

一時所得　２分の１かけるタイミング！

一時所得って、２分の１をかけて求めるんじゃなかったっけ？

→ 一時所得の計算段階では、２分の１はかけません。２分の１をかけるのは、損益通算後、総所得金額に算入する段階となります。

総所得金額に算入する一時所得 ＝ 損益通算後の一時所得×1/2

試験ではどちらを出題しているのか、しっかり確認しよう！

LECTURE 過去問の着眼点を理解しよう

このポイントを覚えよう！

一時所得 ＝ 収入－支出－特別控除（最高50万円）
総所得金額に算入される一時所得 ＝ 損益通算後の一時所得×1/2

過去問（23年9月）

住吉さんは、加入していた下記<資料>の養老保険が本年８月に満期を迎えたため、満期保険金を一括で受け取った。住吉さんの本年分の所得税において、総所得金額に算入すべき一時所得の金額として、正しいものはどれか。なお、住吉さんには、この満期保険金以外に一時所得の対象となるものはないものとする。

<資料>

払込保険料の総額：430万円 満期保険金：500万円 保険期間：10年間

1．　10万円
2．　20万円
3．　35万円
4．　70万円

何を求めるか、正しくチェック！
この問題は「総所得金額に算入すべき一時所得」を求めるんだね。

養老保険の満期保険金は、契約者（保険料負担者）が受け取っていて、保険期間が５年超なので、総合　課税の対象です。

「収入金額－収入を得るために支出した金額－特別控除（最高50万円）」を求めて、1/2をかけて算出します。

一時所得：500万円－430万円－50万円＝20万円

➡ 総所得金額に算入される金額は、20万円×1/2＝10万円

総所得金額に
算入するとき、
2分の1にするんでしたね

よって…  答　1

LESSON
40

雑所得とは一体なに？

雑所得は、他の９つの所得のいずれにも該当しないもので、**公的年金等の老齢給付、個人年金のほか、外貨預金の為替差益**などがあります。

公的年金等と個人年金の違い

公的年金等 ➡ 国や企業の年金等

公的年金等以外 ➡ 保険会社、共済と契約した年金

ただし、公的年金でも、障害年金とか遺族年金は非課税だよ。

公的年金等　雑所得の計算式

算出式はコレ！

公的年金等の雑所得 ＝ 収入金額－公的年金等控除額

公的年金等控除額は、受給者の年齢と収入に応じて計算するよ。

世代間で支払った保険料も違いすぎるし、不公平にならないようにしてるのね〜

公的年金等以外　雑所得の計算式

算出式はコレ！

公的年金等以外の雑所得 ＝ 収入金額－必要経費

たとえば、個人年金の場合、受け取る年金額に応じて計算した保険料が必要経費になるよ。

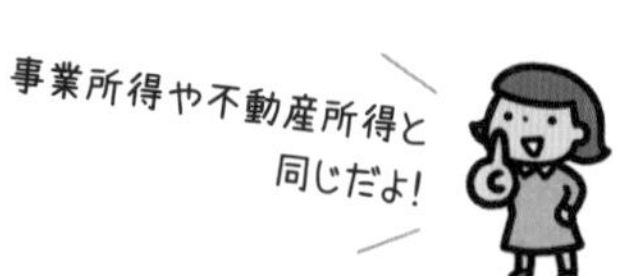
事業所得や不動産所得と同じだよ！

雑所得

公的年金等の雑所得	収入金額－公的年金等控除額
公的年金等以外の雑所得（業務、その他）	収入金額－必要経費

EXERCISE

過去問で得点力を
身につけよう

過去問（22年1月）

最上さん（66歳）の本年分の収入は、下記<資料>のとおりである。最上さんの本年分の所得税における雑所得の金額として、正しいものはどれか。

<資料：公的年金および個人年金の明細>

	年金額（収入金額）	源泉徴収された税額
老齢基礎年金	72万円	なし
遺族厚生年金	112万円	なし
個人年金（注）	100万円	30,630円

（注）必要経費となる個人年金保険料は、70万円である

<公的年金等控除額の速算表>

納税者区分	公的年金等の収入金額（A）	公的年金等控除額 公的年金等に係る雑所得以外の所得に係る合計所得金額　1,000万円 以下
65歳未満の者	130万円 以下	60万円
	130万円 超　410万円 以下	（A）×25%＋　27.5万円
	410万円 超　770万円 以下	（A）×15%＋　68.5万円
	770万円 超　1,000万円 以下	（A）×　5%＋145.5万円
	1,000万円 超	195.5万円
65歳以上の者	330万円 以下	110万円
	330万円 超　410万円 以下	（A）×25%＋　27.5万円
	410万円 超　770万円 以下	（A）×15%＋　68.5万円
	770万円 超　1,000万円 以下	（A）×　5%＋145.5万円
	1,000万円 超	195.5万円

1．269,370円　2．300,000円　3．1,009,370円　4．1,740,000円

解答・解説

遺族厚生年金は非課税です。
老齢厚生年金は公的年金等の雑所得なので、収入ー公的年金等控除額で計算します。
ただし、66歳だから最低110万円をひけるので、公的年金等の所得はゼロです。

個人年金は、収入－必要経費で求めるので

➡ 100万円－70万円＝30万円

損益通算できないしね

源泉徴収税額はまったく関係ないからね！

よって…

答　2

LESSON 41

損益通算できる・できないのルール

各所得金額を計算すると、プラスになる所得、マイナスになる所得があります。マイナスになった場合のうち、仕事の赤字（**不動産**所得、**事業**所得、**山林**所得）と**譲渡**所得の損失は他の黒字の所得と損益通算して、所得金額を少なくすることができます。なお、不動産所得と譲渡所得については、注意点があります。

雑所得、一時所得など損益通算できない赤字はゼロと扱うからね

不動産所得の赤字に関する注意点

不動産所得の赤字に関する注意点、教えて～！

不動産所得の損失のうち、土地等の取得に係る借入金の利子の部分は損益通算できないよ～

平成初めに借入金による土地投資で地価が高騰し、庶民は土地を買いづらくなる一方で、地価高騰を招いた人が借入金の利子で節税できるのはおかしいのでは？　となったことが背景なんだよ。

計算例

損益通算NG！

損益通算OK！

・収入：200万円
・必要経費：250万円（うち借入金の利子／土地部分20万円、建物部分20万円）

⇨ 赤字50万円のうち、土地等の借入金の利子が損益通算できないので、損益通算できる赤字は**30万円！**

譲渡所得に関する制限

マイホーム（居住用財産）の売却損や総合課税の業務用資産（車両等）の売却損等は損益通算できますが、**金、ゴルフ会員権の売却損は損益通算できません。**

損益通算　OK？ NG？

マイホーム	アパート	金	ゴルフ会員権
OK	NG	NG	NG

マイホームは生活に、業務用資産は仕事に必要だからOKってことね

贅沢品はNGだよ

LECTURE 過去問の着眼点を理解しよう

このポイントを覚えよう！

不動産所得と譲渡所得の損失のうち損益できるもの、できないもの（抜粋）

所得種類	損益通算できない	損益通算できる
不動産	土地等の取得に係る借入金の利子の部分 一定の国外の中古建物の減価償却費にかかる部分	左記以外の損失
譲渡	居住用財産以外の不動産の譲渡損失 美術品、金、ゴルフ会員権などの譲渡損失	居住用財産の譲渡損失 総合課税の事業用資産の譲渡損失

過去問（23年9月）

会社員の増田さんの本年分の所得等が下記＜資料＞のとおりである場合、増田さんが本年分の所得税の確定申告を行う際に、給与所得と損益通算できる損失はいくらになるか。なお、▲が付された所得金額は、その所得に損失が発生していることを意味するものとする。また、記載のない事項については一切考慮しないものとし、解答に当たっては、解答用紙に記載されている単位に従うこと。

＜資料＞

所得の種類	所得金額	備 考
給与所得	540万円	勤務先からの給与で年末調整済み
不動産所得	▲70万円	収入金額：180万円必要経費：250万円※
譲渡所得	▲40万円	上場株式の売却に係る損失
譲渡所得	▲15万円	ゴルフ会員権の売却に係る損失

※必要経費の中には、土地の取得に要した借入金の利子の額25万円が含まれている。

不動産所得

・不動産所得の損失のうち、土地等の取得に要した借入金の利子の部分は損益通算できません。

・不動産所得の損失（180万円－250万円＝▲70万円）のうち、土地の取得に要した借入金の利子25万円の部分は損益通算できません。

→ 0万円－25万円＝45万円の損失が損益通算の対象となります。

譲渡所得

・上場株式等の譲渡損失は、給与所得とは損益通算できません。

申告分離課税を選択した配当所得、特定公社債の利子所得、譲渡所得とは損益通算できるけどね

雑所得

・雑所得の損失は損益通算できません。

→ 損益通算できる赤字は45万円となります。

よって…  45 万円

総所得金額と合計所得金額の計算

損益通算後の総合課税の所得の合計を**総所得金額**といいます。

株式や不動産の譲渡所得、
退職所得も省くし、
非課税所得も含まないよ。

総所得金額の対象

総合課税の合計となるので、分離課税は対象となりません。

●**計算の流れ**

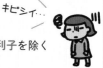

・**損益通算**する（損益通算できない損失はゼロとする）
・不動産所得の損失のうち、**土地等の取得に係る借入金の利子**を除く
・損益通算後に残った**一時所得は２分の１**を合算する

キビシイ…
節税を認めないってことね。

半分かぁ…
たまたまの儲けだからね。

多くは総合課税！

給与所得
不動産所得
一時所得
事業所得
雑所得

これらは分離課税！

退職所得
株式の譲渡所得
不動産の譲渡所得

損益通算後の要注意ポイント！

一時所得と総合課税の長期譲渡所得は、損益通算後に残った所得の２分の１を合算します。

合計所得金額とは？

合計所得金額は損益通算後、損失の繰越控除前の分離課税を含めた所得金額の合計のことです。

LECTURE 過去問の着眼点を理解しよう

このポイントを覚えよう！

主な総合課税の所得と計算式

給与	給与、賞与等	給与収入金額－給与所得控除額
雑	公的（企業）年金等の老齢給付）	公的年金等の収入金額－公的年金等控除額
	業務（副業）、その他（個人年金、外貨預金の為替差益等）	収入金額－必要経費
不動産	不動産等の貸付（規模を問わない）	収入金額－必要経費（－青色申告特別控除）
事業	個人事業主	収入金額－必要経費（－青色申告特別控除）
一時	満期保険金、解約返戻金等	収入金額－その収入を得るために支出した金額－特別控除（最高50万円）

主な総合課税の所得と計算式

居住者で以下のいずれかに該当する場合、（給与収入金額（1,000万円を上限）－850万円）×10％を給与所得から控除できる。

・本人、同一生計配偶者や扶養親族が特別障害者

・23歳未満の扶養親族を有する

「給与収入－給与所得控除額」と「公的年金等の収入金額－公的年金等控除額」がある居住者は、「それぞれの金額（10万円を限度）の合計額－10万円」を給与所得から控除できる。

非課税所得と課税所得

非課税所得	課税所得
遺族年金、障害年金、健康保険、雇用保険の給付	老齢年金（雑所得）
元本払戻金	普通分配金（配当所得）
通勤手当（月額15万円を限度）	家族手当、住宅手当等（給与所得）
宝くじ当選金	競馬の払戻金、クイズの賞金（一時所得）
生活用動産	生活用不動産（譲渡所得）

EXERCISE

過去問で得点力を
身につけよう

過去問（23年9月）

広尾さん（66歳）の本年分の収入等が下記＜資料＞のとおりである場合、広尾さんの本年分の所得税における総所得金額として、正しいものはどれか。なお、記載のない事項については一切考慮しないものとし、総所得金額が最も少なくなるように計算すること。

＜資料＞

内容	金額
アルバイト収入	55万円
老齢年金および企業年金	350万円
不動産収入	130万円

※アルバイト収入は給与所得控除額を控除する前の金額である。

※老齢年金および企業年金は公的年金等控除額を控除する前の金額である。

※不動産収入は土地の貸し付けによる地代収入であり、地代収入に係る必要経費は年間20万円である。また、広尾さんは青色申告者であり、青色申告特別控除10万円の適用を受けるものとする。なお、必要経費の20万円に青色申告特別控除額10万円は含まれていない。

＜公的年金等控除額の速算表＞

納税者区分	公的年金等の収入金額（A）	公的年金等控除額 公的年金等に係る雑所得以外の所得に係る合計所得金額　1,000万円以下
65歳未満の者	130万円以下	60万円
	130万円超　410万円以下	（A）× 25%＋ 27.5万円
	410万円超　770万円以下	（A）× 15%＋ 68.5万円
	770万円超　1,000万円以下	（A）× 5%＋145.5万円
	1,000万円超	195.5万円
65歳以上の者	330万円以下	110万円
	330万円超　410万円以下	（A）× 25%＋ 27.5万円
	410万円超　770万円以下	（A）× 15%＋ 68.5万円
	770万円超　1,000万円以下	（A）× 5%＋145.5万円
	1,000万円超	195.5万円

1．335万円　　2．345万円　　3．355万円　　4．390万円

解答・解説

総所得金額とは総合課税の対象となる所得金額の合計のことです。

この問題のアルバイト収入は給与所得、老齢年金および企業年金は雑所得、不動産収入は不動産所得でいずれも総合課税の対象です。

給与収入は給与所得控除額の最低額55万円なので、給与所得はゼロとなります。
公的年金等の雑所得は、収入－公的年金等控除額で求めます。
66歳ですから
→ 350万円－（350万円×25％＋27.5万円）＝235万円

給与所得がゼロだから、所得金額調整控除はナシです。

不動産所得は、収入－必要経費－青色申告特別控除で求めるので、
→ 130万円－20万円－10万円＝100万円

総所得金額 ➡ 235万円＋100万円＝335万円

よって… 答 1

過去問 (22年5月)

文恵さんの母である佳子さん(75歳)が本年中に受け取った公的年金および終身保険の解約返戻金の明細は下記＜資料＞のとおりである。本年分の所得税の確定申告に際して、佳子さんが申告すべき合計所得金額(所得控除を差し引く前の金額)として、正しいものはどれか。なお、佳子さんには下記以外に申告すべき所得はない。また、前年以前から繰り越された純損失の金額等はないものとする。

<資料>

	金額(収入金額)	税務上の必要経費等の額
老齢基礎年金	70万円	各自計算
遺族厚生年金	120万円	各自計算
終身保険の解約返戻金 (注)2010年に契約した保険契約に係るものである。	800万円	払込保険料(一時払いで佳子さんが全額負担している)550万円

<公的年金等控除額の速算表>

納税者区分	公的年金等の収入金額(A)	公的年金等控除額 公的年金等に係る雑所得以外の所得に係る合計所得金額 1,000万円 以下
65歳未満の者	130万円 以下	60万円
	130万円 超 410万円 以下	(A)× 25%+ 27.5万円
	410万円 超 770万円 以下	(A)× 15%+ 68.5万円
	770万円 超 1,000万円 以下	(A)× 5%+145.5万円
	1,000万円 超	195.5万円
65歳以上の者	330万円 以下	110万円
	330万円 超 410万円 以下	(A)× 25%+ 27.5万円
	410万円 超 770万円 以下	(A)× 15%+ 68.5万円
	770万円 超 1,000万円 以下	(A)× 5%+145.5万円
	1,000万円 超	195.5万円

1. 1,000,000円
2. 1,100,000円
3. 1,800,000円
4. 2,000,000円

解答・解説

合計所得金額は**損益通算後**、**繰越控除前**の所得金額の合計です。
遺族厚生年金は非課税で、**老齢厚生年金は公的年金等の雑所得**となります。
75歳で最低110万円を引けるから、雑所得はゼロです。
解約返戻金は一時所得で、収入－支出－特別控除50万円で求めて、
損益通算後1/2をかけます。

この問題では損益通算はありません

800万円－550万円－50万円＝200万円
200万円×1/2＝100万円

よって…  答 1

LESSON 43

選択できる医療費控除

納税者が自分や生計を一にする親族の医療費を支払った場合、**医療費控除**を受けることができます。**入院、通院、薬代など、幅広く控除できる通常の医療費控除**と、薬局等で購入した一定の**薬のみ対象**とするセルフメディケーション税制があり、どちらかを**選択適用**できます。

医療費控除　適用できる条件は？

原則**年間で10万円を超える**場合に適用できます。

ビタミン剤、マイカーの通院費用、
異常が見つからなかった人間ドック等、
対象外のものもあるから要注意だよ！

治療費	電車・バス	治療目的の風邪薬	マイカー通院費	サプリ
OK	OK	OK	NG	NG

セルフメディケーション税制とは？

セルフメディケーション税制は、**健康診断やインフルエンザ予防接種**等を受けている人が、医療費控除の対象になる家族分の対象医薬品を薬局等で購入した場合が対象です。
年間で**1.2万円を超える**医薬品購入費が対象となり、**控除額は年間で8.8万円が上限**となります。

治療費	電車・バス	治療目的の対象医療品
NG	NG	OK

通常の医療費控除に
比べて、控除額は
少ないわね…

LECTURE 過去問の着眼点を理解しよう

このポイントを覚えよう！

通常の医療費控除

通常の医療費控除 （上限200万円）	（医療費－保険金等）－10万円　または 総所得金額等の５％	選択適用
セルフメディケーション税制 （上限8.8万円）	（医薬品購入費－保険金等）－1.2万円	

どちらかを選んで！

試験問題では、支払った医療費の資料から、控除額を読み解く問題が多く出題されます。医療費控除の対象になる・ならないかをしっかり覚えておきましょう！

医療費控除の対象

対象となる医療費	対象外となる医療費
・診療費・治療費 ・人間ドック・健康診断費用（重大な疾病が発見され、治療をした場合） ・治療のための医薬品購入費 ・電車、バス等による通院費用 ・緊急時のタクシー代	・人間ドック・健康診断費用（異常なし） ・未払医療費、疾病予防費用、健康増進費用 ・差額ベッド代 ・マイカー通院のガソリン代、駐車場代等

医療費控除の対象をしっかり覚えて、医療費控除を正しく計算しよう！

次ページの過去問で練習するよ！

EXERCISE 過去問で得点力を身につけよう

過去問（23年9月）

会社員の榎田さんが本年中に支払った医療費等が下記＜資料＞のとおりである場合、榎田さんの本年分の所得税の確定申告における医療費控除の金額として、正しいものはどれか。なお、榎田さんの本年分の所得は、給与所得610万円のみであるものとし、榎田さんは妻および母と生計を一にしている。また、セルフメディケーション税制（特定一般用医薬品等購入費を支払った場合の医療費控除の特例）については考慮せず、保険金等により補てんされる金額はないものとする。

＜資料＞

支払年月	医療等を受けた人	医療機関等	内容	支払金額
本年1月	母	A病院	入院治療（注1）	63,000円
本年4月	本人	B病院	人間ドック（注2）	47,000円
	妻			57,000円
	本人		通院治療	33,000円
本年8月	母	C歯科医院	歯科治療（注3）	450,000円

（注１）母は、前年12月に入院して、本年１月に退院している。退院の際に支払った金額63,000円のうち30,000円は、前年12月分の入院代および治療費であった。

（注２）榎田さんは夫婦で人間ドックを受診したが、榎田さんは重大な疾病が発見されたため、引き続き通院をして治療をすることとなった。妻は、人間ドックの結果、異常は発見されなかった。

（注３）虫歯が悪化したため抜歯し、医師の診断により一般的なインプラント治療を受け、現金で支払った。

1． 43,000円
2． 463,000円
3． 493,000円
4． 550,000円

解答・解説

医療費控除は納税者本人または納税者本人と生計を一にする配偶者その他親族のために支払った医療費が対象となり、「支払医療費－保険金等で補填される金額－10万円（総所得金額等が200万円未満の場合、総所得金額等×５％）」にて求めます。

設問のケースを具体的に見ていきます。

・支払年月（本年）、医療等を受けた人（本人、生計を一にする）は要件を満たしています。
・給与所得610万円なので「医療費－保険金等－10万円」により求めます。
・本人の人間ドック費用は、重大な疾病が発見され、引き続き治療をしたため、人間ドック費用および通院治療は対象となりますが、妻の人間ドック費用は、異常が発見されなかったため、対象外となります。
・歯科治療はインプラントも義歯も含めて医療費控除の対象となります。

医療費控除は

➡ 63,000円＋47,000円＋33,000円＋450,000円－100,000円＝493,000円

よって…  3

LESSON 44 家族構成に伴う所得控除

基礎控除ってなに？

基礎控除は、本来は、誰でも（＝基礎）引ける（＝控除）という意味です。
今では、原則48万円を引けますが、合計所得金額が多くなると引けなくなる場合もあります。

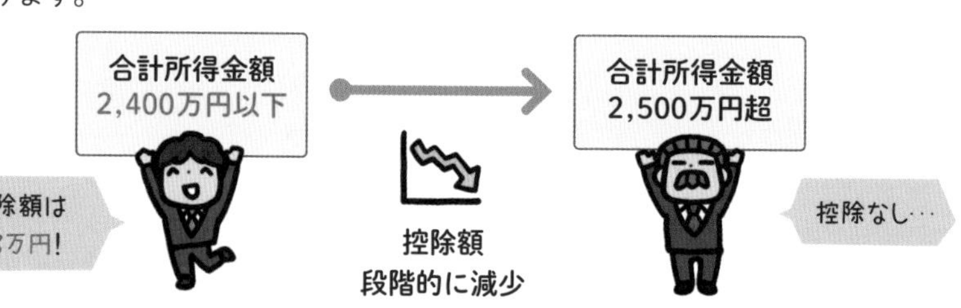

配偶者控除の条件は？

配偶者控除と**扶養控除**は、両方とも対象となる家族の合計所得金額が**基礎控除（48万円）以下**であることが条件となっていますが、本人の合計所得金額の要件が異なります。

配偶者控除と扶養控除の要件

	配偶者控除	扶養控除
本人の合計所得金額	1,000万円以下	要件なし
家族の合計所得金額	48万円以下	48万円以下

結婚したよ〜
私は今無職だから
配偶者控除を申告して
家計の助けに!
ダンナの所得、
1,000万円超えているよね?
配偶者控除は使えないよ
扶養控除は
使えるよ
え〜
残念!
しょぼーん

ココに注意！

配偶者の合計所得金額が48万円を超えても、要件を満たせば、配偶者特別控除を使えます。

LECTURE 過去問の着眼点を理解しよう

このポイントを覚えよう!

所得税の基礎控除、配偶者控除、扶養控除の所得金額要件と控除限度額

	本人の合計所得金額	配偶者(扶養親族)の合計所得金額	控除限度額
基礎控除	2,500万円以下 満額控除は2,400万円以下	—	48万円
配偶者控除	1,000万円以下 満額控除は900万円以下	48万円以下	70歳未満 38万円 70歳以上 48万円
扶養控除	—	48万円以下	下記参照

所得税の扶養控除の額

0～15歳	なし
16～18歳	38万円(一般の控除対象扶養親族)
19～22歳	63万円(特定扶養親族)
23～69歳	38万円(一般の控除対象扶養親族)
70歳～	同居老親 58万円(同居老親等) その他 48万円(老人扶養親族)

特定か一般か、扶養の違いによって、
扶養控除の金額も対象年齢も違うんだね。

EXERCISE　過去問で得点力を身につけよう

過去問（22年9月）

給与所得者の井上純さん（41歳）は、妻の恵さん（40歳）と生計を一にしている。純さんと恵さんの本年分の所得の状況が下記 ＜資料＞のとおりである場合、純さんの所得税の計算上、配偶者控除または配偶者特別控除として控除される金額として、正しいものはどれか。なお、記載されている事項以外については、考慮しないものとする。

＜資料＞

井上純さん：給与収入　920万円　　　恵さん：パート収入　50万円

＜給与所得控除額の速算表＞

給与等の収入金額	給与所得控除額
162.5万円 以下	55万円
162.5万円 超　180万円 以下	収入金額×40%－10万円
180万円 超　360万円 以下	収入金額×30%＋　8万円
360万円 超　660万円 以下	収入金額×20%＋ 44万円
660万円 超　850万円 以下	収入金額×10%＋110万円
850万円 超	195万円

＜配偶者控除額（所得税）の早見表＞

納税者の合計所得金額	900万円以下	900万円超 950万円以下	950万円超 1,000万円以下
控除対象配偶者	38万円	26万円	13万円
老人控除対象配偶者	48万円	32万円	16万円

＜配偶者特別控除額（所得税）の早見表＞

納税者の合計所得金額 配偶者の合計所得金額	900万円以下	900万円超 950万円以下	950万円超 1,000万円以下
48万円超　95万円以下	38万円	26万円	13万円
95万円超　100万円以下	36万円	24万円	12万円
100万円超　105万円以下	31万円	21万円	11万円
105万円超　110万円以下	26万円	18万円	9万円
110万円超　115万円以下	21万円	14万円	7万円
115万円超　120万円以下	16万円	11万円	6万円
120万円超　125万円以下	11万円	8万円	4万円
125万円超　130万円以下	6万円	4万円	2万円
130万円超　133万円以下	3万円	2万円	1万円

1.　配偶者控除26万円
2.　配偶者控除38万円
3.　配偶者特別控除26万円
4.　配偶者特別控除38万円

解答・解説

配偶者控除

給与所得は「収入金額－給与所得控除額」により求めます。
納税者本人の給与収入が920万円なので、給与所得控除額は195万円、給与所得は920万円－195万円＝725万円（900万円以下）となります。

生計を一にしている妻（40歳）の給与収入は給与所得控除額の最低額（55万円）以下なので、所得はゼロです。

本人の合計所得金額900万円以下、70歳未満の配偶者の合計所得金額が48万円以下なので、配偶者控除は38万円。

よって…  答 2

支払った全額を控除できるのは…？

社会保険料や老後資金準備制度の掛金を支払うと、**支払った全額を控除**できます。

何が対象なの？

●社会保険料控除

加入義務がある年金、医療、介護、雇用等の社会保険料のほか、任意で加入する国民年金基金の掛金も対象となります。

●小規模企業共済等掛金控除

小規模企業共済のほか、確定拠出年金の掛金等が対象となります。

社会保険料控除と小規模企業共済等掛金控除の違い

全額控除できる点は同じですが、対象となる人が異なります。
社会保険料控除は、本人だけでなく、生計を一にする配偶者、親族の分も対象になりますが、**小規模企業共済等掛金控除は本人分に限られます**。

LECTURE 過去問の着眼点を理解しよう

このポイントを覚えよう！

社会保険料控除

年金	国民年金、厚生年金保険、国民年金基金、厚生年金基金
医療	健康保険、国民健康保険、後期高齢者医療制度、共済
その他	介護保険、雇用保険

社会保険料控除

社会保険料控除	本人分、生計を一にする配偶者、親族の分
小規模企業共済等掛金控除	本人分に限る

過去問 （22年5月）

会社員の明石さんが本年に支払った保険料等は下記のとおりである。この場合の明石さんの本年分の所得税における社会保険料控除額を計算しなさい。なお、記載のない条件については一切考慮しないこととする。また、解答に当たっては、解答用紙に記載されている単位に従うこと。

保険料等の種類	支払金額（年額）※1
健康保険料	17万円
介護保険料※2	3万円
厚生年金保険料	33万円
雇用保険料	1万円
企業型確定拠出年金のマッチング拠出の掛金	5万円
確定給付企業年金の加入者拠出掛金	12万円

※1 いずれも明石さんの給与明細および賞与明細に記載された給与および賞与から控除された保険料等の年額であり、会社負担額を含まない。
※2 介護保険法の規定による介護保険料である。

この中でどれが社会保険料控除の対象なのかを見極めよう！

この問題で社会保険料控除の対象になるのは、健康保険料、介護保険料、厚生年金保険料、雇用保険料です。

➡ 17万円＋3万円＋33万円＋1万円＝54万円

支払った全額が社会保険料控除の対象となります。

確定拠出年金の掛金は小規模企業共済等掛金控除の対象、確定給付企業年金の掛金は生命保険料控除の対象だよ。

よって…  54万円

給与所得の源泉徴収票を読み解く

いまさら
言いづらいけど…

毎年受け取る源泉徴収票。
実は見方が
よくわからないんだよね…

2.1%の復興特別所得税は
含めないで解説します!

令和 ×× 年分　給与所得の源泉徴収票

❶

種別	支払金額	給与所得控除後の金額（調整控除後）	所得控除の額の合計額	源泉徴収税額
給料・賞与	Ⓒ 8000000	Ⓓ 6100000	Ⓔ 3190000	172500

❷

(源泉)控除対象配偶者の有無等 有	従有	老人	配偶者（特別）控除の額	控除対象扶養親族の数（配偶者を除く。） 特定 人	特定 従人	老人 内	老人 人	老人 従人	その他 人	その他 従人	16歳未満扶養親族の数	障害者の数（本人を除く。） 特別 内	特別 人	その他	非居住者である親族の数
○			380000	1			1								

Ⓐ：(源泉)控除対象配偶者の有無等～配偶者(特別)控除の額　Ⓑ：控除対象扶養親族の数

❸

社会保険料等の金額	生命保険料の控除額	地震保険料の控除額	住宅借入金等特別控除の額
1,200000	100000	20000	21000

源泉徴収票には
所得税を計算するための情
報が詰まっているよ!

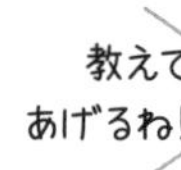

❶ 概要

支払金額：課税対象になる給与収入
給与所得控除後の金額：給与所得
所得控除の額の合計額：所得控除の合計額
源泉徴収税額：所得税額

❷ 家族構成に伴う所得控除

控除対象扶養親族は、特定は1人あたり63万円、その他は38万円です。

Ⓐ：配偶者（特別）控除
Ⓑ：扶養控除

❸ 支払った保険料等の所得控除

一番右の住宅借入金等特別控除は税額控除なので所得控除の額には含めずに、税額から引くので注意しましょう。

源泉徴収票のサンプルを使って、数字の見方を解説するよ。

給与所得…… Ⓒ 800万円－（800万円×10％＋110万円※1）＝610万円

所得控除…… Ⓔ 319万円

課税所得…… Ⓓ 610万円－Ⓔ 319万円＝291万円

所得税額……（291万円×10％－9.75万円※2）＝193,500円

税額控除後の所得税額…… 193,500円－21,000円＝172,500円 ←

所得控除は、
下の解説を
参考にしよう！

※1：計算式は給与所得控除額の速算表参照（P.172）
※2：計算式は所得税額の速算表参照（P.178）

最後に住宅借入金等特別控除を
引くのを忘れないで！

所得控除の算出

基礎控除額

納税者本人の合計所得金額	控除額
2,400万円以下	48万円
2,400万円超　～2,450万円以下	32万円
2,450万円超　～2,500万円以下	16万円

基礎控除 ⇨ 48万円 ←

基礎控除は源泉徴収票に
記載はないけど、合計所得金額が
2,400万円以下だからね。

配偶者控除 ⇨ 38万円

扶養控除 ⇨ 38万円＋63万円＝101万円

控除対象扶養親族の
数の特定「1」、
その他に「1」だからね。

社会保険料控除等 ⇨ 120万円

生命保険料控除 ⇨ 10万円

地震保険料控除 ⇨ 2万円

⇨ 48万円＋38万円＋101万円＋120万円＋10万円＋2万円＝319万円

EXERCISE 過去問で得点力を身につけよう

過去問 (23年5月)

下記<資料>は、裕子さんの本年分の「給与所得の源泉徴収票(一部省略)」である。空欄(ア)に入る裕子さんの本年分の**所得税額**として、正しいものはどれか。なお、裕子さんには、本年において給与所得以外に申告すべき所得はなく、年末調整の対象となった所得控除以外に適用を受けることのできる所得控除はない。また、復興特別所得税は考慮しないこと。

<資料>

本年分　給与所得の源泉徴収票

支払を受ける者	住所又は住居	(受給者番号)	
		(役職名)	
		氏名	(フリナガ) ニシヤマ ユウコ 西山 裕子

種別	支払金額	給与所得控除後の金額(調整控除後)	所得控除の額の合計額	源泉徴収税額
給料・賞与	7,200,000	5,380,000	(各自計算)	(ア)

(源泉)控除対象配偶者の有無等	配偶者(特別)控除の額	控除対象扶養親族の数(配偶者を除く。)	16歳未満扶養親族の数	障害者の数(本人を除く。)	非居住者である親族の数

社会保険料等の金額	生命保険料の控除額	地震保険料の控除額	住宅借入金等特別控除の額
1,040,000	40,000	20,000	40,000

(摘要)

<所得税の速算表>

課税される所得金額	税率	控除額
1,000円から　1,949,000円まで	5%	0円
1,950,000円から　3,299,000円まで	10%	97,500円
3,300,000円から　6,949,000円まで	20%	427,500円
6,950,000円から　8,999,000円まで	23%	636,000円
9,000,000円から　17,999,000円まで	33%	1,536,000円
18,000,000円から　39,999,000円まで	40%	2,796,000円
40,000,000円以上	45%	4,796,000円

1. 292,500(円)
2. 324,500(円)
3. 388,500(円)
4. 420,500(円)

解答・解説

「給与所得－所得控除」により所得金額を求めます。

基礎控除	48万円
社会保険料控除等	104万円
生命保険料控除	4万円
地震保険料控除	2万円

基礎控除は源泉徴収票に記載はありませんが、
合計所得金額が2,400万円以下ですからね。

なお、**住宅借入金等特別控除は税額控除**であるため、ここでは考慮しません。

→ 所得控除
48万円＋104万円＋ 4 万円＋2万円＝1,580,000円
→ 課税所得金額
5,380,000円－1,580,000円＝3,800,000円

速算表で税額を求めます。

→ 所得税額
3,800,000円×20％ －427,500円＝332,500円

税額控除を引きます。

→ 税額控除後の所得税額
332,500円－40,000円＝292,500円

問題に記載のとおり、
復興特別所得税は
考慮しません。

よって…  答 1

所得税の確定申告・年末調整

所得税は1月1日から12月31日までを課税期間として所得金額、税額を計算し、原則として、住所地の所轄税務署長に対して、申告・納税します。

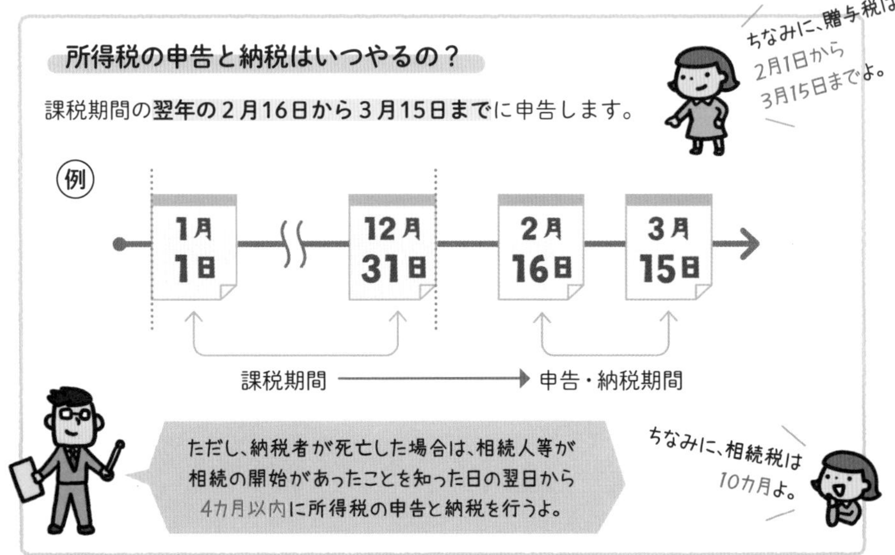

所得税の申告と納税はいつやるの？
課税期間の翌年の2月16日から3月15日までに申告します。
ちなみに、贈与税は
2月1日から
3月15日までよ。
例
1月
1日
12月
31日
2月
16日
3月
15日
課税期間
申告・納税期間
ただし、納税者が死亡した場合は、相続人等が
相続の開始があったことを知った日の翌日から
4カ月以内に所得税の申告と納税を行うよ。
ちなみに、相続税は
10カ月よ。

年末調整を受けられない場合もあるの？

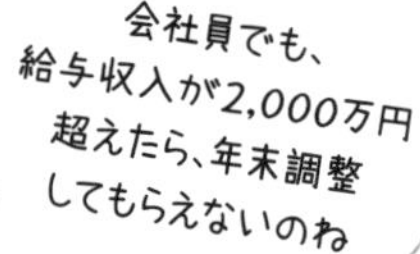

会社員でも、

超えたら、年末調整
してもらえないのね

例えば、**給与収入が2,000万円を超える**場合、災害・盗難等の被害があった場合の**雑損控除**、**医療費控除**、**寄附金控除**は年末調整を受けられません。ただし、ふるさと納税で、**寄附先の自治体が5以下**であり、ワンストップ特例制度を利用する給与所得者等は、確定申告をしなくても所得税の軽減分について、翌年度の住民税から控除を受けることができます。

給与所得者の確定申告

必要となる主なケース	しないと適用を受けられない主なケース
・給与収入が2,000万円超 ・給与所得者で給与・退職所得以外の所得金額が20万円超（一時所得等は2分の1後で判定）	・給与所得者が所得控除のうち雑損控除、医療費控除、寄附金控除（ワンストップ特例制度を除く）を受けたい場合 ・住宅借入金等特別控除（1年目は例外なし、2年目以降は年末調整でも可）

LECTURE

過去問の着眼点を
理解しよう

過去問（22年1月）

晴美さんの叔母である真理さんは、本年分の所得等（下記＜資料＞参照）に関して確定申告すべきかどうかについて、FPの細井さんに質問をした。細井さんの説明のうち、最も適切なものはどれか。

②の満期保険金と
③の為替差損が
どう扱われるかな…？

＜資料＞真理さんの本年における所得等の明細

① 給与所得：200万円（給与所得控除後の金額）
② 変額保険（有期型）の満期保険金：430万円
③ 外貨預金の為替差損：20万円
注１：変額保険の保険契約者（保険料負担者）および満期保険金の受取人は真理さんであり、払込保険料の総額は300万円である。
注２：満期保険金による所得は、総合課税となる一時所得に該当する。

1.　確定申告をする必要はありません。
2.　確定申告をする必要があります。確定申告すべき所得の合計額は230万円です。
3.　確定申告をする必要があります。確定申告すべき所得の合計額は240万円です。
4.　確定申告をする必要があります。確定申告すべき所得の合計額は260万円です。

・外貨預金の為替差損は雑所得だから損益通算できません。
・変額保険の満期保険金を契約者が受け取る場合、一時所得となります。
総所得金額に算入すべき一時所得は、
「収入金額－収入を得るために支出した金額－特別控除（最高50万円）」
に1/2をかけて求めます。

➡ 一時所得：430万円－300万円－50万円＝80万円
総所得金額に算入される金額：80万円×1/2＝40万円

給与所得以外の所得金額（一時所得は２分の１後）が20万円を超えるため、確定申告は必要です。
確定申告すべき所得の合計額

➡ 200万円＋40万円＝240万円

よって…  答 3

不動産

不動産は、動く金額も大きいのでトラブルを未然に防ぐためにも法律や税金を理解することが重要です。特に不動産登記法や建築基準法は大切です。また、取得・保有・譲渡の税務も整理しておきましょう。

定番の問題としては、建築基準法があります。建蔽率と容積率の計算問題やセットバックも必須です。資料の読み取りでは、登記事項証明書やマンション広告が出ますので、どこに着目すればよいか、慣れておきましょう。譲渡の税金や投資利回りの計算もほぼ同様のパターンで出題されます。

頻出論点

- 不動産登記
- 不動産広告
- 建築基準法（セットバック、建蔽率、容積率）
- 不動産の譲渡所得
- 投資利回り

不動産というと、住むための
家や土地を想像しがちですが、
投資用もあるよ。

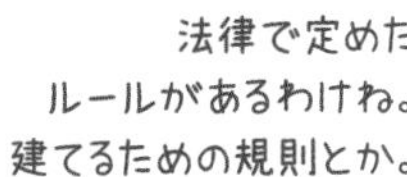

法律で定めた
ルールがあるわけね。
建てるための規則とか。

動く金額が大きい分、
うっかりしてると
税金がどーんとかかっちゃうことも
あるのか。

不動産の履歴書・不動産登記

不動産の物理的な概要と権利関係を知りたいときは、不動産登記を調べます。
不動産登記は、**法務局で誰でも調査できます**。

不動産登記　何が書いてあるの？

不動産登記は、大きく分けて、3つの部分から構成されています。
表題部（場所や広さなどの物理的概要）、権利部甲区（所有権の履歴）、権利部乙区（抵当権（担保とする権利）や賃借権（借りる権利）等）に分かれています。

不動産登記です、
どうぞ！

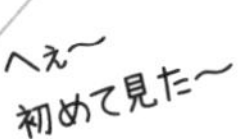

表題部	所在　○○　地番　○○ 地目　○○　地積　○○㎡
権利部（甲区） 所有権に関する事項	所有権保存　所有者　○○ ○○ 所有権移転　所有者　○○ ○○
権利部（乙区） 所有権以外に関する事項	抵当権設定　債権額　○○万円 抵当権者　○○銀行

不動産登記は必須なの？

表題登記は義務、権利の登記は原則任意ですが、相続により所有権を取得した場合には取得を知ったときから原則3年以内に登記しなければなりません。**登記をすれば、第三者に対抗（主張）できます**が、登記をしない場合、原則、その権利を第三者に対抗（主張）できません。

いざという時に
権利主張できないと
ツライなぁ…。
登記するか。

不動産登記の記載が原因でトラブルが発生したら？

登記を調べることはとても大切ですが、**不動産登記には公信力はありません**。不動産登記の内容を信じて取引を行った結果トラブルが発生した場合は、原則保護されません。

だから、不動産登記以外の
調査をすることも大事だよ。

EXERCISE 過去問で得点力を身につけよう

このポイントを覚えよう！

登記記録

表題部	義務 新築等は 1カ月以内	土地：地番、地目、地積など 建物：家屋番号、種類、構造、床面積など
権利部（甲区）	任意※	所有権に関する事項（差押え含む）
権利部（乙区）		所有権以外の権利に関する事項（賃借権、抵当権等）

※相続で所有権を取得したことを知ったときから３年以内に登記義務あり

抵当権

- 債権額や抵当権者の氏名、名称も記載される
- 複数の債権者が登記できる
（例：1番抵当の方が2番抵当よりも優先的に回収できる）
- 債務が完済された場合、抵当権の抹消登記の手続きが必要
- 抵当権設定登記に要する登録免許税は登記権利者および登記義務者が連帯納付義務を負う
- 抵当権設定者である債務者が弁済を怠った場合、抵当権者（債権者）は裁判所に申し立てて、抵当権の目的たる不動産を競売にかけ、債権を回収できる

公信力と対抗力

公信力	公信力はない 登記を信用して取引し、トラブルにあった場合、原則、保護されない
対抗力	登記された権利は第三者に対抗できる。 ［例外］ 借地権は借地上の建物を登記すると第三者に対抗できる 借家権は建物の引渡しを受けていれば第三者に対抗できる

EXERCISE

過去問で得点力を
身につけよう

過去問 (21年9月)

下記<資料>は、大下さんが購入を検討している物件の登記事項証明書の一部である。この登記事項証明書に関する次の（ア）〜（エ）の記述について、適切なものには○、不適切なものには×を解答欄に記入しなさい。なお、<資料>に記載のない事項は一切考慮しないこととする。

<資料>

権利部（A）（所有権に関する事項）			
順位番号	登記の目的	受付年月日・受付番号	権利者その他の事項
1	所有権保存	平成9年5月8日 第×6224号	原因　平成9年5月8日売買 所有者　××市○×二丁目3番4号 有馬純一

権利部（×××）（所有権以外の権利に関する事項）			
順位番号	登記の目的	受付年月日・受付番号	権利者その他の事項
1	抵当権設定	平成9年5月8日 第×6225号	原因　平成9年5月8日金銭消費貸借同日設定 債権額　金3,000万円 利息　年2.625%（12分の1月利計算） 損害金　年14.5%（年365日日割計算） 債務者　××市○×二丁目3番4号 有馬純一 抵当権者　△△区○△二丁目1番1号 株式会社RM銀行
2	1番抵当権抹消	令和2年6月25日 第×9378号	原因　令和2年6月25日弁済

※下線のあるものは抹消事項であることを示す。

（ア）所有権保存など所有権に関する事項が記載されている欄（A）は、権利部の甲区である。

（イ）上記<資料>を確認する限り、本物件には現在、抵当権は設定されていないことが分かる。

（ウ）平成9年5月8日にRM銀行の抵当権設定登記が行われ、RM銀行の抵当権設定当初の債権額は3,000万円であることが分かる。

（エ）本物件の登記事項証明書は、現在の所有者である有馬純一さんでなければ、交付の請求をすることができない。

解答・解説

（ア）適切　所有権に関する事項は権利部甲区、所有権以外の権利は権利部乙区です。

（イ）適切　下線のあるものは抹消事項であることを示すので、現在、抵当権は設定されていません。

（ウ）適切　乙区に書いてあるとおりです。

（エ）不適切　不動産登記は誰でも法務局で調べることができます。

よって… 答 （ア）○ （イ）○ （ウ）○ （エ）×

過去問（22年5月）

下記<資料>は、大垣一郎さんが所有する土地の登記事項証明書の一部である。この登記事項証明書に関する次の（ア）～（エ）の記述について、適切なものには○、不適切なものには×を解答欄に記入しなさい。なお、<資料>に記載のない事項は一切考慮しないこととする。

<資料>

権利部（乙区）（＊＊＊）			
順位番号	登記の目的	受付年月日・受付番号	権利者その他の事項
1	抵当権設定	平成22年11月15日 第9△457号	原因　平成22年11月15日金銭消費貸借同日設定 債権額　金4,000万円 利息　年1.275%（年365日日割計算） 損害金　年14%（年365日日割計算） 債務者　○○区△△三丁目××番○号 　青山二郎 抵当権者　××区○○一丁目□番□号 　株式会社PK銀行 共同担保　目録（×）第734□号

※問題作成の都合上、一部を「＊＊＊」としている。

（ア）登記事項証明書は、法務局などにおいて手数料を納付すれば、誰でも交付の請求をすることができる。

（イ）この土地には株式会社PK銀行の抵当権が設定されているが、別途、ほかの金融機関が抵当権を設定することも可能である。

（ウ）上記<資料>から、抵当権の設定当時、青山二郎さんがこの土地の所有者であったことが確認できる。

（エ）青山二郎さんが株式会社PK銀行への債務を完済すると、当該抵当権の登記は自動的に抹消される。

解答・解説

（ア）適切　不動産登記は誰でも法務局で調べることができます。

（イ）適切　抵当権の順位が先の者が優先的に回収できます。

（ウ）不適切　債務者が青山さんであることは分かりますが、土地の所有者が誰であるかは、権利部甲区を確認しないと分かりません。

（エ）不適切　債務が完済した後、抵当権を抹消するには抹消登記の申請が必要です。

よって…　答　（ア）○　（イ）○　（ウ）×　（エ）×

マンションの広告には重要な物件情報が満載

実家は一軒家だし、
よくわかんないなぁ

マンション買おうかな!
広告に色々な情報が
書いてあるけど…

マンションの広告には、
その物件を購入するか否かを
判断するために必要な情報が
いっぱい書かれてるよ!

しっかり
チェックして!

“駅から徒歩○分”ってどのくらい？

徒歩の時間表記にはルールがあり、**道路距離で1分80m**換算で計算され、1分未満の端数は1分とします。

たとえば、徒歩10分だったら、
道路距離で720m超
800m以下ってことだね

マンションの面積

マンションの場合、**登記面積は内法面積**といって壁の内側で囲まれた面積となります。一方、**広告**は外壁と内壁の中心線に囲まれた**壁芯面積**で記載されるので、実際の面積より少し大きくなります。

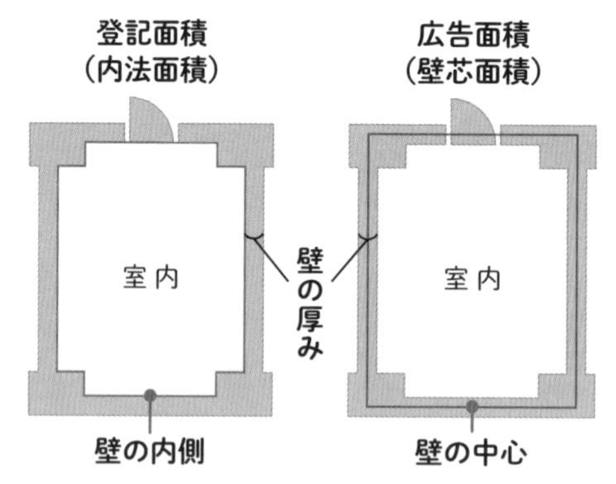

ちなみに、専有部分は部屋の面積だけで、バルコニーやポーチは避難経路としても利用される共用部分だから、専有部分の面積には含まないよ。

不動産会社への手数料は必要？

“媒介”と記載		400万円以上の場合は、物件価格の3％＋6万円（消費税別）の手数料がかかります。
“売主”と記載		手数料はかかりません。

EXERCISE 過去問で得点力を身につけよう

このポイントを覚えよう!

マンションの広告

道路距離と時間	1分=80m、1分未満の端数は切り上げ
専有部分の面積	壁芯面積での表示が一般的であり、登記面積より大きい 共用部分(バルコニー、ポーチなど)の面積は含まない
管理費	共用部分の持分割合(原則、専有部分の床面積)で決まる 管理組合は、滞納管理費を前所有者、新所有者のどちらにも請求できる
取引態様	媒介:媒介業者である宅地建物取引業者に対する手数料がかかる 売主:売主である宅地建物取引業者に対する手数料は不要

過去問 (24年1月)

下記<資料>は、横川さんが購入を検討している中古マンションのインターネット上の広告(抜粋)である。この広告の内容等に関する次の(ア)~(エ)の記述について、適切なものには○、不適切なものには×を解答欄に記入しなさい。

<資料>

○○マンション302号室

販売価格	3,480万円	所在地	◎◎県××市○○町3-1
交通	××線△△駅まで徒歩9分	間取り	3LDK
専有面積	71.66㎡(壁芯)	バルコニー面積	14.28㎡
階/階建て	3階/5階	築年月	1994年6月
総戸数	42戸	構造	鉄筋コンクリート造
管理費	20,200円/月	修繕積立金	15,600円/月
土地権利	所有権	取引形態	売主

(ア) この物件の出入り口から××線△△駅までの道路距離は、720m超800m以下である。
(イ) この物件の専有面積として記載されている面積は、登記簿上の面積と同じである。
(ウ) この物件は専有部分と共用部分により構成されるが、バルコニーは共用部分に当たる。
(エ) この物件を購入する場合、売主である宅地建物取引業者に仲介手数料を支払う必要がない。

解答・解説

(ア) 不適切　1分80m換算なので、徒歩9分なら道路距離で640m超720m以下です。
(イ) 不適切　広告では壁芯面積(内壁と外壁の中心線で囲まれた面積)で記載されていますが、登記面積は内法面積(内側線で囲まれた面積)なので、壁芯面積の方が内法面積よりも大きくなります。
(ウ) 適切　バルコニーの面積は専有面積には含みません。
(エ) 適切　取引態様(形態)が「売主」なので手数料不要です。

よって… 答 (ア)× (イ)× (ウ)○ (エ)○

建築基準法の重要なポイント

接道義務とセットバック

都市計画区域内で、建物を建てる敷地は、原則、**幅４ｍ以上の道路に２ｍ以上接していなければなりません**。これを接道義務といいます。

道路の制限がある理由の１つは街全体の安全を守るためといえるよ。道路幅４ｍ以上必要なのは、一般車なら何とか対面通行できるし、間口が２ｍ以上あれば、自動車もおけるし、火事の消火にも支障がでにくいからね。

道路幅は
４ｍ以上必要！

敷地が道路に
接する幅は
２ｍ以上必要！

敷地

道路幅は
車幅2mと関係あると
理解すればいいわね!

もしも道路幅が４ｍ未満だったら？

建替え等のタイミングで、原則、**道路中心線から２ｍの位置まで敷地が後退**し、道路になります。これをセットバックといいます。

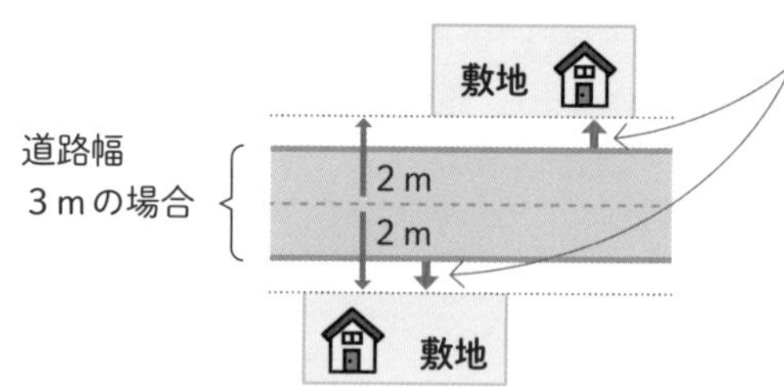

0.5ｍバックして
道路幅４ｍを確保！
敷地面積に含めないよ

反対側が川や崖地の場合は、
バックできないから、この場合は
反対側から4mバックするんだ。

接道義務とセットバック道路の定義と接道義務

建築基準法上の道路	原則幅員４ｍ以上 幅員４ｍ未満の場合 原則：道路中心線から２ｍの線が道路境界線 例外：反対側が川、崖地の場合、反対側から４ｍの線が道路境界線
接道義務	原則２ｍ以上

建蔽率

建物の広さ（建築面積）は建蔽（べい）率を使って計算します。

計算してみよう！

最高限度の
計算式はコレ！

建築面積の最高限度＝敷地面積×建蔽率

(例) **敷地面積200㎡　指定建蔽率60％、指定容積率200％、道路幅員６ｍ**

建物の建築面積 ⇨ 200㎡×60％＝120㎡が限度！

なお、**延焼しにくい条件を満たせば、建蔽率が緩和**されて、より広く建築できます。

特定行政庁 指定の角地	防火地域・耐火建築物等 準防火地域・（準）耐火建築物等	防火地域・耐火建築物等 （建蔽率80％）
10％加算	10％加算	100％

建蔽率

敷地面積×建蔽率＝建築面積の最高限度

建蔽率の加算

特定行政庁が指定する角地	10％加算
防火**地域内にある**耐火**建築物等**	原則　10％加算 建蔽率80％　100％
準防火**地域内にある**耐火**建築物等または** 準耐火**建築物等**	10％加算

容積率

建物の大きさ（延べ面積）は容積率を使って計算します。

最高限度の
計算式はコレ!

延べ面積の最高限度＝敷地面積×容積率

道路が狭い場合

前面道路の幅（複数ある場合は広い方）が**12m未満**の場合、**指定容積率と前面道路幅で計算した容積率（道路幅×40% or 60%）の低い方**が適用されます。

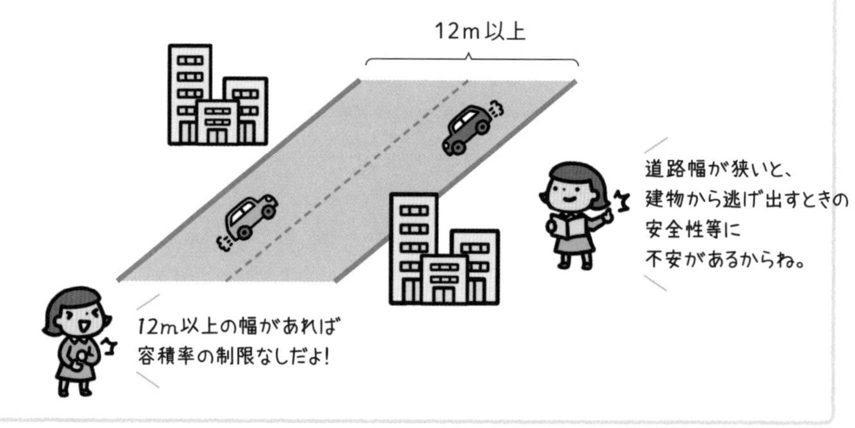
12m以上
道路幅が狭いと、
建物から逃げ出すときの
安全性等に
不安があるからね。
12m以上の幅があれば
容積率の制限なしだよ!

容積率

敷地面積×容積率＝延べ面積の最高限度

容積率の制限

前面道路の幅員（最も広いもの）	制限	制限の内容（原則）
12m以上	なし	—
12m未満	あり	住居系地域　前面道路の幅員×40% 商業・工業系　前面道路の幅員×60% と指定容積率の低い方

制限の異なる地域にわたる場合

1つの敷地が用途地域、防火制限、建蔽率、容積率が異なる地域にわたる場合、それぞれルールが異なります。

敷地が異なる用途地域にわたる場合はどうなるの？

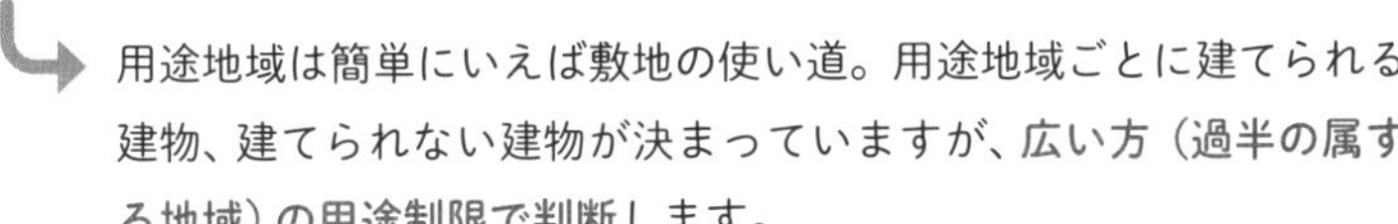

用途地域は簡単にいえば敷地の使い道。用途地域ごとに建てられる建物、建てられない建物が決まっていますが、広い方（過半の属する地域）の用途制限で判断します。

建物が防火制限が異なる地域にわたる場合はどうなるの？

原則、厳しい方の防火制限が適用されます。防火地域と準防火地域にわたる場合は、原則、防火地域の防火制限が適用されます。

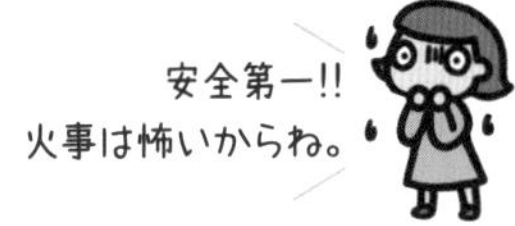

敷地が建蔽率や容積率が異なる地域にわたる場合はどっち？

この場合はどちらでもなく、それぞれの敷地面積に建蔽率、容積率を乗じて計算し、建築面積、延べ面積を合計します。

専門用語で、
加重平均っていうよ

制限の異なる地域にわたる場合

用途制限	敷地の過半の属する地域（広い方）の制限を敷地全体に適用
防火制限	原則、厳しい方の制限を適用
建蔽率、容積率	加重平均（別々に計算して合計）

EXERCISE 過去問で得点力を身につけよう

過去問（22年5月）

建築基準法に従い、下記<資料>の甲土地に建物を建てる場合の建築面積の最高限度を計算しなさい。なお、<資料>に記載のない条件については一切考慮しないこととする。また、解答に当たっては、解答用紙に記載されている単位に従うこと（解答用紙に記載されているマス目に数値を記入すること。

<資料>

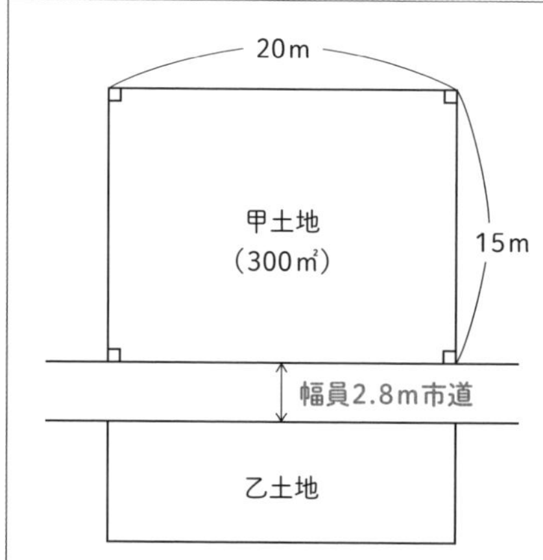

・第一種住居地域
・建蔽率　6/10
・容積率　20/10
・前面道路の幅員に対する
　法定乗数　4/10
※甲土地・乙土地が面する道路は建築基準法第42条第２項に該当する道路で、甲土地・乙土地はともにセットバックを要する。また、道路中心線は現況道路の中心に位置するものとする。なお、特定行政庁が指定する幅員６m指定区域ではない。

解答・解説

反対側が宅地だから、道路中心線から水平距離２mのセットバックが必要です。
現状で中心線から1.4mが道路なので、あと奥行きで0.6mが道路となります。

セットバック部分は、建築面積、延べ面積の計算上、敷地面積に算入しないので、
→ 敷地面積：20m ×（15m − 0.6m）＝ 288㎡

建築面積の最高限度は、「敷地面積×建蔽率」で求めます。
→ 288㎡ × 60％ ＝ 172.8㎡

よって… 答 172.8㎡

過去問（23年9月）

建築基準法に従い、下記＜資料＞の土地に耐火建築物を建てる場合、建築面積の最高限度（ア）と延べ面積（床面積の合計）の最高限度（イ）の組み合わせとして、正しいものはどれか。なお、＜資料＞に記載のない条件については一切考慮しないものとする。

＜資料＞

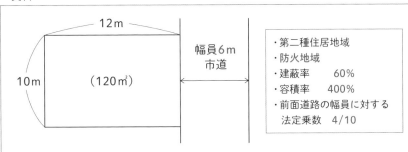

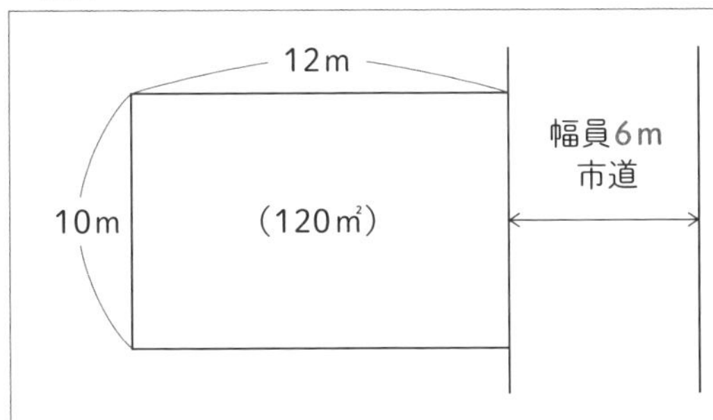

- 第二種住居地域
- 防火地域
- 建蔽率　60%
- 容積率　400%
- 前面道路の幅員に対する法定乗数　4/10

1.（ア）　72㎡　　（イ）　288㎡
2.（ア）　72㎡　　（イ）　480㎡
3.（ア）　84㎡　　（イ）　288㎡
4.（ア）　84㎡　　（イ）　480㎡

解答・解説

（ア）建築面積の最高限度は「敷地面積×建蔽率」で求めます。

建蔽率80％以外の防火地域内に耐火建築物を建築する場合、10％加算なので、

60％＋10％＝70％

→ 建築面積の最高限度：120㎡×70％＝84㎡

（イ）延べ面積の最高限度は「敷地面積×容積率」により求めます。

前面道路の幅員が12m未満の場合、前面道路の幅員×法定乗数（設問の場合、4/10）により求めた容積率と指定容積率の低い方が適用されます。

6（m）×4/10＝240％＜400％　▶低い方の容積率は240％。

→ 延べ面積の最高限度：120㎡×240％＝288㎡

よって…  1

新築マンションの購入と消費税

消費税は、事業者が事業として対価を得て行う資産の譲渡、貸付け、役務の提供等に対して課税されます。

マンションにかかる消費税

マンションの建物は、消費税の課税対象です。土地は消費されない資産なので、**土地の譲渡や貸付は原則、消費税は課税されません。**

建物	土地
消費税の 課税対象！	消費税の 課税対象外！

建物は使うと価値が減る(消費される)から課税対象、
土地は使っても価値が減らない(消費されない)から
非課税ってことだね。

建物に消費税が課税されないケースがある！

たとえば、こんなケースは
非課税だよ。

- 建物の家賃は原則消費税がかかりますが、住宅の貸付けの原則、非課税です。
- 個人がマイホームを売るときは「個人が個人として建物を売る」ので、かかりません。つまり、中古住宅を旧所有者個人から買う場合は消費税はかかりませんが、不動産業者から買うとかかる、ということです。

消費税は事業者が事業として
対価を得て行う資産の譲渡等
が課税対象だからね。

LECTURE 過去問の着眼点を理解しよう

不動産取引と消費税

このポイントを覚えよう！

	課税	非課税・不課税
土地	1カ月未満の貸付け	譲渡・貸付け
建物	譲渡 住宅以外の貸付け 1カ月未満の住宅の貸付け	住宅の貸付け（1カ月以上）
不動産取引等	仲介手数料、融資手数料	保険料、保証料

過去問（23年5月）

［前提］
賃貸マンションに居住しており、家賃は月額11万円（管理費込み）である。
マイホームとして販売価格4,000万円（うち消費税200万円）のマンションを購入する予定である。

鶴見さん夫妻は、20XX年7月にマンションを購入する予定である。鶴見さん夫妻が<設例>のマンションを購入する場合の販売価格のうち、土地（敷地の共有持分）の価格を計算しなさい。なお、消費税の税率は10％とし、計算結果については万円未満の端数が生じる場合は四捨五入すること。また、解答に当たっては、解答用紙に記載されている単位に従うこと。

この消費税の課税対象は何かな…？

事業者からマンションを購入する場合、**消費税が課税されるのは建物部分のみ**であり、土地部分は非課税となります。

消費税200万円、消費税率10％だから、建物本体の価格は
200万円÷0.1＝2,000万円

建物は税込みで2,200万円なので、土地（敷地の共有持分）の価格は、
4,000万円－2,200万円＝1,800万円

よって… 答 1,800万円

LESSON 52

譲渡所得 ～原則ルールと居住用財産～

不動産の譲渡所得

不動産の**譲渡所得**は**分離**課税の対象となり、所有期間の長期、短期で税率が異なります。

算出式だよ!

譲渡所得＝譲渡収入金額－（取得費＋譲渡費用）

取得費の求め方

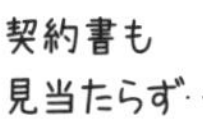
契約書も
見当たらず…

ガーン
取得費が
わからないんだけど、
どうしよう…

その場合は、
譲渡収入金額の5％
として計算するよ

通常、取得費は取得価額から減価償却費相当額を引いて求めますが、取得費が分からない場合、**譲渡収入金額の５％**として計算します。

短期譲渡と長期譲渡

譲渡年の１月１日時点で５年以下の場合は**短期**譲渡、**５年**超の場合は**長期**譲渡となります。 短期と長期で大きく違うのは、税率です。

短期譲渡	長期譲渡
所得税　30.63％ 住民税　9％ ひぇ～ 税金 高すぎ!!	所得税　15.315％ 住民税　5％ 他の多くの 金融商品と同じ 税率だね

不動産の譲渡所得

不動産の譲渡所得	譲渡収入金額－（取得費＋譲渡費用）
取得費	原則、取得価額－減価償却費相当額 不明の場合、譲渡収入金額×５％
譲渡費用	建物取壊し費用、仲介手数料、立退料など

不動産の譲渡所得の短期譲渡・長期譲渡の所有期間判定と税率

	所有期間（譲渡年１月１日時点）	税率
短期譲渡	５年以下	所得税30.63％、住民税９％
長期譲渡	５年超	所得税15.315％、住民税５％

居住用財産の譲渡所得

居住用財産の譲渡所得は、マイホームを売却して利益が出た場合、3,000万円まで税金がかからず、所有期間が10年を超えると税率が軽減される特例があります。

居住用財産の売却に関わる税金

配偶者や子、親に売った場合は適用できないわよ

さすがにね

マイホーム売ったら利益が出たよ！

わ〜い♪

3,000万円以下の利益

3,000万円まで税金がかからない特例アリ！

☑ 住まなくなってから３年後の年末までに売れば適用できる！

☑ 所有期間の条件もない！

3,000万円を超えての利益

軽減される特例アリ！

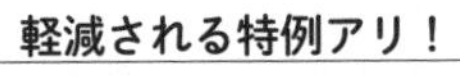

☑ 所有期間が10年を超える場合には、通常の税率よりも軽減される！

マイホームは最重要資産だから、売って儲かっても、税金を軽くしてくれるんだね

居住用財産の譲渡の特例の所有期間要件

	所有期間要件（譲渡年１月１日）	併用
3,000万円特別控除	なし	できる
軽減税率の特例	10年超	
特定居住用財産の買換え特例	10年超	できない

居住用財産の長期譲渡所得の課税の特例（軽減税率の特例）の税率

課税所得金額6,000万円以下の部分	所得税10.21％、住民税４％
課税所得金額6,000万円超の部分	所得税15.315％、住民税５％

不動産の譲渡所得と居住用財産の譲渡所得。
2つセットで理解して、過去問にチャレンジしよう！

EXERCISE

過去問で得点力を
身につけよう

過去問（24年1月）

浜松さんは、居住している自宅マンションを売却する予定である。売却に係る状況が下記＜資料＞のとおりである場合、所得税に関する次の記述の空欄（ア）、（イ）にあてはまる数値または語句の組み合わせとして、最も適切なものはどれか。なお、記載のない事項については一切考慮しないものとする。

＜資料＞

取得日	：2019年2月5日
売却予定日	：2024年2月9日
取得費	：4,800万円
譲渡価額	：8,300万円
譲渡費用	：290万円

※居住用財産を譲渡した場合の3,000万円特別控除の特例の適用を受けるものとする。

浜松さんがこのマンションを売却した場合の特別控除後の譲渡所得の金額は（ ア ）万円となり、課税（ イ ）譲渡所得として扱われる。

1．（ア） 210 （イ） 短期
2．（ア） 500 （イ） 短期
3．（ア） 210 （イ） 長期
4．（ア） 500 （イ） 長期

解答・解説

居住用財産の特別控除後の譲渡所得は、
譲渡収入－（取得費＋譲渡費用）－3,000万円で求めます。
→8,300万円－（4,800万円＋290万円）－3,000万円＝210万円

譲渡年の1月1日時点で所有期間が5年超であれば長期譲渡、5年以下であれば短期譲渡になります。この問題では5年以下なので、短期譲渡です。

よって…  1

過去問（23年5月）

山岸さんは、７年前に相続により取得し、その後継続して居住している自宅の土地および建物の売却を検討している。売却に係る状況が下記＜資料＞のとおりである場合、所得税における課税長期譲渡所得の金額として、正しいものはどれか。なお、＜資料＞に記載のない事項は一切考慮しないこととする。

＜資料＞

・取得費　　　　　：土地および建物とも不明であるため概算取得費とする。 ・譲渡価額（合計）：5,000万円 ・譲渡費用（合計）：200万円 ※居住用財産を譲渡した場合の3,000万円特別控除の特例の適用を受けるものとする 。 ※所得控除は考慮しないものとする。

1.　1,740万円
2.　1,550万円
3.　1,480万円
4.　1,300万円

解答・解説

個人が3,000万円特別控除を適用して、自らの居住用財産を譲渡する場合の課税譲渡所得金額（所得控除は考慮しない）は、譲渡収入金額－（取得費＋譲渡費用）－特別控除（3,000万円を限度）で求めます。
この問題では、取得費が不明なので、
→ 譲渡収入金額の５％である5,000万円×５％＝250万円が取得費となります。

譲渡所得金額
→ 5,000万円－（250万円＋200万円）－3,000万円＝1,550万円。
所得控除を考慮しないため、課税長期譲渡所得金額も1,550万円となります。

よって…  2

利回り計算をしてみよう

不動産投資に限らず、投資は採算に合うか、期待する収益率が得られるか否かの判断が重要です。
利回りには表面利回りと純利回り（NOI利回り、実質利回り）があります。

利回り計算

表面利回り		年間収入の投資金額に対する割合。費用を考慮していない分、数値は高くなる。
純利回り（NOI利回り、実質利回り）	⇨	年間収入から年間費用を差し引いた純収益の投資金額に対する割合。実感値に近い数値となる。

計算例

例 **年間収入200万円、年間費用60万円、投資金額2,500万円の場合**

表面利回り ⇨ 200万円÷2,500万円×100＝8％

純利回り ⇨ （200万円－60万円）÷2,500万円×100＝5.6％

利回りの計算式は
要チェック!

利回り

表面利回り	年間収入÷投資金額×100
純利回り（NOI利回り）	（年間収入－年間費用）÷投資金額×100

EXERCISE 過去問で得点力を身につけよう

過去問 (22年9月)

下記<資料>は、天野さんが購入を検討している投資用マンションの概要である。この物件の表面利回り（年利）と実質利回り（年利）の組み合わせとして、正しいものはどれか。なお、<資料>に記載のない事項については一切考慮しないこととし、計算結果については小数点以下第3位を四捨五入すること。

<資料>

購入費用総額：3,000万円（消費税と仲介手数料等取得費用を含めた金額）	
想定される収入：賃料	月額130,000円
想定される支出：	
管理費・修繕積立金	月額20,000円
管理業務委託費	月額 5,000円
火災保険料	年額15,000円
固定資産税等税金	年額50,000円
修繕費	年額30,000円

1．表面利回り（年利）：5.20%　実質利回り（年利）：3.88%
2．表面利回り（年利）：5.20%　実質利回り（年利）：0.40%
3．表面利回り（年利）：4.20%　実質利回り（年利）：3.88%
4．表面利回り（年利）：4.20%　実質利回り（年利）：0.40%

解答・解説

表面利回りは「年間収入÷購入費用総額×100（%）」で求めます。

⇨130,000円×12カ月÷3,000万円×100＝5.2%

実質利回りは「（年間賃料収入－年間支出）÷購入費用総額×100」で求めます。

年間賃料収入

⇨130,000円×12カ月＝1,560,000円

年間支出

⇨20,000円×12カ月＋5,000円×12カ月＋15,000円＋50,000円＋30,000円
＝395,000円

支出には月額と年額があるから気をつけよう

実質利回り

⇨（1,560,000円－395,000円）÷3,000万円×100≒3.88%

よって… 答 1

相続・事業承継

相続では、法律と相続税・贈与税の計算のルールが大きなテーマになります。多くの財産をもらうときは取り分でもめたり、相続税や贈与税も多くかかるため、分け方や税金の対策も重要です。

被相続人を中心にした親族関係図を読み取る問題が出題されます。相続人の優先順位をマスターしておけば、どのパターンにも対応できます。相続税、贈与税の計算は必ず出題されるのでパターンに慣れておきましょう。宅地の評価では、路線価図を使った計算問題が出題されます。

頻出論点

- 法定相続分、遺留分
- 相続税の課税価格、基礎控除
- 贈与税の計算（基礎控除、相続時精算課税制度）
- 路線価方式による評価額の計算
- 小規模宅地等の特例

相続や贈与で財産をもらうと、
その分、
税金も発生するので
安くする対策が必要なんです。

相続分に関しては、
法律でルールが
決められているんだね。

宅地を相続すると、
大きく割引されることもあるわけか。
こまらないための特例もあるわけね。

将来の自分のためにも、
これは知っておくべき知識だよ！

相続人と法定相続分

死亡した人を**被相続人**、財産をもらうことができる権利がある人を**相続人**といいます。**配偶者は必ず相続人になる**ことができますが、**血族相続人は優先順位**があります。

相続人が決まると法定相続分も決まりますが、相続人の組合せによって、法定相続分も変わってきます。

❶
下の相続人（＝子）。
実子、養子、嫡出子、非嫡出子（婚外子）も同じ。

❷
子や孫などの下が誰もいなければ、上の相続人（＝父母など）。

❸
誰も上がいなければ兄弟姉妹が相続人。

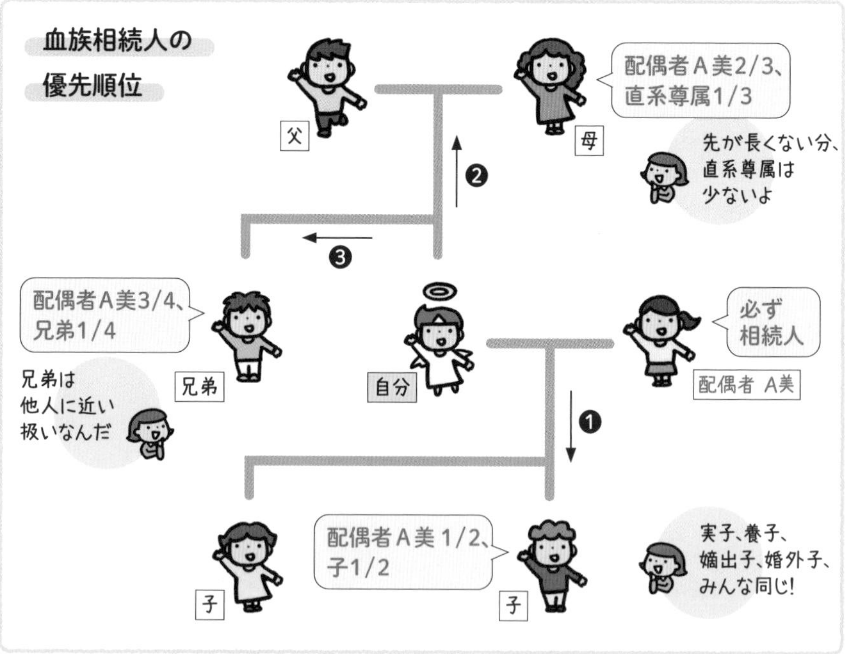

血族相続人の優先順位

父
母
配偶者A美2/3、
直系尊属1/3
先が長くない分、
直系尊属は
少ないよ
❷
❸
配偶者A美3/4、
兄弟1/4
兄弟は
他人に近い
扱いなんだ
兄弟
自分
必ず
相続人
配偶者 A美
❶
配偶者A美 1/2、
子1/2
子
子
実子、養子、
嫡出子、婚外子、
みんな同じ!

子どもや兄弟が既に死亡している場合はどうなるの？

孫や兄弟姉妹の子、つまり孫や甥・姪が相続することになります。これを「代襲相続（だいしゅうそうぞく）」といいます。
相続人が放棄した場合は、いなかったものとされて、**代襲相続はありません。**

- ☑ その子はいなかった扱い！
- ☑ 他の子がいれば、他の子はそのまま相続人に！
- ☑ 他に子や代襲相続人がいなければ親が相続人に！

相続人と法定相続分

優先順位	相続人	法定相続分
第１順位	配偶者と子	配偶者1/2、子1/2
第２順位	配偶者と直系尊属	配偶者2/3、直系尊属1/3
第３順位	配偶者と兄弟姉妹	配偶者3/4、兄弟姉妹1/4

順位の者が複数いる場合

原則：按分する（例：養子と実子、嫡出子と婚外子等）

例外：全血兄弟姉妹に対して、半血兄弟姉妹は２分の１

代襲相続

あり	相続人となるべき子、兄弟姉妹が既に死亡している場合、欠格・廃除で相続権がない場合等はその子が代襲相続人。代襲相続人が複数いる場合は、死亡した者の相続分を均等按分する
なし	相続放棄している場合（相続人ではなかったものとされる）

普通養子と特別養子

	親子関係	基礎控除や生命保険金等の非課税の計算
普通養子	実親、養親ともにあり	相続税の実子がいれば１人まで 実子がいなければ２人まで
特別養子	養親のみ	実子扱い

遺留分

遺言があった場合でも、相続人は、**遺留分という最低保証割合**より取り分が少ない場合は、最低取り分（遺留分）をもらうことを主張できます。

遺留分は、配偶者、直系血族（父母、子など）にはありますが、**兄弟姉妹にはありません。**

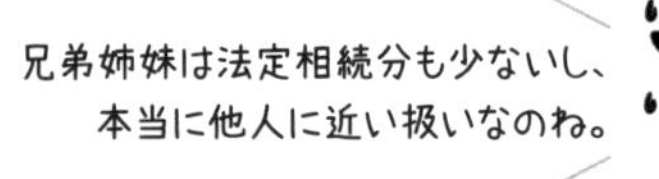

兄弟姉妹は法定相続分も少ないし、
本当に他人に近い扱いなのね。

遺留分は原則**相続財産の２分の１**です。ただし、直系尊属のみが相続人である場合は３分の１となります。

たとえば、配偶者と子1人が相続人である場合、それぞれの遺留分は？

法定相続分はそれぞれ1/2で、遺留分はその1/2。
よって、それぞれ1/4となります。

配偶者と兄弟姉妹が相続人である場合、遺留分はどうなるの？

兄弟姉妹には遺留分はないので、
配偶者の遺留分が２分の１となります。

遺留分

遺留分権利者	配偶者、子（代襲相続人である孫を含む） 直系尊属（兄弟姉妹にはない）
遺留分割合	原則　1/2 例外　相続人が直系尊属のみ　1/3

EXERCISE

過去問で得点力を身につけよう

過去問 (24年1月)

下記＜親族関係図＞の場合において、民法の規定に基づく法定相続分および遺留分に関する次の記述の空欄（ア）〜（ウ）にあてはまる適切な語句または数値を語群の中から選び、その番号のみを解答欄に記入しなさい。なお、同じ番号を何度選んでもよいものとする。

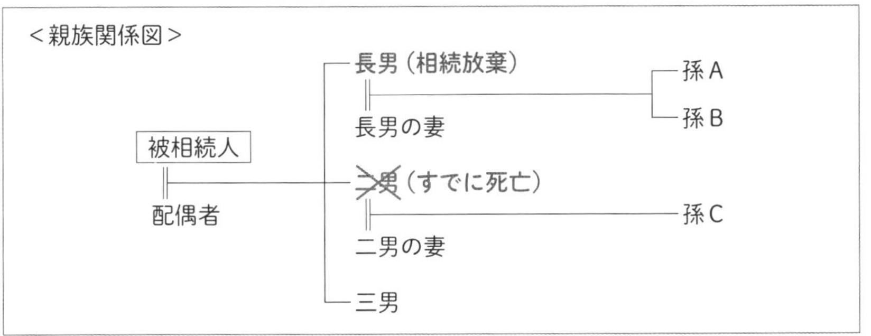

［相続人の法定相続分および遺留分］

・被相続人の孫Aおよび孫Bの各法定相続分は（ア）である。

・被相続人の配偶者の遺留分は（イ）、被相続人の孫Cの遺留分は（ウ）である。

＜語群＞				
1．ゼロ	2．1/2	3．1/3	4．1/4	5．1/6
6．1/8	7．2/3	8．1/12	9．1/16	

解答・解説

❶のパターンですから、配偶者および子の法定相続分はそれぞれ1/2です。相続放棄している長男はいなかった扱いになり、代襲相続もないため、孫A、Bの法定相続分はゼロ ➡（ア）となります。

子は二男と三男の2人と考えるので、二男、三男の法定相続分はそれぞれ1/4、二男は死亡しているので、孫Cが二男の法定相続分と同じ1/4です。
よって、法定相続分は、配偶者1/2、孫C、三男は1/4。

遺留分はこの半分なので、配偶者1/4 ➡（イ）、孫Cは1/8 ➡（ウ）となります。

よって… **答（ア）1 （イ）4 （ウ）6**

EXERCISE 過去問で得点力を身につけよう

過去問（22年5月）

下記＜親族関係図＞の場合において、民法の規定に基づく法定相続分および遺留分に関する次の記述の空欄（ア）～（ウ）に入る適切な語句または数値を語群の中から選び、解答欄に記入しなさい。なお、同じ語句または数値を何度選んでもよいこととする。

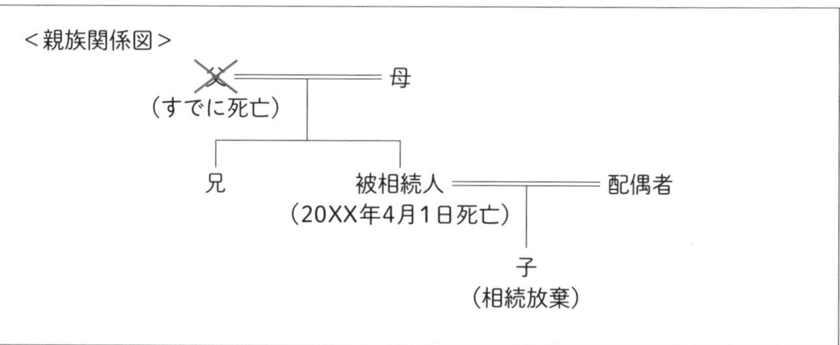

［各人の法定相続分と遺留分］

・被相続人の配偶者の法定相続分は（ ア ）

・被相続人の兄の法定相続分は（ イ ）

・被相続人の母の遺留分は（ ウ ）

＜語群＞	なし	1/2	1/3	2/3	1/4
	3/4	1/6	1/8	1/12	

解答・解説

相続放棄がなければ配偶者と子が相続人となりますが、子が相続放棄しており、ほかに子がいないので、**❷のパターン**で配偶者と直系尊属が相続人となります。

配偶者と直系尊属が相続人である場合、配偶者の法定相続分は2/3 →（ア）、直系尊属の法定相続分は1/3です。よって、兄の法定相続分はなし →（イ）となります。

配偶者と直系尊属が相続人である場合、遺留分は相続財産の1/2なので、
配偶者の遺留分は 2/3×1/2＝1/3
母の遺留分は 1/3×1/2＝1/6 →（ウ）となります。

よって… 答 **（ア）2/3 （イ）なし （ウ）1/6**

過去問 （23年5月）

下記＜親族関係図＞の場合において、民法の規定に基づく法定相続分および遺留分に関する次の記述の空欄（ア）〜（ウ）に入る適切な語句または数値を語群の中から選び、その番号のみを解答欄に記入しなさい。なお、同じ 番号 を何度選んでもよいこととする。

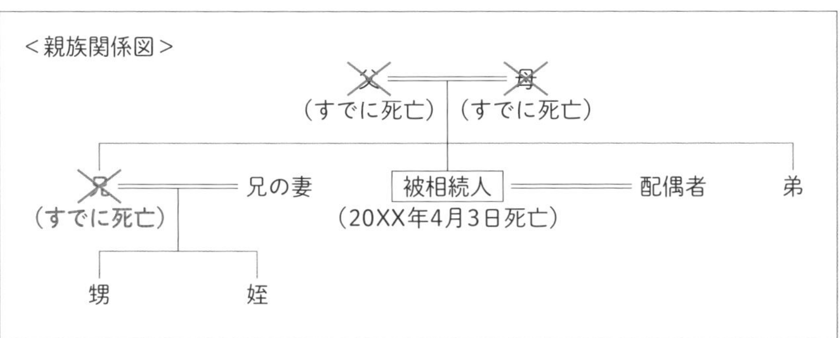

［各人の法定相続分および遺留分］
・被相続人の配偶者の法定相続分は（ ア ）
・被相続人の甥の法定相続分は（ イ ）
・被相続人の弟の遺留分は（ ウ ）

＜語群＞

1．ゼロ	2．1/2	3．1/3	4．1/4	5．1/6
6．1/8	7．1/12	8．1/16	9．2/3	10．3/4

解答・解説

被相続人には、子や孫、直系尊属がいないので、❸配偶者と兄弟姉妹のパターンです。

法定相続分は配偶者3/4 →（ア）、兄弟姉妹1/4。
兄弟姉妹は兄と弟の２人なのでそれぞれ1/8。でも、兄は死亡していて、甥、姪の２人が代襲相続人になるため、甥、姪の法定相続分は1/16 →（イ）になります。

配偶者と兄弟姉妹が相続人である場合、遺留分は相続財産の1/2ですが、兄弟姉妹には遺留分はなく →（ウ）配偶者の遺留分が相続財産の1/2となります。

よって… 答 （ア）10 （イ）8 （ウ）1

相続税の課税価格の計算から基礎控除まで

相続税の課税価格の計算では、プラスの財産を足し、非課税財産や債務を引いて求めます。

課税価格の計算

＋ 本来の相続財産、みなし相続財産
－ 非課税財産、債務控除、葬式費用
＋ 相続時精算課税制度により贈与された財産、暦年課税による生前贈与加算

相続税の課税価格

相続財産とみなし相続財産って何が違うの？

本来の相続財産は現金や不動産などの亡くなった人が所有していた財産、**みなし相続財産は死亡保険金、死亡退職金**など、亡くなった人が所有していた財産ではないものの、相続財産と同じような効果がある財産をいいます。

相続を放棄した人は、本来の相続財産はもらえないけど、
みなし相続財産はもらえます。
放棄すると何ももらえないと勘違いしがちだから気をつけて!

非課税財産

夫が亡くなったんだけど、
死亡保険金を受け取れる
みたいなの

保険入ってたなんて
知らなかったわ…

死亡保険金は
500万円×法定相続人の数が
非課税になりますよ

非課税財産には**墓地、仏壇等の宗教財産のほか、死亡保険金、死亡退職金**などがあります。**相続人が受け取った相続税の対象となる死亡保険金、死亡退職金**は、それぞれ**500万円×法定相続人の数**が非課税となります。

ただし、普通養子や放棄者には注意が必要だよ

相続人以外や
相続放棄者がもらうと
非課税なし、だしね。

課税価格と基礎控除

相続税の課税価格が基礎控除よりも少ない場合、相続税はかかりません。

基礎控除は**3,000万円＋600万円×法定相続人の数**。特例を使わずに課税価格がこの金額以内であれば相続税の申告も**不要**です。

課税価格　＞　基礎控除	課税価格（特例なし）≦　基礎控除
相続税の総額を計算	相続税はゼロ

民法上の相続人・法定相続分と相続税計算上の法定相続人・法定相続分

	相続放棄	普通養子
民法上	除く	全員が相続人
相続税計算上※	含む（放棄がなかったものとする）	実子あり……1人まで 実子なし……2人まで

※死亡保険金、死亡退職金の非課税、基礎控除、相続税の総額、配偶者の税額軽減等
※代襲相続人である孫養子は実子扱い

相続税の基礎控除や非課税財産

遺産に係る基礎控除	3,000万円＋600万円×法定相続人の数
生命保険金、死亡退職金の非課税	相続人が受け取る場合、500万円×法定相続人の数

EXERCISE 過去問で得点力を身につけよう

過去問（23年9月）

下記の相続事例（20XX年7月30日相続開始）における相続税の課税価格の合計額として、正しいものはどれか。なお、記載のない条件については一切考慮しないものとする。

＜課税価格の合計額を算出するための財産等の相続税評価額＞
土地：5,000万円（小規模宅地等の特例適用後：1,000万円）
建物：300万円
現預金：5,000万円
死亡保険金：3,000万円（生命保険金等の非課税限度額控除前）
債務および葬式費用：200万円

＜親族関係図＞
被相続人 ＝ 配偶者
長男
二男

※「小規模宅地等の特例」の適用対象となる要件はすべて満たしており、その適用を受けるものとする。
※死亡保険金はすべて被相続人の配偶者が受け取っている。
※すべての相続人は、相続により財産を取得している。
※相続開始前３年以内に被相続人からの贈与により財産を取得した相続人はおらず、相続時精算課税制度を選択した相続人もいない。また、相続を放棄した者もいない。
※債務および葬式費用はすべて被相続人の配偶者が負担している。

1．7,600万円　2．7,800万円　3．9,100万円　4．11,600万円

解答・解説

相続税の課税価格は、「本来の相続財産＋みなし相続財産－非課税財産－債務・葬儀費用＋相続税の対象となる生前贈与財産」で求めます。

ポイントは２つ。

①土地は小規模宅地等の評価減特例適用後の1,000万円が課税価格に算入されます。
②生命保険金3,000万円は相続人（配偶者）が受け取るから、500万円×３人（法定相続人の数）が非課税。相続税の課税価格に算入されるのは1,500万円です。

よって相続税の課税価格は

⇨ 1,000万円＋300万円＋5,000万円＋1,500万円－200万円＝7,600万円

生前贈与加算の対象となる財産がある場合も出るかもしれないから気をつけよう

よって…  1

過去問 （24年1月）

下記＜親族関係図＞において、Aさんの相続が開始した場合の相続税額の計算における遺産に係る基礎控除額として、最も適切なものはどれか。なお、Cさんは Aさんの相続開始前に死亡している。また、Eさんは、Aさんの普通養子（特別養子縁組以外の縁組による養子）であり、相続の放棄をしている。

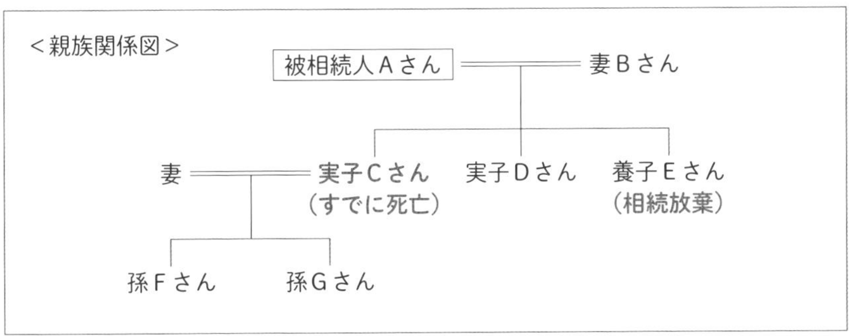

1．4,200万円　2．4,800万円　3．5,400万円　4．6,000万円

解答・解説

ポイントは2つ。

①相続放棄している者がいても放棄がなかったものとするので、Eも含みます。

②養子は実子がいる場合は1人まで。養子Eも含みます。

遺産に係る基礎控除額の計算上、法定相続人の数に含めることができるのは妻B、孫F、孫G、実子D、養子Eの5人なので、基礎控除は

⇨ 3,000万円＋600万円×5人＝6,000万円

よって…  4

贈与税の計算

贈与税の基礎控除110万円、配偶者控除2,000万円

1月から12月までの1年間を計算期間とする暦年課税制度では、**受贈者は年間110万円（基礎控除）**までの贈与であれば、贈与税がかかりません。

受贈者の基礎控除

もらった側で年間110万円までは税金がかかりませんが、110万円を超える部分は贈与税が課税されます。

原則、成年者（1月1日時点）が父母、祖父母から贈与を受ける場合と、その他の場合で税率が違うのよ。

贈与税を計算してみよう！

ヨコ・ナナメの関係！

原則、タテの関係！

贈与税率（抜粋）　税額＝A×B－C

控除後の課税価格 A	一般贈与		特例贈与	
	税率 B	控除額 C	税率 B	控除額 C
200万円以下	10%		10%	
200万円超　300万円以下	15%	10万円	15%	10万円
300万円超　400万円以下	20%	25万円		
400万円超　600万円以下	30%	65万円	20%	30万円

例 成年者が500万円の贈与を受けたら？

「控除後の課税価格」の欄は、110万円引いてから見てね！

・控除後の課税価格は500万円－110万円＝390万円

⇨ 親からであれば通常特例贈与：税額＝390万円×15％－10万円＝48.5万円

⇨ 夫婦間であれば一般贈与　　：税額＝390万円×20％－25万円＝53万円

通常は夫婦間の贈与の方が税金高いけど、婚姻期間20年以上の夫婦がマイホーム（の購入資金）を贈与する場合は、基礎控除とは別に2,000万円の配偶者控除を使えるんだ。

相続時精算課税

贈与税には暦年課税制度のほか、一生涯を通じて計算する**相続時精算課税制度**があります。贈与した人が死亡したとき、贈与財産を相続財産に加算して計算するので、相続時精算課税制度（相続時に精算する課税制度）といいます。

どんな人が使えるの？

原則、60歳以上の父母、祖父母から18歳以上の子や孫が贈与を受ける際、**受贈者ごと年間110万円の控除のほか、特定贈与者ごとに累計2,500万円**まで税金がかからない特別控除を使えます（年齢は1月1日時点で判定）。

110万円の控除は暦年課税とは別枠で使うことができるよ。ただし、相続時精算課税制度を使う人からの贈与は、今後一生、暦年課税は使えないよ。特別控除を超える部分は、**一律20％**で計算するんだ。

相続時に精算するので、
贈与時はざっくり計算するのね

60歳以上の
父母・祖父母

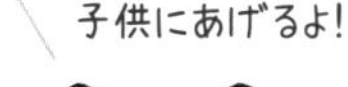

18歳以上の
子・孫

年間110万円＋累計2,500万円 ➡ 税金かからない
超える部分 ➡ 20％の贈与税

暦年課税・原則	（課税価格－基礎控除110万円）×超過累進税率
暦年課税 贈与税の配偶者控除	（課税価格－配偶者控除2,000万円－基礎控除110万円）×超過累進税率
相続時精算課税	（課税価格－受贈者ごと年間110万円－特別控除2,500万円の残額）×20％ 2023年までは、（課税価格－特別控除2,500万円の残額）×20％

※暦年課税の基礎控除110万円と相続時精算課税制度の110万円は別枠

EXERCISE

過去問で得点力を身につけよう

過去問（23年5月）

横川さん（40歳）は、父（72歳）と叔父（70歳）から下記＜資料＞の贈与を受けた。横川さんの本年分の贈与税額を計算しなさい。なお、父からの贈与については、2021年から相続時精算課税制度の適用を受けている。また、解答に当たっては、解答用紙に記載されている単位に従うこと。

＜資料＞

［2021年中の贈与］
・父から贈与を受けた金銭の額：1,500万円
［本年中の贈与］
・父から贈与を受けた金銭の額：1,500万円
・叔父から贈与を受けた金銭の額：1 000万円

※2021年中および本年中に上記以外の贈与はないものとする。
※上記の贈与は、住宅取得等資金や結婚・子育てに係る資金の贈与ではない。

＜贈与税の速算表＞

（イ）18歳以上の者が直系尊属から贈与を受けた財産の場合（特例贈与財産、特例税率）

基礎控除後の課税価格		税率	控除額
	200万円 以下	10%	−
200万円 超	400万円 以下	15%	10万円
400万円 超	600万円 以下	20%	30万円
600万円 超	1,000万円 以下	30%	90万円
1,000万円 超	1,500万円 以下	40%	190万円
1,500万円 超	3,000万円 以下	45%	265万円
3,000万円 超	4,500万円 以下	50%	415万円
4,500万円 超		55%	640万円

（ロ）上記（イ）以外の場合（一般贈与財産、一般税率）

基礎控除後の課税価格		税率	控除額
	200万円 以下	10%	−
200万円 超	300万円 以下	15%	10万円
300万円 超	400万円 以下	20%	25万円
400万円 超	600万円 以下	30%	65万円
600万円 超	1,000万円 以下	40%	125万円
1,000万円 超	1,500万円 以下	45%	175万円
1,500万円 超	3,000万円 以下	50%	250万円
3,000万円 超		55%	400万円

解答・解説

父からの贈与（相続時精算課税制度）

相続時精算課税制度では累計で特別控除2,500万円までは贈与税がかからず、超える部分は20％課税されます。

2024年からは暦年課税とは別に、年間110万円の控除が使えます。

2021年に父から1,500万円の贈与を受けているので、特別控除の残りは1,000万円。
今年、父から贈与を受けた分の贈与税は

（1,500万円－110万円－1,000万円）×20％＝78万円

叔父からの贈与（暦年課税）

１年間に贈与を受けた財産の価額が基礎控除額（110万円）以下なら贈与税はかかりませんが、110万円を超える部分は超過累進税率で課税されます。
叔父は直系尊属ではないので、（ロ）の表の税率が適用されます。

叔父からの贈与に対する贈与税は
（1,000万円－110万円）×40％－125万円＝231万円

合計すると、贈与税は

⇨ 78万円＋231万円＝309万円

よって…  答 309万円

LESSON 56 贈与税の計算

過去問（23年1月）

工藤さん（59歳）は、本年12月に夫から居住用不動産（財産評価額2,750万円）の贈与を受けた。工藤さんが贈与税の配偶者控除の適用を受けた場合の本年分の贈与税額として、正しいものはどれか。なお、本年においては、このほかに工藤さんが受けた贈与はないものとする。また、納付すべき贈与税額が最も少なくなるように計算すること。

<贈与税の速算表>

（イ）18 歳以上の者が直系尊属から贈与を受けた財産の場合（特例贈与財産、特例税率）

基礎控除後の課税価格		税率	控除額
	200万円 以下	10%	–
200万円 超	400万円 以下	15%	10万円
400万円 超	600万円 以下	20%	30万円
600万円 超	1,000万円 以下	30%	90万円
1,000万円 超	1,500万円 以下	40%	190万円
1,500万円 超	3,000万円 以下	45%	265万円
3,000万円 超	4,500万円 以下	50%	415万円
4,500万円 超		55%	640万円

（ロ）上記（イ）以外の場合（一般贈与財産、一般税率）

基礎控除後の課税価格		税率	控除額
	200万円 以下	10%	–
200万円 超	300万円 以下	15%	10万円
300万円 超	400万円 以下	20%	25万円
400万円 超	600万円 以下	30%	65万円
600万円 超	1,000万円 以下	40%	125万円
1,000万円 超	1,500万円 以下	45%	175万円
1,500万円 超	3,000万円 以下	50%	250万円
3,000万円 超		55%	400万円

1．　14万円
2．　102万円
3．　131万円
4．　175万円

解答・解説

贈与税の配偶者控除（2,000万円を限度）は基礎控除110万円とは別に控除できるので、2,750万円のうち、2,110万円までは贈与税がかからず、課税対象は

⇨ 2,750万円－2,110万円＝640万円

夫婦間の贈与ですから（ロ）の税率表を使います。贈与税は

⇨ 640万円×40％－125万円＝131万円

よって… 答 3

過去問（21年5月）

贈与税に関する次の記述のうち、最も不適切なものはどれか。

1．個人が同一年中に複数回にわたって贈与を受けた場合、同年分の当該個人の暦年課税に係る贈与税額の計算上、課税価格から控除する基礎控除額は、受贈者1人当たり最高で110万円である。
2．贈与税の配偶者控除の適用を受けた場合、贈与税額の計算上、課税価格から基礎控除額のほかに配偶者控除として最高で3,000万円を控除することができる。
3．相続時精算課税制度の適用を受けた場合、贈与税額の計算上、課税価格から控除する特別控除額は、特定贈与者ごとに累計で2,500万円である。
4．相続時精算課税制度の適用を受けた 場合 、贈与税額の計算上、適用される税率は、一律20％である。

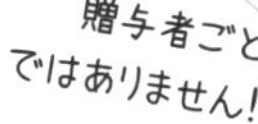

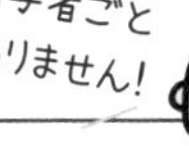

解答・解説

1．適切　贈与税の基礎控除は受贈者ごとで年間110万円です。
2．不適切　贈与税の配偶者控除は基礎控除とは別に最高2,000万円を控除できます。
3．適切　相続時精算課税制度の特別控除は特定贈与者ごとに2,500万円です。
4．適切　記述のとおりです。

年間110万円の控除は
受贈者ごとだから気をつけましょう。

暦年課税の税率は、超過累進税率です。
特例贈与、一般贈与の違いも確認しておこう。

よって… 答 2

宅地の評価（路線価方式）の求め方

市街地の土地は**路線価方式**、その他は固定資産税評価額を用いた**倍率方式**で評価します。

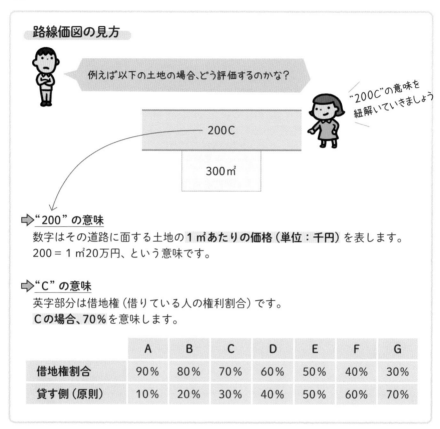

路線価図の見方

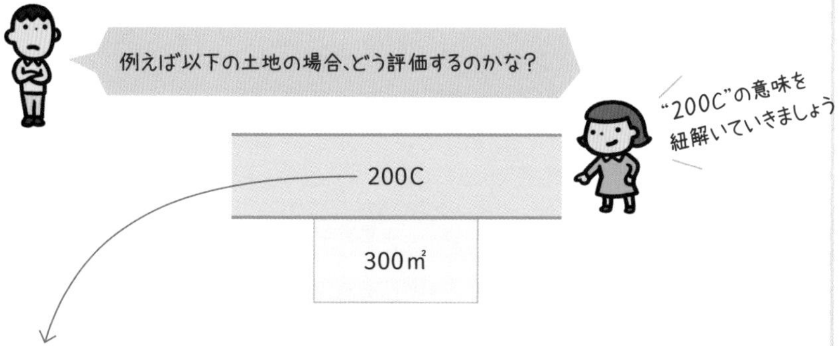

例えば以下の土地の場合、どう評価するのかな？

"200C"の意味を紐解いていきましょう

200C

300㎡

"200" の意味

数字はその道路に面する土地の**1㎡あたりの価格（単位：千円）**を表します。
200＝1㎡20万円、という意味です。

"C" の意味

英字部分は借地権（借りている人の権利割合）です。
Cの場合、70％を意味します。

	A	B	C	D	E	F	G
借地権割合	90％	80％	70％	60％	50％	40％	30％
貸す側（原則）	10％	20％	30％	40％	50％	60％	70％

路線価方式の宅地　評価の求め方

路線価方式の宅地は、原則、**路線価×各種補正率×面積**で求めます。
ただし、権利状態に応じて評価額が調整されます。
基本的には**自由度が高いと評価が高く、自由度が低いと安くなります**。

路線価方式では自由度の高さで評価が変わる

自用地
自宅敷地・青空駐車場
使用貸借で貸す敷地

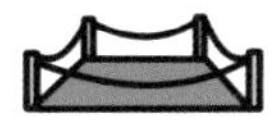

他人の権利との絡みがない分、
自由度が高いので高め！

貸宅地
宅地を貸しており
借地権が発生

借地人の権利が強いため、
所有者の評価はかなり安め！

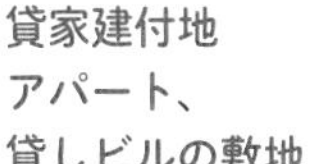

貸家建付地
アパート、
貸しビルの敷地

建物賃借人の権利が発生
するので、少し安め！

借地権がある貸宅地は
貸す側は結構、安くて
借りる側は意外と高いのね

ワンポイントアドバイス

- 青空駐車場は借地権が発生しないので、いつでも立退きを要求することができるから、自用地なんだ
- 使用貸借はタダまたは固定資産税程度の負担で貸している場合で、借地権が発生しないから、自用地なんだ

宅地の評価額（路線価方式）

自用地	自宅敷地、青空駐車場、使用貸借		路線価×各種補正率×面積
普通借地権	土地を	借りる側	自用地価額×借地権割合
貸宅地	土地を	貸す側	自用地価額×（1 －借地権割合）
貸家建付地	アパート、貸しビル敷地		自用地価額×（1 －借地権割合×借家権割合×賃貸割合）
貸家建付借地権	借地権者が所有する建物を貸している場合		自用地価額×借地権割合×（1 －借家権割合×賃貸割合）

EXERCISE 過去問で得点力を身につけよう

過去問 (21年5月)

普通住宅地区に所在している下記<資料>の宅地の相続税評価額（自用地評価額）として、最も適切なものはどれか。なお、記載のない事項については考慮しないものとする。

<資料>

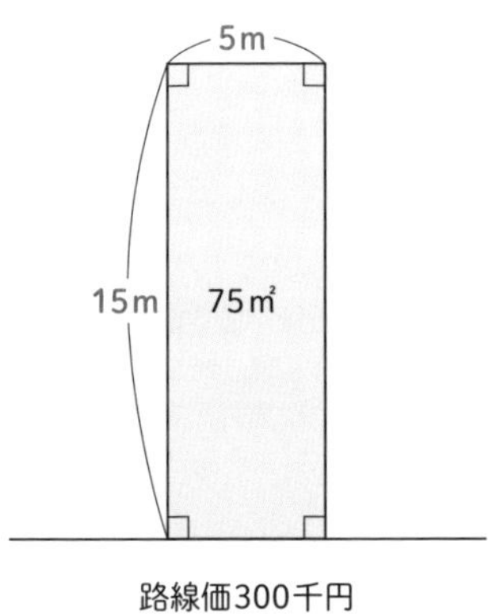

<奥行価格補正率表（一部抜粋）>

奥行距離（m） ＼ 地区区分	普通住宅地区
8以上10未満	0.97
10以上12未満	1.00
12以上14未満	
14以上16未満	

<間口狭小補正率表（一部抜粋）>

間口距離（m） ＼ 地区区分	普通住宅地区
4未満	0.90
4以上6未満	0.94
6以上8未満	0.97
8以上10未満	1.00

<奥行長大補正率表（一部抜粋）>

奥行距離/間口距離 ＼ 地区区分	普通住宅地区
2以上3未満	0.98
3以上4未満	0.96
4以上5未満	0.94
5以上6未満	0.92

1．19,845千円　2．20,304千円　3．20,700千円　4．20,952千円

解答・解説

路線価方式による価額は1㎡あたりの価額×面積により求めます。
1㎡当たりの価額は「路線価×各種補正率」で求めます。

・奥行価格補正率：奥行が15mだから、1.00
・間口狭小補正率：間口が5mだから、0.94
・奥行長大補正率：15／5＝3だから、0.96

1㎡あたりの価額は300千円×1.00×0.94×0.96＝270.72千円だから、
宅地の相続税評価額は
⇨270.72千円×75㎡＝20,304千円。

よって…  2

過去問（23年5月）

宅地および宅地の上に存する権利の相続税における評価に関する次の記述のうち、最も不適切なものはどれか。なお、評価の対象となる宅地は、借地権（建物等の所有を目的とする地上権または土地の賃借権）の設定に際し、その設定の対価として通常権利金その他の一時金を支払う「借地権の取引慣行のある地域」にあるものとする。また、宅地の上に存する権利は、定期借地権および一時使用目的の借地権等を除くものとする。

1. Ａさんが、従前宅地であった土地を車庫などの施設がない青空駐車場（月極駐車場）の用に供していた場合において、Ａさんの相続が開始したときは、相続税額の計算上、その土地の価額は貸宅地として評価する。
2. Ｂさんが、所有する宅地の上にアパートを建築して賃貸の用に供していた場合において、Ｂさんの相続が開始したときは、相続税額の計算上、その宅地の価額は貸家建付地として評価する。
3. Ｃさんが、借地権の設定に際して通常の権利金を支払って賃借した宅地の上にＣさん名義の自宅を建築して居住の用に供していた場合において、Ｃさんの相続が開始したときは、相続税額の計算上、その宅地の上に存するＣさんの権利の価額は、借地権として評価する。
4. Ｄさんが、借地権の設定に際して通常の権利金を支払って賃借した宅地の上にＤさん名義のアパートを建築して賃貸の用に供していた場合において、Ｄさんの相続が開始したときは、相続税額の計算上、その宅地の上に存するＤさんの権利の価額は、貸家建付借地権として評価する。

解答・解説

土地所有者の権利を出題しているのか、
借地権者の権利を出題しているのか、
建物は誰が所有しているのか、
誰が利用しているのかを丁寧に読みましょう！

1．不適切　所有者が青空駐車場で貸しているから借地権が発生しません。よって自用地です。
2．適切　所有者が建物を建てて他人に貸しているから、貸家建付地です。
3．適切　借地権者が建物を建てて自分で使っているから、借地権です。
4．適切　借地権者が建物を建てて他人に貸しているから、貸家建付借地権です。

よって… 答　1

過去問（23年9月）

Aさんの相続が開始した場合の相続税額の計算における下記<資料>の甲宅地の評価に関する次の記述のうち、最も適切なものはどれか。なお、記載のない事項については考慮しないものとする。

<資料>

乙建物
（長男所有）

公道

※Aさんの相続人は、妻および長男の合計2名である。

※甲宅地は、使用貸借契約により長男に貸し付けられており、長男が所有する乙建物の敷地の用に供されている。

※乙建物は、相続開始時において、長男の居住の用に供されている。

1. 長男が相続により甲宅地を取得した場合、貸宅地として評価する。
2. 長男が相続により甲宅地を取得した場合、自用地として評価する。
3. 妻が相続により甲宅地を取得した場合、貸宅地として評価する。
4. 妻が相続により甲宅地を取得した場合、貸家建付地として評価する。

解答・解説

使用貸借なので（タダまたは固定資産税程度の負担で貸し付けている）、自用地です。

よって…  2

過去問 （22年9月）

下記＜資料＞の宅地（貸家建付地）に係る路線価方式による相続税評価額の計算式として、正しいものはどれか。

＜資料＞

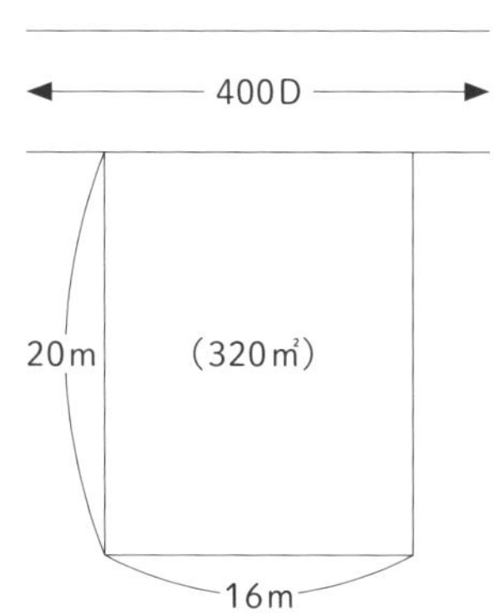

注1：奥行価格補正率　1.00
注2：借地権割合　60％
注3：借家権割合　30％
注4：この宅地には宅地所有者の所有する賃貸アパートが建っており、現在すべて賃貸中となっている。
注5：その他の記載のない条件は一切 考慮しないものとする 。

1．　400,000円 × 1.00 × 320㎡
2．　400,000円 × 1.00 × 320㎡ × 60％
3．　400,000円 × 1.00 × 320㎡ ×（1－60％）
4．　400,000円 × 1.00 × 320㎡ ×（1－60％×30％×100％）

解答・解説

1は自用地、2は普通借地権、3は貸宅地、4は貸家建付地の評価額の計算式です。

過去問題では、自用地、普通借地権、貸家建付地のいずれかを問う問題が出ています。

よって…  4

小規模宅地等の特例とは？

被相続人が所有する事業用、居住用の敷地等を、被相続人が死亡して、死亡した人が持つ宅地等を**親族**が取得した場合、条件を満たせば、**評価額が80％または50％安くなります。**

評価額　どのくらい安くなるの？

条件を満たす前提で、**自宅の敷地は330㎡、店舗・事務所の敷地は400㎡まで80％の減額、アパート・貸しビルの敷地は200㎡まで50％の減額**となります。

特定居住用 	特定事業用 	貸付事業用 
330㎡まで80％	400㎡まで80％	200㎡まで50％

特定居住用宅地等の要件の例

配偶者が取得する場合		相続後、売っても、貸してもOK！
同居親族が取得する場合		相続税の申告期限まで持ち続け、住み続けること
別居親族が取得する場合		配偶者、同居相続人がいないこと 過去３年以内にマイホームを持ったことがないこと　など

同居親族が取得する場合は売ったり貸したりしてはダメ！

この特例って全部、別枠で使えるの？

特定居住用宅地等と特定事業用等宅地等は別枠で使えますが、貸付事業用宅地等を特定居住用宅地等、特定事業用等宅地等と併用する場合、別枠ではなく一定の計算式で面積調整が必要です。

この特例を使って、相続税がかからない場合は申告はいらないの？

特例を使った結果、相続税がかからない場合でも**相続税の申告が必要**です。

LECTURE 過去問の着眼点を理解しよう

このポイントを覚えよう!

小規模宅地等の課税価格の計算の特例の限度面積、減額割合

	限度面積	減額割合
特定事業用宅地等 特定同族会社事業用宅地等	400㎡	80%
特定居住用宅地等	330㎡	80%
貸付事業用宅地等	200㎡	50%

※特定事業用宅地等、貸付事業用宅地等は原則、相続開始前３年以内に事業に供したものを除く

貸付用は贅沢部分なので、限度面積も小さく、減額割合も小さくなるよ

相続を目前にして急いで事業を始めても原則、ダメだよってことだね

過去問 (23年9月)

克典さんは「小規模宅地等の特例」の適用要件について、FPで税理士でもある氷室さんに質問をした。相続税における「小規模宅地等の特例」に関する下表の空欄（ア）〜（エ）にあてはまる数値の組み合わせとして、最も適切なものはどれか。なお、問題作成の都合上、表の一部を「＊＊＊」にしてある。

宅地等の区分	適用限度面積	減額割合	備考
特定事業用宅地等	（＊＊＊）㎡	（ウ）%	（注）
特定同族会社事業用宅地等			−
特定居住用宅地等	（ ア ）㎡		−
貸付事業用宅地等	（ イ ）㎡	50%	（注）

（注）一定の場合に該当しない限り、相続開始前（ エ ）年以内に新たに（貸付）事業の用に供された宅地等を除く。

1. （ア）330　（イ）200　（ウ）80　（エ）3
2. （ア）330　（イ）240　（ウ）70　（エ）5
3. （ア）400　（イ）200　（ウ）80　（エ）5
4. （ア）400　（イ）240　（ウ）70　（エ）3

用途をしっかり確認！用途によって減額の条件が異なるからね

（ア）（ウ）　特定居住用宅地等なので、330㎡まで80%の減額となります。

（イ）　貸付事業用宅地等だから200㎡まで50%の減額となります。

（エ）　特定事業用宅地等、貸付事業用宅地等は相続開始前３年以内に新たに事業に供されたものは原則対象外です。

よって… 答 1

EXERCISE　過去問で得点力を身につけよう

過去問（23年1月）

小規模宅地等についての相続税の課税価格の計算の特例（以下「本特例」という）に関する次の記述のうち、最も不適切なものはどれか。なお、記載のない事項については、本特例の適用要件を満たしているものとする。

1．被相続人の**配偶者**が、被相続人が**居住の用**に供していた宅地を相続により取得した場合、相続税の**申告期限までにその宅地を売却**したとしても、本特例の適用を受けることができる。

2．相続開始の直前において被相続人と同居していなかった被相続人の**配偶者**が、被相続人が**居住の用**に供していた宅地を相続により取得した場合、本特例の適用を受けることはできない 。

3．被相続人の子が相続により取得した宅地が、本特例における**特定事業用**宅地等に該当する場合、その宅地のうち**400㎡**までを限度面積として、評価額の**80％**相当額を減額した金額を、相続税の課税価格に算入すべき価額とすることができる。

4．**相続人以外の親族**が、被相続人が居住の用に供していた宅地を遺贈により取得した場合であっても、本特例の適用を受けることができる。

解答・解説

1．適切　　**配偶者は無条件**だから、親族期限までに売却しても使えます。
2．不適切　1．の解説のとおりです。
3．適切　　特定事業用宅地等は、**400㎡**まで**80％**の減額です。
4．適切　　この特例は**親族が取得することが要件の１つ**です。

よって…  2

さくいん

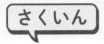

さくいん

さくいん

NOTE

NOTE

NOTE

NOTE

FP２級をひとつひとつわかりやすく。《教科書》

読者アンケートご協力のお願い

ご協力いただいた方の中から抽選で
ギフト券（500円分）をプレゼントさせていただきます。

アンケート番号：**802276**

※アンケートは予告なく終了する場合がございます。あらかじめご了承ください。

【著者】
益山 真一

FP歴27年目、１級FP技能士、CFP認定者。FP会社勤務の後、2001年よりフリーのFPとして活動を開始。
人生を楽しむお金を生み出すことを目的とした執筆、講演・研修、レッスン活動を展開。
主なテーマは「資産形成・老後資金準備と家計管理」。
セミナー・研修・講義は2024年4月時点で3476回、オンラインセミナー・収録・研修が287回。

日本FP協会公式チャンネル
（FP実務紹介）

【執筆】
益山 真一

【編集】
紫谷堂文庫

【シリーズキャラクターイラスト】
坂木 浩子

【ブックデザイン】
山口 秀昭（Studio Flavor），　伊志嶺 貴子

【企画・編集】
高橋 龍之助

【編集協力】
青山 鈴子，　佐々木 智広

本書に掲載している問題は、日本FP協会が公開している情報を元に作成しています。
日本FP協会２級ファイナンシャル・プランニング技能検定
学科及び実技試験（資産設計提案業務）2020年９月～ 2024年１月

24-①

直前対策！

FP2級

合格率アップのための

類題問題集

―― 資料読み解き・計算問題 ――

過去問 （22年5月）

文恵さんは、本年X月中に業務外の事由による病気の療養のため休業した日がある。FPの宮本さんが下記＜資料＞に基づいて計算した文恵さんに支給される傷病手当金の額として、正しいものはどれか。なお、文恵さんは全国健康保険協会管掌健康保険（協会けんぽ）の被保険者であり、記載以外の受給要件はすべて満たしているものとする。

＜資料＞

［文恵さんのX月中の勤務状況］　休業：休業した日

14日（月）	15日（火）	16日（水）	17日（木）	18日（金）	19日（土）	20日（日）	21日（月）	22日（火）	23日（水）	24日（木）
出勤	休業	出勤	休業	休業	休業	休業	休業	出勤	休業	出勤
	▲休業開始日									▲休業終了日

［文恵さんのデータ］

・標準報酬月額：直近５カ月　280,000円
　　　　　　　　直近７カ月　300,000円
・上記の休業した日について、給与の支給はない。
・上記以外に休業した日はない。

［傷病手当金の１日当たりの支給額（円未満を四捨五入）］

支給開始日以前の継続した12カ月間の各月の標準報酬月額の平均額÷30日×2/3
（支給開始日以前の継続した12カ月間の各月の標準報酬月額の平均額÷30日：10円未満を四捨五入）

1．　12,960円
2．　19,440円
3．　25,920円
4．　45,360円

問題ではわざとバラしていますが、赤文の字部分を足すと12カ月分になることに注目！

解答・解説

12カ月の標準報酬月額を合計して12カ月平均を求めてから「÷30×2/3」で求めます。

280,000円×5＋300,000円×7＝3,500,000円
3,500,000円÷12÷30×2/3＝6,480円
（3,500,000円÷12÷30 → 9,720円）

19日に待期が完成し、20日、21日、23日の３日分が支給されます。
6,480円×３＝19,440円

よって…  答 2

過去問 （22年9月）

正人さんは、本年X月から病気（私傷病）療養のため休業したことから、健康保険から支給される傷病手当金についてFPの浜松さんに相談をした。正人さんの休業に関する状況は下記<資料>のとおりである。<資料>に基づき、正人さんに支給される傷病手当金に関する次の記述の（ア）～（ウ）に入る適切な語句を語群の中から選び、その番号のみを解答欄に記入しなさい。なお、正人さんは、全国健康保険協会管掌健康保険（協会けんぽ）の被保険者である。また、記載のない条件については一切考慮しないこと。

<資料>

［正人さんのX月の出勤状況］

5日（金）	6日（土）	7日（日）	8日（月）	9日（火）	10日（水）	11日（木）	12日（金）	13日（土）
休業	休業	出勤	休業	出勤	休業	休業	休業	休業

▲休業開始日（5日）

※上記の休業した日については、労務不能と認められている。

・正人さんへの傷病手当金は、（ア）より支給が開始される。
・正人さんへ支給される1日当たりの傷病手当金の額は、次の算式で計算される。
［支給開始日の以前12カ月間の各標準報酬月額を平均した額］÷30日×（イ）
・傷病手当金が支給される期間は、支給を開始した日から通算して、最長で（ウ）である。

<語群>

1．X月10日	2．X月11日	3．X月13日
4．1/2	5．2/3	6．3/4
7．1年間	8．1年6カ月	9．2年間

前問に関する知識問題です

解答・解説

（ア）連続3日休業することが要件なので、12日に成立し、13日から支給されます。
（イ）2/3です。
（ウ）通算1年6カ月が限度です。

よって… 答（ア）3 （イ）5 （ウ）8

過去問　（24年1月）

井上隆也さん（38歳）が加入の提案を受けた生命保険の保障内容は下記＜資料＞のとおりである。この生命保険に加入した場合、次の記述の空欄（ア）～（ウ）にあてはまる数値を解答欄に記入しなさい。なお、各々の記述はそれぞれ独立した問題であり、相互に影響を与えないものとする。

＜資料／生命保険提案書＞

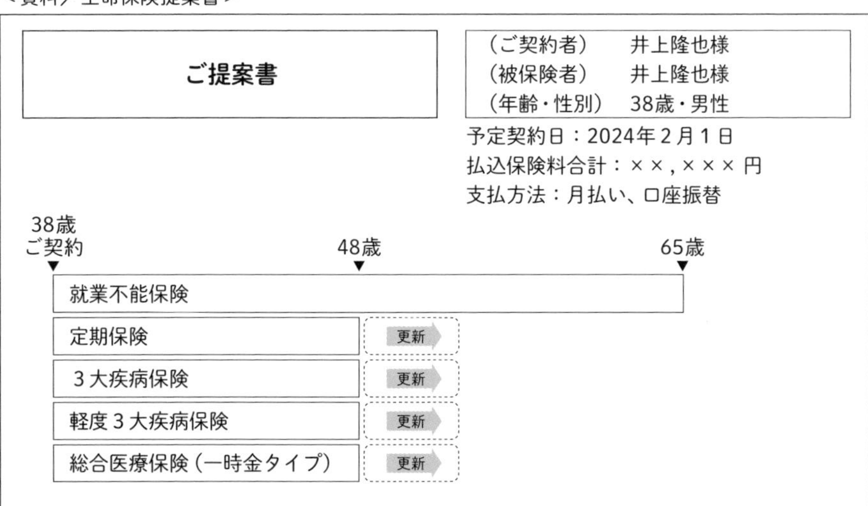

◇ご提案内容

ご契約内容	保険期間	保険金・給付金名称	主なお支払事由など	保険金額・給付金額
就業不能保険	65歳まで	就業不能給付金	就業不能状態（※1）が30日以上継続した場合	30万円
定期保険	10年	死亡保険金	死亡したとき	1,000万円
3大疾病保険	10年	3大疾病保険金	所定の3大疾病に罹患したとき（がん（悪性新生物）と診断確定された場合、急性心筋梗塞・脳卒中で所定の状態となった場合）	500万円
軽度3大疾病保険	10年	軽度3大疾病保険金	上皮内がん（上皮内新生物）と診断確定された場合、心疾患・脳血管疾患で所定の公的医療保険の対象となる手術を受けた場合	50万円

総合医療保険 （一時金タイプ）	10年	総合入院給付金	１回の入院（※２）につき、入院日数が１日以上に達したとき	20万円
		手術給付金	所定の公的医療保険の対象となる手術を受けたとき	２万円
		通院給付金	総合入院給付金が支払われる入院前後の通院をしたとき	3,000円×最大30日

（※１）就業不能状態とは、①入院　②公的医療保険の対象となる在宅医療（在宅患者診療・指導料が算定されること）を指します。

（※２）支払事由に該当する入院を60日以内に２回以上したときは継続した「１回の入院」とみなします。ただし、退院日の翌日から60日経過後に開始した入院は、別の入院とします。

・井上さんが骨折により８日間継続して入院し、その間に約款所定の公的医療保険の対象となる手術を受け、退院から１カ月後に肺炎で５日間継続して入院した場合、保険会社から支払われる保険金・給付金の合計は（ ア ）万円である。

・井上さんが初めて上皮内がん（上皮内新生物）と診断され、治療のため５日間継続して入院し、その間に約款所定の公的医療保険の対象となる手術を１回受けた場合、保険会社から支払われる保険金・給付金の合計は（ イ ）万円である。

・井上さんがケガにより医師の指示に基づき自宅で40日間療養し、当該期間について公的医療保険の在宅患者診療・指導料が算定されている場合、保険会社から支払われる保険金・給付金の合計は（ ウ ）万円である。

解答・解説

（ア）入院すると総合入院給付金がもらえます→20万円
60日以内の肺炎の入院は、別の原因でも１回の入院とみなします。
手術給付金は２万円だから、合計で22万円もらえます。

（イ）上皮内がんは軽度３大疾病に該当します→50万円
入院すると総合入院給付金がもらえます→20万円
手術給付金は２万円だから、合計で72万円もらえます。

（ウ）就業不能状態（※１）に該当するから、就業不能給付金を30万円もらえます。

よって…**答（ア）22万円　（イ）72万円　（ウ）30万円**

過去問 (22年1月)

高倉邦治さんが契約している第三分野の保険（下記<資料>参照）の契約に関する次の（ア）～（エ）の記述について、適切なものには○、不適切なものには×を解答欄に記入しなさい。なお、保険契約は有効に成立しており、記載のない事項については一切考慮しないこととする。

<資料１：保険証券（一部抜粋）>

［特定（三大）疾病保障保険Ａ］
契約日：2015年９月１日
保険契約者：高倉 邦治
被保険者：高倉 邦治
死亡保険金受取人：高倉 千鶴子（妻）
特定疾病保険金または死亡・高度障害保険金：1,000万円

［介護保障保険Ｂ］
契約日：2018年３月１日
保険契約者：高倉 邦治
被保険者：高倉 邦治
死亡保険金受取人：高倉 千鶴子（妻）
介護保険金・死亡保険金：500万円
特約等：リビングニーズ特約

<資料２：介護保障保険Ｂ約款（一部抜粋）>

名称	支払事由
介護保険金	保険期間中に次のいずれかに該当したとき ① 公的介護保険制度に定める要介護２以上の状態 ② 会社の定める要介護状態 次の（１）および（２）をともに満たすことが、医師によって診断確定されたこと （１）被保険者が、責任開始時以後の傷害または疾病を原因として、要介護状態（別表１）に該当したこと （２）被保険者が、（１）の要介護状態（別表１）に該当した日からその日を含めて180日以上要介護状態が継続したこと

別表１

要介護状態	次のいずれかに該当したとき １）常時寝たきり状態で、下表の（ａ）に該当し、かつ、下表の（ｂ）～（ｅ）のうち２項目以上に該当して他人の介護を要する状態 ２）器質性認知症と診断確定され、意識障害のない状態において見当識障害があり、かつ、他人の介護を要する状態
（ａ）ベッド周辺の歩行が自分ではできない （ｂ）衣服の着脱が自分ではできない （ｃ）入浴が自分ではできない （ｄ）食物の摂取が自分ではできない （ｅ）大小便の排泄後の拭き取り始末が自分ではできない	

（ア）邦治さんが、がん（悪性新生物）と診断され、特定疾病保障保険Ａから特定疾病保険金が支払われた場合、特定疾病保障保険Ａの契約は終了となる。

（イ）邦治さんが、疾病により**余命１年以内**と診断された場合、介護保障保険Ｂから死亡保険金の一部または全部を受け取ることができる。

（ウ）邦治さんが、公的介護保険制度の**要介護３**に認定された場合、介護保障保険Ｂから介護保険金を受け取ることができる。

（エ）邦治さんが、**常時寝たきり状態で、ベッド周辺の歩行、入浴および大小便の排泄後の拭き取り始末が自分ではできなくなり、他人の介護を要する状態が180日以上継続**した場合、介護保障保険Ｂから介護保険金を受け取ることができる。

解答・解説

（ア）適切

特定疾病保障保険は、特定疾病保険金が支払われないまま、死亡すると、原因を問わず、死亡保険金が支払われます。

（イ）不適切　リビング・ニーズ特約がある場合、**余命６カ月以内**と診断されると、リビング・ニーズ特約保険金をもらえます。

（ウ）適切　要介護は１が相対的に軽度、５が重度です。

（エ）適切　＜資料２＞の支払事由②（２）、別表１、１）の（ａ）かつ、（ｃ）（ｅ）に該当しますから、介護保険金をもらえます。

よって…

過去問（22年1月）

野村洋平さんが契約している火災保険（地震保険付帯、下記＜資料＞参照）の契約に関する次の（ア）～（エ）の記述について、適切なものには○、不適切なものには×を解答欄に記入しなさい。なお、超過保険や一部保険には該当しないものとし、＜資料＞に記載のない特約等については付帯がないものとする。また、保険契約は有効に継続しているものとする。

＜資料1：保険証券（一部省略）＞

火災保険証券

保険契約者	記名被保険者
住所 ××××　○－○○ 氏名 野村 洋平 様	保険契約者に同じ

証券番号 第××－×××××

建物・家財等に関する補償				
事故の種類	補償の有無	建物保険金額（新価）	補償の有無	家財保険金額（新価）
① 火災、落雷、破裂・爆発	○	1,400万円（免責金額 0円）	○	700万円（免責金額 0円）
② 風災、ひょう災、雪災	×	－	×	－
③ 盗難	○	1,400万円（免責金額 0円）	○	700万円（免責金額 0円）
④ 水災	○	1,400万円（免責金額 0円）	○	700万円（免責金額 0円）
⑤ 破損、汚損等（その他不測かつ突発的な事故）	○	1,400万円（免責金額 1万円）	○	700万円（免責金額 1万円）
⑥ 地震、噴火、津波（地震保険）	○	700万円	○	350万円
明記物件	無し			

※「補償の有無」欄の○は有、×は無を示すものとする。

＜資料2：付帯している特約（水災支払方法縮小特約（縮小割合70％型））＞

	保険金をお支払いする場合	お支払いする保険金等
水災保険金	水害により保険価額の30％以上の損害となった場合または床上浸水の場合	① 保険価額の30％以上の損害の場合 保険金＝保険金額×$\frac{損害の額}{保険価額}$×70％（保険金額×70％が限度） ② 床上浸水で保険価額の15％以上30％未満の損害の場合 保険金＝保険金額×10％（1回の事故につき200万円限度） ③ 床上浸水で保険価額の15％未満の損害の場合 保険金＝保険金額×5％（1回の事故につき100万円限度）

<資料3：地震保険 損害の程度と認定の基準（建物）>

損害の程度 2017年以降保険始期	認定の基準
全損	地震等により損害を受け、主要構造部（土台、柱、壁、屋根等）の損害額が、時価額の50％以上となった場合、または焼失もしくは流失した部分の床面積が、その建物の延床面積の70％以上となった場合
大半損	地震等により損害を受け、主要構造部（土台、柱、壁、屋根等）の損害額が、時価額の40％以上50％未満となった場合、または焼失もしくは流失した部分の床面積が、その建物の延床面積の50％以上70％未満となった場合
小半損	地震等により損害を受け、主要構造部（土台、柱、壁、屋根等）の損害額が、時価額の20％以上40％未満となった場合、または焼失もしくは流失した部分の床面積が、その建物の延床面積の20％以上50％未満となった場合
一部損	地震等により損害を受け、主要構造部（土台、柱、壁、屋根等）の損害額が、時価額の3％以上20％未満となった場合、または建物が床上浸水もしくは地盤面より45cmを超える浸水を受け、建物の損害が全損・大半損・小半損に至らない場合

（ア）台風による強風で看板が飛来し、野村さんの住宅建物が損害を被った場合、補償の対象にならない。

（イ）野村さんの住宅に空き巣が侵入し、時価25万円の骨董品が盗まれた場合、補償の対象にならない。

（ウ）豪雨による床上浸水で野村さんの住宅建物が保険価額の20％の損害を被った場合、280万円の保険金を受け取ることができる。

（エ）野村さんの住宅建物が地震による火災で延床面積の60％の床面積を焼失した場合、地震保険の損害の程度は「大半損」に該当する。

解答・解説

（ア）適切　②風災は建物「×」なので、補償対象外です。

（イ）不適切　③盗難は家財「○」、免責金額もないため、時価25万円の骨董品の損害は補償されます。
（参考）明記物件はないため、通常は30万円を超える骨董品や美術品等は補償されません。

（ウ）不適切　資料1の④水災は建物「○」、資料2の付帯特約の水災支払方法縮小特約で、床上浸水の場合、②保険価額15％以上30％未満の損害の場合ですから補償されますが、1,400万円×10％＝140万円が支払われます。

（エ）適切　資料1の⑥地震保険は建物「○」、資料3で大半損の条件に該当します。

落ち着いてあ資料を読めば解けるから、慌てないでください。

よって… **答**（ア）○（イ）×（ウ）×（エ）○

過去問 （21年9月）

小田家（啓介さんと翔子さん）の財産の状況

［資料1：保有資産（時価）］　（単位：万円）

	啓介	翔子
金融資産 　預貯金等 　株式・投資信託	 4,270 230	 600
生命保険（解約返戻金相当額）	［資料3］を参照	［資料3］を参照
事業用資産（不動産以外）（注1） 　器具・備品等	 160	
不動産 　土地（自宅の敷地） 　建物（自宅の家屋）	 1,240 540	
その他（動産等）	200	100

注1：記載以外の事業用資産（不動産以外）については考慮しないこと。

［資料2：負債残高］

住宅ローン：300万円（債務者は啓介さん。団体信用生命保険付き）

自動車ローン：220万円（債務者は啓介さん）

［資料3：生命保険］

保険種類	保険契約者	被保険者	死亡保険金受取人	保険金額	解約返戻金相当額
定期保険A	啓介	啓介	翔子	1,000	－
定期保険特約付終身保険B （終身保険部分） （定期保険部分）	啓介	啓介	翔子	 200 2,000	 120 －
終身保険C	翔子	啓介	翔子	300	120
変額終身保険D	啓介	啓介	翔子	－	600

注2：解約返戻金相当額は、現時点で解約した場合の金額である。

注3：終身保険Cには、主契約とは別に保険金額300万円の災害割増特約が付加されている。

注4：変額終身保険Dは、一時払保険料相当額（500万円）が死亡保険金額として最低保証されているが、この保険金額よりも保険事故発生時の解約返戻金相当額の方が多ければ、解約返戻金相当額の死亡保険金が支払われるものである。

注5：すべての契約において、保険契約者が保険料を全額負担している。

注6：契約者配当および契約者貸付については考慮しないこと。

啓介さんは、現在加入している生命保険で十分な保障を得られるのか心配している。そこで、自分が交通事故等の**不慮の事故**で死亡したときに支払われる死亡保険金で負債を全額返済した場合、金融資産（**預貯金等および株式・投資信託**）がいくら残るのか、FPの横川さんに試算してもらうことにした。この試算に関する横川さんの次の説明の空欄（ア）に入る金額として、正しいものはどれか。

> 「現時点で啓介さんが交通事故等の**不慮の事故で死亡**した場合、啓介さんの死亡により支払われる**死亡保険金**と小田家（啓介さんと翔子さん）が保有する**預貯金等および株式・投資信託の**合計額から、**返済すべき負債の全額を差し引いた金額**は（ ア ）になります。」

1. 8,880万円
2. 8,980万円
3. 9,180万円
4. 9,280万円

解答・解説

不慮の事故で啓介さんが死亡した場合の死亡保険金

被保険者が啓介さんである保険を調べます。

定期保険A　　　　：1,000万円
定期付終身保険B　：2,200万円
終身保険C　　　　：**災害割増特約がある**から、300万円＋300万円＝600万円
変額終身保険D　　：**一時払保険料相当額500万円＜解約返戻金相当額600万円 →600万円**
合計で、1,000万円＋2,200万円＋600万円＋600万円＝4,400万円もらえます。

預貯金等と株式・投資信託の合計は、4,270万円＋600万円＋230万円＝5,100万円
合計で、4,400万円＋5,100万円＝9,500万円
団体信用生命保険付きの住宅ローンは、啓介さんが死亡すると返済され、
返済すべき負債は自動車ローン220万円だから、
9,500万円－220万円＝9,280万円です。

金融資産の部分が「預貯金」のみで出題されることもあるから、注意！

よって… **答 4**

過去問 （23年5月）

下記＜資料＞に関する次の記述の空欄（ ア ）、（ イ ）にあてはまる語句の組み合わせとして、最も適切なものはどれか。

＜資料＞

	PA株式会社	PB株式会社
株価	7,220円	13,470円
1株当たり当期純利益	274円	685円
1株当たり自己資本	3,240円	9,873円
1株当たり年間配当金	90円	145円

・PA株式会社とPB株式会社の株価をPER（株価収益率）で比較した場合、（ ア ）株式会社の方が割安といえる。
・PA株式会社とPB株式会社の資本効率性をROE（自己資本利益率）で比較した場合、（ イ ）株式会社の方が効率的に利益を上げているといえる。

1．（ア）PA （イ）PA
2．（ア）PA （イ）PB
3．（ア）PB （イ）PA
4．（ア）PB （イ）PB

解答・解説

（ア）PERは、株価÷1株当期純利益で求めます。
数値が低いほど株価が割安であると判断できます。
PA株式＝7,220円÷274円≒26.35（倍）
PB株式＝13,470円÷685円≒19.66（倍）
以上より、PB株式のほうが、数値が低く、割安といえます。

（イ）ROEは、当期純利益÷自己資本×100で求めます。
数値が大きい方が効率的に利益を上げていると判断できます。
PA株式＝274円÷3,240円×100＝8.46％
PB株式＝685円÷9,873円×100≒6.94％
PA株式のほうが効率的に利益を上げていると判断できます。

よって… 答 3

過去問 （23年1月）

下記＜資料＞は、飯田さんが同一の特定口座内で行ったQW株式会社の株式取引に係る明細である。飯田さんが本年1月10日に売却した200株について、譲渡所得の取得費の計算の基礎となる1株当たりの取得価額として、正しいものはどれか。なお、計算結果について円未満の端数が生じる場合には切り上げて円単位とすること。

＜資料：QW株式会社の株式の取引明細＞

取引日	取引種類	株数（株）	約定単価（円）
20XX年10月20日	買付	300	3,660
20XX年 1月18日	買付	200	3,410
20XX年 4月17日	買付	100	4,390
本年 1月10日	売却	200	6,280

※売買委託手数料や消費税については考慮しないこととする。
※その他の記載のない条件については一切考慮しないこととする。

1. 3,410円
2. 3,660円
3. 3,699円
4. 3,820円

解答・解説

同一銘柄の上場株式を2回以上にわけて購入した場合、売却時の譲渡所得の取得費の計算における1株当たりの取得価額は「**総平均法に準ずる方法**」により算出します。

3,660円×300株＝1,098,000円
3,410円×200株＝682,000円
4,390円×100株＝439,000円
この時点の1株当たりの取得価額（**取得価額の合計÷株数**）は、
（109.8万円＋68.2万円＋43.9万円）÷（300株＋200株＋100株）≒3,699円

よって… 答 3

過去問　（22年5月）

文恵さんが取引をしているSZ証券会社から送付された本年分の特定口座年間取引報告書（一部）が下記資料のとおりである場合、次の記述の空欄（ア）〜（ウ）に入る最も適切な語句または数値を語群の中から選び、その番号のみを解答欄に記入しなさい。なお、同じ番号を何度選択してもよいこととする。また、復興特別所得税については考慮しないこと。

＜資料＞　（単位：円）

① 譲渡の対価の額（収入金額）	② 取得費及び譲渡に要した費用の額等	③ 差引金額（譲渡所得等の金額）（①－②）
1,500,000	1,800,000	（各自計算）

	種類	配当等の額	源泉徴収税額（所得税）	配当割額（住民税）	特別分配金の額
特定上場株式等の配当等	④ 株式、出資又は基金	100,000	（各自計算）	（各自計算）	
	⑤ 特定株式投資信託				
	⑥ 投資信託又は特定受益証券発行信託（⑤、⑦及び⑧以外）				
	⑦ オープン型証券投資信託	60,000	（各自計算）	（各自計算）	80,000
	⑧ 国外株式又は国外投資信託等				
	⑨ 合計（④＋⑤＋⑥＋⑦＋⑧）	160,000	（各自計算）	（　ア　）	80,000
上記以外のもの	⑩ 公社債				
	⑪ 社債的受益権				
	⑫ 投資信託又は特定受益証券発行信託（⑬及び⑭以外）				
	⑬ オープン型証券投資信託				
	⑭ 国外公社債等又は国外投資信託等				
	⑮ 合計（⑩＋⑪＋⑫＋⑬＋⑭）				
	⑯ 譲渡損失の金額	（各自計算）			
	⑰ 差引金額（⑨＋⑮－⑯）	（各自計算）			
	⑱ 納付税額		（各自計算）	（各自計算）	
	⑲ 還付税額（⑨＋⑮－⑱）		（　イ　）	（各自計算）	

・文恵さんが本年中に受け取った上場株式等の配当等から源泉徴収された住民税額は（ ア ）円である。
・この特定口座で生じた譲渡損失とこの特定口座で受け入れた上場株式等の配当等とが損益通算された結果、還付された所得税額は（ イ ）円である。
・翌年分に繰り越すことのできる譲渡損失の額は、（ ウ ）円である。

<語群>

1. ゼロ	2. 8,000	3. 12,000
4. 16,000	5. 24,000	6. 32,000
7. 36,000	8. 60,000	9. 140,000

解答・解説

（ア）上場株式等の配当金から**所得税15％、住民税５％が源泉徴収**等されます。
所得税＝160,000円×15％＝24,000円
住民税＝160,000円×５％＝8,000円

（イ）上場株式等の譲渡所得は、1,500,000円－1,800,000円＝▲300,000円
配当所得160,000円と損益通算した結果、配当所得はゼロとなるため、配当所得から源泉徴収された所得税24,000円は全額還付されます。

（ウ）上場株式等の譲渡所得▲300,000円と配当所得160,000円と損益通算した結果、翌年以降に繰り越すことができる損失は140,000円となります。

よって…

過去問 （21年9月）

成田さんはGX投資信託を100万口購入し、その後は追加購入や換金をせずに全額を保有している。下記<資料>に基づき、成田さんが保有するGX投資信託のトータルリターンの金額を計算しなさい。なお、解答に当たっては、解答用紙に記載されている単位に従うこと。

<資料>

［成田さんが保有するGX投資信託の状況］

投資信託の分類	：追加型国内公募株式投資信託
申込価格	：１口当たり１円
申込単位	：１万口以上１口単位
購入時手数料（税込み）	：2.20％
運用管理費用（信託報酬）（税込み）	：純資産総額に対し年1.650％
購入時の基準価額（１万口当たり）	：13,200円
トータルリターンの評価基準日における基準価額（１万口当たり）	：14,050円
保有期間中の受取分配金額（１万口当たり、税引き後）	：120円

<トータルリターンの金額の算式>

トータルリターンの金額
＝評価金額＋累計受取分配金額（税引き後）＋累計売付金額－累計買付金額

解答・解説

算式のとおり解いていけば大丈夫です。

評価金額	14,050円×100＝1,405,000円
累計受取分配金額	120円×100＝12,000円
累計売付金額	なし
累計買付金額	13,200円×100＝1,320,000円
購入時手数料	13,200円×100×2.2％=29,040円

1,405,000円＋12,000円－（1,320,000円＋29,040円）＝67,960円

購入時手数料は含めますが、信託報酬（運用管理費用）は含めないから注意！

よって… 答 67,960円

過去問 （21年9月）

Ａさんは銀行から融資を受け、自己所有の土地に賃貸用建物を建設し（前年12月完成）、本年１月から不動産賃貸事業を始めた。この 事業に関する次の事業収支計画表の不動産所得の金額にあてはまる数値として、最も適切なものはどれか。なお、Ａさんは**青色申告承認申請書を提出していない**ものとする。また、事業収支計画表に記載のない条件については考慮しないものとする。

＜事業収支計画表（本年１月１日から本年12月31日）＞

科目		金額 （単位：万円）	計算根拠など
収入	家賃収入	3,600	10万円×30室×12カ月
支出	借入金利子 借入金元本返済額 その他（注）	1,000 1,500 600	（注）「その他」は、不動産所得の金額の計算上、全額が必要経費に算入される
現金収支		500	
建物・建物附属設備の減価償却費		800	
不動産所得の金額		（　　）	所得税法上の金額

1．　500
2．　700
3．1,200
4．2,200

解答・解説

不動産所得は、収入－必要経費によって求めます。
必要経費には減価償却費は含みますが、元本返済額は含めません
3,600－（1,000＋600＋800）＝1,200（万円）

よって… 答 3

過去問 （23年5月）

個人事業主で青色申告者である志田さんの本年分の所得等が下記＜資料＞のとおりである場合、志田さんが本年分の所得税の確定申告を行う際に、事業所得と損益通算できる損失に関する次の記述のうち、最も適切なものはどれか。なお、▲が付された所得の金額は、その所得に損失が発生していることを意味するものとする。

＜資料＞

所得の種類	所得金額	備考
事業所得	660万円	喫茶店経営に係る所得で、青色申告特別控除65万円控除後の金額
不動産所得	▲80万円	必要経費：680万円 必要経費の中には、土地の取得に要した借入金の利子の額60万円が含まれている。
譲渡所得	▲60万円	上場株式の売却に係る損失
雑所得	▲ 6 万円	執筆活動に係る損失

1．不動産所得▲80万円と譲渡所得▲60万円が控除できる。
2．不動産所得▲80万円と雑所得▲ 6 万円が控除できる。
3．不動産所得▲20万円と譲渡所得▲60万円が控除できる。
4．不動産所得▲20万円が控除できる。

解答・解説

不動産所得、事業所得、山林所得、譲渡所得の損失は、損益通算の対象となりますが、
それ以外の損失は損益通算できません。
なお、不動産所得、譲渡所得の損失は一定の制限があります。

不動産所得の損失

損益通算できますが、土地の取得に要した借入金の利子60万円の部分は損益通算の対象外です。80万円の損失のうち、20万円（80万円－60万円）の損失が損益通算の対象となります。

上場株式の譲渡損失

上場株式等の配当所得（申告分離課税を選択したものに限る）や特定公社債の譲渡所得、利子所得とは損益通算できますが、事業所得とは損益通算できません。

雑所得の損失

損益通算できません。

よって… 答 4

過去問（23年5月）

会社員の香川さんが本年中に支払った医療費等が下記＜資料＞のとおりである場合、香川さんの本年分の所得税の確定申告における医療費控除の金額（最大額）として、正しいものはどれか。なお、香川さんの本年中の所得は、給与所得700万円のみであるものとし、香川さんは妻および中学生の長女と生計を一にしている。また、セルフメディケーション税制（特定一般用医薬品等購入費を支払った場合の医療費控除の特例）については考慮せず、保険金等により補てんされる金額はないものとする。

＜資料＞

支払年月	医療等を受けた人	医療機関等	内容	支払金額
本年2月	妻	A皮膚科医院	美容のためのスキンケア施術	140,000円
本年7月	本人	B病院	健康診断（注1）	11,000円
本年8月	本人	B病院	治療費（注1）	150,000円
本年9月	長女	C病院	治療費（注2）	25,000円

（注1）香川さんは本年7月に受けた健康診断により**重大な疾病が発見**されたため、引き続き入院して治療を行った。

（注2）香川さんの長女はテニスの試合中に足を捻挫し、**歩行が困難**であったためタクシーでC病院まで移動し、**タクシー代金として2,200円**を支払った。**その後の通院は、自家用自動車**を利用し、**駐車場代金として5,500円**を支払っている。タクシー代金および駐車場代金はC病院への支払金額（25,000円）には含まれていない。

1．75,000円　2．88,200円　3．93,700円　4．228,200円

解答・解説

通常の医療費控除は、**納税者本人または納税者本人と生計を一にする配偶者その他親族のために支払った医療費**が対象となります。

控除額＝「支払医療費－保険金等で補填される金額－**10万円**（総所得金額等が200万円未満の場合、総所得金額等×５％）」

給与所得700万円だから「医療費－保険金等－10万円」です。

・スキンケアは対象外です

スキンケアは病気ではないので

・本人の健康診断は、**重大な疾病が発見され、引き続き治療をしたため**、対象となります。

・**タクシー代は歩行困難**という事由があるから対象ですが、**マイカーの駐車場代は対象外**です。

11,000円＋150,000円＋25,000円＋2,200円－100,000円＝88,200円

よって…　答　2

過去問（21年5月）

＜設例＞
国内の上場企業に勤務する藤原隆行さんは、今後の生活のことなどに関して、FPで税理士でもある三上さんに相談をした。

Ⅰ．家族構成（同居家族）

氏名	続柄	生年月日	年齢	備考
藤原　隆行	本人	19XX年 11月28日	55歳	会社員
真理	妻	19XX年 2月18日	53歳	パート勤務
奈美	長女	20XX年 9月22日	23歳	会社員
亮介	長男	20XX年 2月14日	17歳	高校生

Ⅱ．収入金額（本年分）
隆行さん：給与収入840万円（給与所得控除前の金額）、原稿料収入50万円
真理さん：給与収入85万円（給与所得控除前の金額）

下記＜資料＞は、隆行さんの本年分の「給与所得の源泉徴収票」（一部省略）である。＜資料＞の空欄（ア）にあてはまる所得控除の額の合計額を計算しなさい。なお、真理さんおよび亮介さんの合計所得金額はそれぞれ48万円以下である。また、解答に当たっては、解答用紙に記載されている単位に従うこと。

＜資料＞

本年分　給与所得の源泉徴収票

支払を受ける者	住所又は居所	（受給者番号） （個人番号） （役職名）
		氏名（フリナガ）フジワラ　タカユキ　藤原　隆行

種別	支払金額	給与所得控除後の金額（調整控除後）	所得控除の額の合計額	源泉徴収税額
給与・賞与	内 8,400千000円	（省略）千円	（ア）千円	内 310千800円

（源泉）控除対象配偶者の有無等 有	従有	老人	配偶者（特別）控除の額	控除対象扶養親族の数（配偶者を除く。）特定	従人	老人 内	人	従人	その他 人	従人	16歳未満扶養親族の数	障害者の数（本人を除く。）特別 内	人	その他	非居住者である親族の数
○			（各自計算）千円						1						

社会保険料等の金額	生命保険料の控除額	地震保険料の控除額	住宅借入金等特別控除の額
内 1,200千000円	40千000円	20千000円	60千000円

解答・解説

基礎控除　：48万円（源泉徴収票に記載なし、合計所得金額が2,400万円以下）
配偶者控除　：38万円（控除対象配偶者の有に○、70歳未満、本人の合計所得金額900万円以下、配偶者の合計所得金額48万円以下）
扶養控除　：38万円（その他に「１」、一般の控除対象扶養親族）
社会保険料控除等　：120万円
生命保険料控除　：4万円
地震保険料控除　：2万円

48万円＋38万円＋38万円＋120万円＋４万円＋２万円＝250万円

住宅借入金等特別控除は税額控除であるため、考慮しません。

よって…　答　2,500,000円

過去問 (22年1月)

下記＜資料＞は、博之さんの本年分の「給与所得の源泉徴収票（一部省略）」である。＜資料＞を基に、博之さんの本年分の所得税額を計算しなさい。なお、解答に当たっては、解答用紙に記載されている単位に従うこと。また、復興特別所得税については考慮しないこと。

＜資料＞

本年分　給与所得の源泉徴収票

支払を受ける者	住所又は居所	（受給者番号）
		（役職名）
		氏名 （フリガナ） カセ　ヒロユキ 加瀬　博之

種別	支払金額	給与所得控除後の金額（調整控除後）	所得控除の額の合計額	源泉徴収税額
給与・賞与	内 8,500千000円	（各自計算）	2,450千000円	内 （省略）

（源泉）控除対象配偶者の有無等 有	従有	老人	配偶者（特別）控除の額	控除対象扶養親族の数（配偶者を除く。） 特定	従人	老人 内	従人	その他	従人	16歳未満扶養親族の数	障害者の数（本人を除く。） 特別 内	その他	非居住者である親族の数
			千　円	人		人		1人		人	人	1人	人

社会保険料等の金額	生命保険料の控除額	地震保険料の控除額	住宅借入金等特別控除の額
内 1,200千000円	100千000円	20千000円	千　円

（摘要）

＜給与所得控除額の速算表＞

給与等の収入金額		給与所得控除額
	162.5万円 以下	55万円
162.5万円 超	180万円 以下	収入金額×40％－10万円
180万円 超	360万円 以下	収入金額×30％＋8万円
360万円 超	660万円 以下	収入金額×20％＋44万円
660万円 超	850万円 以下	収入金額×10％＋110万円
850万円 超		195万円

<所得税の速算表>

課税される所得金額	税率	控除額
1,000円から　1,949,000円まで	5%	0円
1,950,000円から　3,299,000円まで	10%	97,500円
3,300,000円から　6,949,000円まで	20%	427,500円
6,950,000円から　8,999,000円まで	23%	636,000円
9,000,000円から　17,999,000円まで	33%	1,536,000円
18,000,000円から　39,999,000円まで	40%	2,796,000円
40,000,000円以上	45%	4,796,000円

解答・解説

第１段階　給与所得を求めます

給与所得控除後の金額

給与所得＝収入金額－給与所得控除額＝8,500,000円－（8,500,000円×10％＋1,100,000円）＝6,550,000円

第２段階　課税所得を求めます

課税所得金額＝所得金額－所得控除額＝6,550,000円－2,450,000円＝4,100,000円

第３段階　所得税額を求めます

所得税額＝4,100,000円×20％－427,500円＝392,500円

参考：所得控除額

基礎控除　　　　：48万円（源泉徴収票に記載なし、合計所得金額が2,400万円以下）
扶養控除　　　　：38万円（その他に「1」、一般の控除対象扶養親族）

特定は１人につき63万円です

障害者控除　　　：27万円（その他に「1」）
社会保険料控除等：120万円
生命保険料控除　：10万円
地震保険料控除　：２万円

合計　　　　　　：245万円

よって… 答 **392,500円**

過去問 （23年5月）

下記<資料>は、近藤さんが購入を検討している中古マンションのインターネット上の広告（抜粋）である。この広告の内容等に関する次の記述のうち、最も適切なものはどれか。

<資料>

○○タワーレジデンス2403号室

販売価格	7,980万円	所在地	◎◎県□□市○○町１－５
交通	△線◇◇駅から徒歩２分	間取り	2LDK
専有面積	54.28㎡（壁芯）	バルコニー面積	8.40㎡
階／階建て	24階／32階	築年月	2016年10月
総戸数	288戸	構造	鉄筋コンクリート造
管理費	15,800円／月	修繕積立金	9,600円／月
土地権利	所有権	取引形態	媒介

1．この広告の物件は専有部分と共用部分により構成されるが、バルコニーは専有部分に当たる。
2．この広告の物件の専有面積として記載されている壁芯面積は、登記簿上の内法面積より大きい。
3．この広告の物件を購入した場合、近藤さんは管理組合の構成員になるかどうかを選択できる。
4．この広告の物件を購入した場合、購入前になされた集会の決議については、近藤さんにその効力は及ばない。

解答・解説

1．不適切　バルコニーは避難経路にもなるので、共用部分です。
2．適切　マンションの場合、登記面積は内法面積で、壁芯面積（壁の中心線で囲まれる面積）は内法面積よりも大きくなります。

戸建て住宅の登記面積は壁芯面積です。

3．不適切　区分所有者＝管理組合の組合員であり、選択の余地はありません。
4．不適切　所有者には、規約や集会の決議はすべて及びます。

占有者（賃借人等）には、規約や集会の決議のうち、使用方法（例：暮らし方）に関する部分のみ及び、管理方法（例：管理費や修繕積立金の負担）に関する部分の効力は及びません。

よって… 答 2

過去問 （23年1月）

建築基準法に従い、下記＜資料＞の土地に建物を建てる場合の**建築面積の最高限度**を計算しなさい。なお、＜資料＞に記載のない条件については一切考慮しないこととする。また、解答に当たっては、解答用紙に記載されている単位に従うこと。

＜資料＞

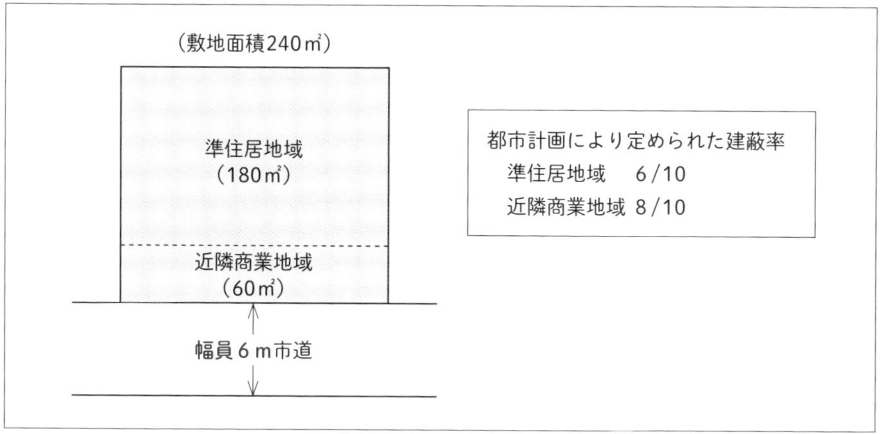

解答・解説

異なる建蔽率の地域にわたる場合の建築面積は、加重平均（**それぞれ敷地面積×建蔽率を計算して、合計する方法**）で求めます。

180㎡ × 60％ ＝ 108㎡

60㎡ × 80％ ＝ 48㎡

108㎡ ＋ 48㎡ ＝ 156㎡

延べ面積も同様に加重平均で求めますが、道路幅員が12ｍ未満の場合の制限があります

前面道路の幅員が４ｍ未満の場合はセットバックが必要です

よって… **答 156㎡**

過去問（22年9月）

下記の＜親族関係図＞の場合において、民法の規定に基づく法定相続分に関する次の記述の空欄（ア）～（ウ）に入る適切な語句または数値を語群の中から選び、解答欄に記入しなさい。なお、同じ語句または数値を何度選んでもよいこととする。

＜資料＞

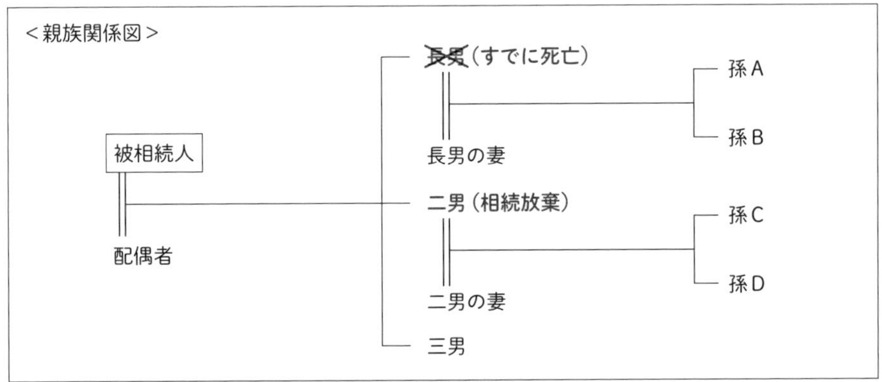

［相続人の法定相続分］

- 被相続人の配偶者の法定相続分は（ア）。
- 被相続人の孫Cおよび孫Dの各法定相続分は（イ）。
- 被相続人の三男の法定相続分は（ウ）。

＜語群＞	なし	1/2	1/3	1/4	1/6
	1/8	1/10	2/3	3/4	1/12

解答・解説

（ア）配偶者と子が相続人ですから、配偶者と子の法定相続分はそれぞれ1/2です。

（イ）子は、長男、二男、三男の３人ですが、二男は相続を放棄していますので、相続人ではなかったものとされ、相続放棄をした二男の子（被相続人の孫）は代襲相続できませんので、孫C、Dの法定相続分はありません。

（ウ）以上のとおり、子は２人として計算し、1/2を長男、三男で二等分しますので、三男の法定相続分は1/2×1/2＝1/4となります。

よって… **答（ア）1/2（イ）なし（ウ）1/4**

過去問 （23年1月）

民法に規定する相続分に関する次の記述のうち、最も不適切なものはどれか。なお、記載のない事項については考慮しないものとする。

1．**養子**の法定相続分は、**実子の法定相続分の２分の１**である。
2．**父母の一方のみを同じくする兄弟姉妹**の法定相続分は、**父母の双方を同じくする兄弟姉妹**の法定相続分の２分の１である。
3．代襲相続人が１人である場合の当該**代襲相続人の法定相続分**は、**被代襲者が受けるべきであった法定相続分と同じ**である。
4．**嫡出でない子**の法定相続分は、**嫡出である子の法定相続分と同じ**である。

解答・解説

1．不適切　**実子と養子、嫡出子と婚外子、いずれも子の法定相続分は同じ**です。
2．適切　たとえば、半血兄弟姉妹１人、全血兄弟姉妹２人の場合、**半血１：全血２：全血２**となります。
3．適切　代襲相続人が２人である場合、代襲相続人の法定相続分は、被代襲者の法定相続分を２等分します
4．適切　１．の解説のとおりです。

よって… **答　1**

過去問 （23年5月）

下記＜親族関係図＞において、Aさんの相続が開始した場合の相続税額の計算における遺産に係る基礎控除額として、最も適切なものはどれか。なお、Cさんは相続の放棄をしている。また、Eさんは、Aさんの普通養子（特別養子縁組以外の縁組による養子）である。

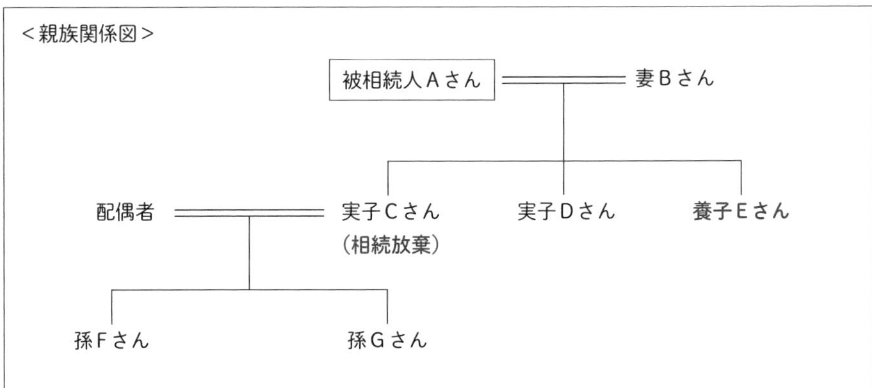

1．　4,200万円
2．　4,800万円
3．　5,400万円
4．　6,000万円

解答・解説

相続税の基礎控除（3,000万円＋600万円×法定相続人の数）の計算上、
法定相続人の数のポイントは2つです。

・相続放棄している者がいても、放棄がなかったものとするため、Cも含みます。
・普通養子は実子がいる場合は1人まで（実子がいなければ2人まで）含むことができますから、養子Eも含みます。

以上から、法定相続人の数は、妻B、実子C、実子D、養子Eの4人ですから
3,000万円＋600万円×4人＝5,400万円となります。

よって…

過去問 （23年9月）

相続税の計算に関する次の記述のうち、最も不適切なものはどれか。

1．遺産に係る基礎控除額の計算上、法定相続人の数は、相続人が相続の放棄をした場合には、その放棄がなかったものとした場合における相続人の数である。
2．遺産に係る基礎控除額の計算上、法定相続人の数に含めることができる養子の数は、被相続人に実子がなく、養子が２人以上いる場合には１人である。
3．遺産に係る基礎控除額の計算上、被相続人の特別養子となった者は実子とみなされる。
4．遺産に係る基礎控除額の計算上、被相続人の子がすでに死亡し、代襲して相続人となった被相続人の孫は実子とみなされる。

解答・解説

1．適切

なお、相続放棄した者は、民法上は相続人ではなかったものとされ、代襲相続もありません。

2．不適切　遺産に係る基礎控除額の計算上、法定相続人の数に含めることができる普通養子は、実子がいれば１人まで、実子がいなければ２人までです。

3．適切

相続税の計算上、人数の制限を受けるのは、普通養子です。

4．適切

代襲相続人である孫養子は、法定相続人の数のカウントでは１人ですが、法定相続分は二重身分（代襲相続人としての法定相続分と、養子としての法定相続分の合計）となります。

よって… 

2

過去問　（22年5月）

普通住宅地区に所在している下記＜資料＞の宅地の相続税評価額（自用地評価額）として、最も適切なものはどれか。なお、記載のない事項については考慮しないものとする。

＜資料＞

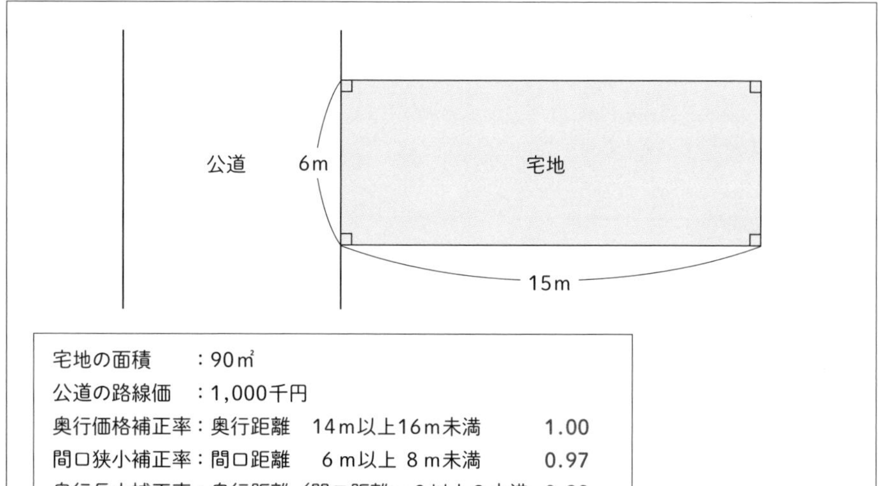

1．　85,554千円
2．　87,300千円
3．　88,200千円
4．　90,000千円

解答・解説

路線価方式による相続税評価額は1㎡あたりの価額×面積で求めます。
1㎡当たりの相続税評価額は路線価×各種補正率で求めます。
1㎡当たりの相続税評価額＝1,000千円×1.00×0.97×0.98＝950.6千円
自用地評価額＝950.6千円×（15m×6m）＝85,554千円
参考：奥行長大補正率：15/6＝2.5（2以上3未満）

よって…　**答　1**

過去問 （22年1月）

Aさんの相続が開始した場合の相続税額の計算における**土地の評価**に関する次の記述のうち、最も不適切なものはどれか。

1．Aさんが、**自己が所有する土地**の上に**自宅を建築して居住**していた場合、この土地は自用地として評価する。
2．Aさんが、**自己が所有する土地に建物の所有を目的とする賃借権**を設定し、**借地人がこの土地の上に自宅を建築して居住**していた場合、この土地は**貸宅地**として評価する 。
3．**Aさんの子**が、Aさんが所有する土地を**使用貸借で借り受け**、自宅を建築して居住していた場合、この土地は**貸宅地**として評価する。
4．Aさんが、**自己が所有する土地の上に店舗用建物**を建築し、当該建物を**第三者に賃貸**していた場合、この土地は**貸家建付地**として評価する。

解答・解説

1．適切　**土地所有者の自宅の敷地**ですから、自用地として評価します。
2．適切　**借地人が自宅建物を建てて居住**していますから、貸宅地として評価します。
3．不適切　**使用貸借**により貸し付けている場合、借地権が発生しないので、**自用地**として評価します。

青空駐車場として貸し付けている場合も、借地権が発生しないので、自用地として評価します。

4．適切　**土地所有者が貸家を建てて貸し付け**ていますから、貸家建付地として評価します

よって… 答 **3**

過去問（23年5月）

下記＜資料＞の土地に係る路線価方式による普通借地権の相続税評価額の計算式として、正しいものはどれか。

＜資料＞

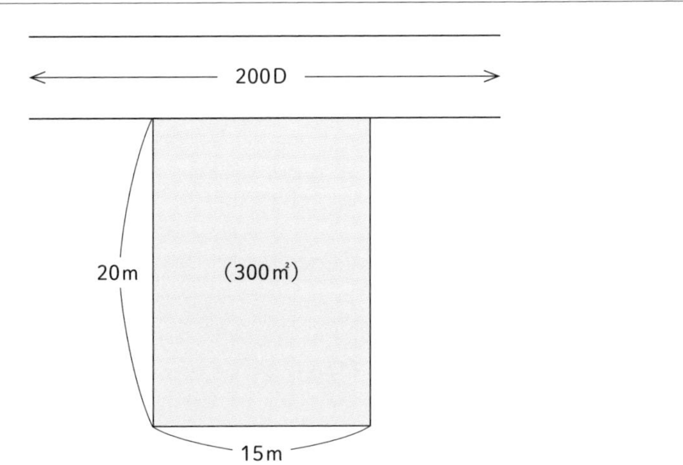

注1：奥行価格補正率（20m以上24m未満） 1.00
注2：借地権割合　60％
注3：借家権割合　30％
注4：その他の記載のない条件は一切考慮しないこと。

1．　200千円×1.00×300㎡
2．　200千円×1.00×300㎡×60％
3．　200千円×1.00×300㎡×（1－60％）
4．　200千円×1.00×300㎡×（1－60％×30％×100％）

解答・解説

普通借地権の相続税評価額は自用地評価額×普通借地権（60％）で求めます。
自用地評価額は路線価×各種補正率×面積で求めます（200千円×1.00×300㎡）

1は自用地評価額
3は貸宅地
4は貸家建付地
の相続税評価額を求める計算式です。

よって…　答　2

過去問（22年9月）

孝一さんの父である太郎さんが保有する土地Aおよび土地Bの明細は、下記＜資料＞のとおりである。仮に孝一さんが土地Aおよび土地Bを相続により取得した場合、小規模宅地等に係る相続税の課税価格の計算の特例（小規模宅地等の特例）の適用対象となる面積の上限として、最も適切なものはどれか。なお、太郎さんは、土地Aおよび土地B以外に土地（借地権等を含む）は保有していない。

＜資料＞

土地A
面積：220㎡
用途：太郎さんの自宅の敷地（自宅家屋も太郎さんが所有）。なお、同居者はいない。
取得後の予定：相続税の申告後に売却する予定。

土地B
面積：300㎡
用途：賃貸アパートの敷地（アパート（建物）も太郎さんが所有）
取得後の予定：賃貸アパート経営を継続する予定

土地A
220㎡
土地B
300㎡

※補足：孝一さんは自宅土地、建物を所有

1.　ゼロ（適用なし）
2.　200㎡
3.　300㎡
4.　420㎡

解答・解説

土地A（220㎡）
別居の孝一さんは自宅を所有していますから、特定居住用宅地等の評価減は適用できません。
土地B（300㎡）
貸付事業用宅地を親族が取得し、申告期限まで所有し続け、事業を継続すれば貸付事業用宅地等として200㎡まで50％の減額の対象となります。

よって…　答　2

NOTE

NOTE

Simply and Clearly, One by One